아이들은 왜 실패하는가

국립중앙도서관 출판시도서목록(CIP)

아이들은 왜 실패하는가 / 존 홀트 지음 ; 공양희 옮김 ─ 서울 :
아침이슬, 2007
p. ;    cm
원서명: How Children Fail
원저자명: Holt, John Caldwell
ISBN 978-89-88996-75-1 03370 : ₩12000

372-KDC4
371.2-DDC21                                    CIP2007001738

HOW CHILDREN FAIL by John Holt

교실과 아이들의 내면에 관한 미시사적 관찰기

# 아이들은 왜 실패하는가

존 홀트 지음 | 공양희 옮김

아침이슬

학교에 다니는 아이들은 거의 모두 실패한다. 너무나 많은 아이들에게 이 실패는 불을 보듯 뻔하고 절대적이다. 미국의 경우 고등학교에 입학하는 아이들 중 40퍼센트는 졸업을 하지 못한다. 대학에서도 역시 세 명 중 한 명은 낙오한다.

나머지 아이들도 학교를 졸업했다 뿐이지 사실은 실패한다. 이 아이들이 학교 교육을 마치는 이유는 아이들이 뭘 알건 모르건 상관없이 학년을 올려주고 학교를 졸업시키는 데 우리 모두가 동의했기 때문이다. 그런 아이들은 우리가 생각하는 것보다 훨씬 많다. 만약 '평가 기준'을 훨씬 높인다면 (이렇게 해야 한다고 말하는 사람들이 더러 있는데) 조만간 학교 교실들은 진급 시험에 통과하지 못한 녀석들로 터져나갈 것이다.

그러나 이보다 훨씬 본질적인 의미에서 거의 모든 아이들이 실패한다. 소수의 몇몇 아이들을 제외하면 공부를 잘하든 못하든 상관없이, 아이들은 자기들이 가지고 태어났고 두세 살 무렵까지만 해도 완벽하게 썼던 그 엄청난 학습 능력, 이해력, 창조력의 극히 일부도 개발하지 못하고 만다.

아이들은 왜 실패하는 것일까?

두려움과 지루함과 혼란! 아이들은 이것 때문에 실패한다.

아이들은 그 무엇보다도 실패를 두려워하고, 자기를 둘러싼 수많은 어른들을 실망시키고 화나게 할까 봐 두려워한다. 아이들의 머릿속에는 어른들의 끝 간 데 모르는 희망과 기대가 검은 구름장처럼 드리워져 있다.

아이들은 지루해한다. 학교에서 하라고 내주거나 시키는 일들이 너무나 하찮고 따분할 뿐 아니라 아이들의 지성과 능력, 재능에 비해 너무나 제한되고 좁은 능력을 필요로 하기 때문이다.

또한 아이들은 혼란스럽다. 학교에서 아이들에게 쏟아 붓는 대부분의 말들이 거의 이해할 수 없는 것들이기 때문이다. 어떤 말들은 전에 들었던 말과 명백하게 모순되며, 아이들이 실제로 알고 있는 것과 아무 연관이 없다. 그것들은 아이들이 마음속에 품고 있는 실재에 관한 대략적인 모델에 부합하지 않는다.

이런 집단적 실패는 어떻게 일어날까? 교실에서 실제로 일어나는 일은 무엇일까? 실패하는 아이들은 무엇을 하고 있을까? 그들의 머릿속에서는 무슨 생각들이 오고 갈까? 그들은 왜 자기 능력의 많은 부분을 사장시킬까?

이 책은 이런 질문에 대한 답을 찾아가는 대략적이고 부분적인 기록으로, 일과가 끝난 저녁 시간에 동료 교사 빌 헐에게 보여주려고 썼던 일련의 메모에서 시작되었다. 나는 빌이 맡았던 5학년 학급을 관찰하기도 하고 가르치기도 했다. 그러다 관심 있는 다른 교사들과 부모들도 이 메모를 읽게 되었다. 그 메모 가운데 몇몇 부분을 전략, 두려움과 실패, 진정한 배움, 학교가 실패하는 이유 등의 중심 주제로 간추리고 일부를 새로 써서 이 책을 만들었다.

1. '전략을 짜는 아이들'에서는 아이들이 학교에서 요구하는 바에 대응하거나 빠져나가기 위해 구사하는 방법들을 다룬다. 2. '두려움으로 가득 찬 교실'은 아이들이 지닌 두려움과 아이들이 실패하는 요인의 상호관계를 다루는 동시에 이것이 전략과 배움에 미치는 영향을 살펴본다. 3. '진정한 배움'은 아이들이 아는 것으로 보이는 것, 또는 알 것이라고 기대되는 것과 아이들이 실제로 알고 있는 것 사이의 차이를 다룬다. 4. '학교가 실패하는 이유'에서는 학교가 나쁜 전략을 기르게 되는 과정과 아이들에게 두려움을 불러일으키는 과정, 그래서 모든 배움이 생명력을 잃고, 전체와 상관없이 단편적이고 왜곡된 지식으로 변하며 대체로 아이들의 실제 필요에 맞지도 않게 되어버리는 과정을 다룬다.

이 네 가지 주제는 분명하게 독립된 것이 아니라 서로 중복되고 섞이는 경향이 있다. 이 주제들은 아이들의 사고와 태도를 관찰하고 생각하는 몇 가지 다른 방법일 따름이기 때문이다.

한 가지 분명히 하고 싶은 것은 이 책이 대단히 나쁜 학교나 뒤떨어진 아이들에 관한 책이 아니라는 것이다. 여기서 묘사한 학교들은 대체로 수준 높고 좋은 학교로 평판이 나 있는 사립학교들이다. 이 책에 나오는 아이들 역시 거의 모두 평균 이상의 지성을 가진 아이들로 겉으로 보기에는 어느 면에서나 훌륭한 학생이며 앞으로 '좋은' 중등학교와 대학에 가기로 되어 있는 아이들이다. 오늘날의 학교 교육이 아이들의 성품과 지성에 미치는 해로운 영향에 대해 내가 말하고자 하는 바를 이해하고, 나보다 훨씬 많은 학교들을 접해본 친구들이나 동료 교사들은 내가 알지 못하는 학교들도 조금도 나을 게 없을 뿐 아니라 더 나쁜 경우도 많다고 얘기한다. 그러니 이 책에서 다루는 학교와 아이들에 관한 이야기는 우리 교육 현실의 일반적인 경우라고 할 수 있을 것이다.

이 책이 나오고 난 뒤 사람들은 이런 질문을 하곤 했다.

"교사들은 왜 실패하는가 하는 책은 언제 씁니까?"

나는 이렇게 대답했다.

"이 책의 내용이 바로 그것인데요."

이 책은 분명 실패를 일삼는 한 교사에 관한 이야기이다. 하지만 이 책은 또한 그 실패에 만족하지도 않고, 결코 체념하지도 않는 교사에 관한 이야기이기도 하다. 아이들의 배움을 돕는 것은 내가 선택한 일이자 내 임무였다. 그러니 내가 가르치는 것을 아이들이 배우지 않는다면 제대로 통하는 방법을 찾을 때까지 다른 교수법을 시도해볼 수밖에 없었다.

나는 여러 해 동안 교사들이나 교사 지망생들에게 이런 태도를 가져보라고 권하고 심지어는 애걸하기까지 했다. 그런데 대부분 사람들은 이런 반응을 보였다.

"왜 학교에서 일어나는 온갖 나쁜 일을 두고 우리를 질책합니까? 왜 우리에게 죄의식을 느끼게 하려는 겁니까?"

나는 그런 적이 없다. 나는 나 자신을 질책하거나 죄의식을 느낀 적이 없다. 내가 가르치는 것을 학생들이 배우지 않는 경우가 많다든가, 계획한 일을 하지 못하고 또 그것을 할 수 있는 방법을 알아내지 못한다는 것에 대해서 말이다. 하지만 책임은 느꼈다.

'질책'이니 '죄책감'이니 하는 말은 겁쟁이들이나 하는 말이다. 교육에 대해 논의할 때 그런 말은 빼기로 하자. 대신 '책임'이라는 말을 쓰도록 하자. 학교나 교사들이 자기가 하는 일의 결과에 책임을 지게 하자.

나는 기꺼이 책임을 졌다. 나는 학생들이 내가 가르치는 것을 배우지 않으면 그 이유를 찾는 것을 내 일로 삼았다. 이 책은 그 '왜'를 알아내고자 했던 그다지 성공적이지 못한 시도의 부분적 기록이다. 이 책의 대부분을 썼던 때로부터 20년이 지난 지금 나는 그 '왜'에 대해 훨씬 더 많이 알게 되었다. 그것이 이 개정판의 내용이다.

나는 초판의 내용을 고치는 대신, 그때 썼던 내용에 대해 다른 생각을 갖게 되었으면 그 생각을 덧붙이기로 했다. 사람에 따라서는 내가 앞서 배웠던 것으로부터 새롭게 배우는 데 너무 오랜 시간이 걸렸고, 바보 같은 실수를 많이 했으며, 너무도 분명한 실마리들을 놓쳤다고 생각할 수도 있을 것이다. 하지만 나는 그런 것에 죄의식을 느끼지 않는다. 나는 뭔가 어렵고 중요한 것을 알아내려고 최선을 다했고, 내가 택한 길보다 더 빠르고 쉬운 길이 있었으리라고 생각지도 않는다. 개정판에서는 나의 시작점이 어디였으며, 어디서 잘못 꼬였고, 어디서 방향 전환을 했으며 지금은 어디쯤 와 있는지 볼 수 있을 것이다.

요즈음 미국에서는 학력 수준을 높이는 것, 즉 아이들이 다음 학년으로 올라가기 전에 '알아야 되는' 것들을 아는지 '확실히 하는 일'에 대해 많은 논의가 일고 있다. 과연 이런 논의들은 어떤 결과를 초래할까? 아마도 내가 이 책에서 언급하고 있는 속임수, 즉 시험 직전에 아이들을 맹렬하게 훈련시켜서 아이들이 사실은 전혀 알지 못하는 것을 아는 것처럼 보이도록 만드는 속임수 같은 것들이 더 횡행하게 될 것이다. 또한 유복한 아이들에 비해 가난하고 열악한 환경에 놓인 아이들이 뒤처지는 비율이 훨씬 높아질 것이다. 마지막으로 지금쯤은 우리 모두가 이미 알고 있어야 할 사실, 즉 유급한 아이들은 대부분 처음보다 조금도 나아지지 않는다는 사실을 한 번 더 확인하게 될 것이다. 당연하지 않은가! 처음 가르칠 때 전혀 이해시키지 못한 것을 다시 가르친다고 해서 갑자기 이해하게 만들 수 있을까? 많은 경우 아이들은 지겹고 혼란스러울 뿐 아니라 부끄럽고 화가 난 나머지 전보다 더 나빠질 수도 있고 어쩌면 수업을 방해할지도 모른다.

다시 말해 아이들의 학습 능력이 좀 떨어져도 진급시키는 '자동 진급제'라는 악에 맞서는 이 용감한 개혁 운동은 그다지 길게 갈 것 같지도, 그다지 긍정적인 결과를 불러올 것 같지도 않다.

얼마 전 뉴욕에서 열린 교육작가협회의 한 모임에서 하버드교육대학원의 로널드 에드먼드Ronald Edmond 박사가 뉴욕 시 공립학교들의 의뢰를 받아 실시한 조사 결과를 발표하는 걸 들었다. 에드먼드 박사와 동료들은 몇몇 학교를 '효율적'으로 만드는 요인을 알아내려고 시도했다. '효율적'이라는 의미는, 저소득층 아이들이나 중산층 아이들이나 다음 학년으로 진급할 수 있을 만큼 만족할 만한 수준으로 학업을 성취하는 비율에 차이가 없다는 뜻이다.

이 연구에서 주목할 만한 점은 미국 북동부 지역 전체를 통틀어 '효율적'이라는 정의에 들어맞는 학교를 55개밖에 찾을 수 없었다는 사실이다.

연구자들은 이 학교들이 어떤 공통점을 가지고 있는지 검토했는데 그들이 알아낸 다섯 가지 특징 중 두 가지가 내 관심을 끌었다.

첫째, 이 학교들은 공부를 못한다고 해서 아이들을 비난하지 않았다. 아이들의 가족이나 출신 배경, 사는 동네, 태도, 신경체계 등 그 무엇도 책하지 않았다. 이 학교들은 아이들을 제대로 가르치지 못한 것에 대해 변명하는 대신 그 결과에 완전히 책임을 졌다.

둘째, 이 학교들은 어떤 수업 방식이 제대로 통하지 않을 때는 다른 방법을 시도했다. 다시 말해 성공적이지 못한 방법을 포기했지, 아이들을 포기하지 않았다는 것이다.

좀 더 많은 교사들과 교육 행정가들이 이런 식으로 생각하도록 설득할 수 있다면 머지않아 학교는 개혁될 것이다. 그러나 가까운 장래에 이런 일이 일어날 가능성은 희박해 보인다. 상황은 오히려 나쁜 방향으로 가고 있다. 결과가 나쁘면 나쁠수록 학교는 자기들은 제대로 하고 있으며 그런 결과는 학교의 잘못이 아니라고 주장한다.

그 결과 학교가 아이들의 지성, 지적인 능력을 파괴하는 일은 20년이 지난 지금도 계속되고 있다.

**• 일러두기**

이 책은 1964년에 출간된 『How Children Fail』의 개정판(1982년)을 저본으로 번역하였다. 홀트는 개정판을 내면서 초판의 내용을 고치는 대신 초판 이후에 갖게 된 새로운 생각이나 사고의 전환을 덧붙이는 방식을 취해 자신의 사고가 어떻게 변화되었는지를 보여주고자 했다. 번역판에서는 새롭게 추가된 글 앞뒤에 ＿를 붙여 초판의 내용과 추가된 내용을 구분하였다.

# 전략을 짜는 아이들

□ 1958년 2월 13일

하루 종일 넬에 대한 생각이 떠나지 않는다. 오늘 분수에 대해 얘기를 나눌 때 그 아이는 아예 이해하고 싶은 마음이 없는 것처럼 보였다. 이게 있을 법이나 한 일일까? 아이들이 이해하기를 거부하고 이해하려고 노력하지 않는 경우는 자주 있지만 일껏 붙잡은 개념을 내던져 버리는 일은 흔치 않다. 하지만 넬은 그렇게 하고 있는 듯이 보였다. 넬은 내가 하는 말을 따라오려고 열심히 노력했고 실제로 여러 단계를 잘 따라왔다. 그런데 어떤 개념을 이해한 것처럼 보이는 바로 그 순간 넬이 머리를 절레절레 흔들며 말하는 것이었다.

"모르겠어요."

아이들이 실패에 기득권을 가진다는 게 있을 법이나 한 일일까? 어떻게 세상에 이런 일이? 마사도 숫자 게임을 할 때 종종 이런 반응을 보인다. 이해하지도 못하고, 이해하고 싶어 하지도 않고, 설명을 해줘도 듣지 않다가 이렇게 말하는 것이다.

"머리가 뒤죽박죽이에요."

이것은 아마도 정답파-사색파 전략과 관계가 있는 것 같다. 우리는 단지 정답을 찾는 것에만 관심이 있어서 답을 찾기 위해 법칙과 공식을 무비판적으로 남용하는 아이들을 '정답파producer'라고 부르고, 무엇이든 자신들이 하고 있는 일의 의미와 실제를 알고자 하는 아이들을 '사색파thinker'라 부르곤 했다. 정답을 맞히려고 날뛰다가 놓쳐버리는 아이들은 패배와 절망에 빠질 때가 많다. 달리 뭘 어떻게 해야 할지 모르기 때문이다. 반면 사색가들은 절망하기보다는 계속해서 노력하는 편이다.

너무나 많은 아이들의 입에서 "난 바보예요."라는 말이 나오는 것을 듣고 있노라면 정말 놀라지 않을 수 없다. 이런 패배 의식은 훨씬 뒤 악몽 같은 사춘기에나 찾아오는 것인 줄 알았는데 그렇지 않은 게 분명하다.

내가 맡은 작은방 그룹은 오늘 숫자 게임을 아주 잘 해냈다. 반 아이들 중 3분의 2가 미술 수업이나 가게 놀이를 하러 다른 교실로 가면 나머지 아이들은 나와 함께 빌 헐이 개발한 '작은방 수업'이라는 특별 수업을 했다. 우리는 교실에서 조금 떨어진 작은 방에 모여 두뇌 게임이나 수수께끼, 토론 등 보통 교실에서 하는 것과는 가능한 한 다른 방식으로 시간을 보냈다. 오늘은 숫자를 알아맞히는 스무고개를 했다. 내가 어떤 숫자를 생각하면 아이들이 여러 가지 질문을 던지고, 내가 '예'나 '아니오'로 대답을 해서 숫자를 알아내는 놀이였다.

로라는 게임 내내 질문을 거의 하지 않았다. 그러다 몇 번인가 선택할 수 있는 숫자의 범위가 서너 개로 좁혀졌을 때 로라가 질문할 차례가 되었는데, 그때마다 정답을 바로 말해버렸다. 그 바람에 로라는 혹시 자기가 오늘의 공식 게임왕이 아닌가 착각하게 되었다. 한번은 아직 선택할 수 있는 숫자가 열두 개나 남았는데 추측으로 단번에 숫자를 맞혔다. 분명히 어설픈 수였다. 그런데 일단 그런 일이 일어나자 다른 아이들도 로라를 따라하기 시작해서 네 번의 기회가 헛되이 사라졌다. 시간이 더 지나자 이번에는 메리도 다른 사람의 마음을 읽을 수 있다는 듯 처음부터 숫자를 맞히려고 했다. 그 팀의 아이들은 다시 숫자를 좁혀가는 방식으로 돌아가긴 했지만 얼마 동안 이 수법에 전염되었다.

아이들은 비록 주어진 기회에 충분히 숫자를 소거시키지는 못했지만 팀 전체로 보았을 때는 침착하고 결속력 있게 잘 해나갔다. 찾고 있는 숫자가 250과 300 사이에 있다는 것을 알자 그 아이들은 더 큰 단위로 묻지 않고 이렇게 말했다.

"그게 250과 260 사이에 있나요?"

낸시는 게임을 아주 멋지게 잘 해나가고 있었는데 어느 순간 긴장감을 감당하지 못하고 사고가 정지되어버렸다. 그 아이는 넬이나 마사처럼 황당한 추측을 하지는 않았지만 아무것도 생각할 수 없는 모양이었고, 마침내는 입을 다물어버렸다. 안전 제일주의!


## ☐ 1958년 2월 18일

지성이란 참으로 신비하다. 대부분의 사람들은 자신이 가진 지적 잠재력의 극히 일부분밖에 계발하지 못한다고 한다. 사실이 그럴 것이다. 하지만 왜? 왜 우리는 가진 힘의 10퍼센트 정도밖에 사용하지 못하는 걸까? 반면에 최대치의 20퍼센트에서 30퍼센트, 어떤 경우엔 그이상도 발휘할 수 있는 사람들도 있다고 한다. 그들은 어떻게 그럴 수 있을까?

도대체 무엇이 우리의 지적인 능력을 없애버리고, 작용하지 못하게 막는 것일까?

나는 지난 4년 간 콜로라도의 로키마운틴스쿨에서 아이들을 가르치면서 이 문제에 골몰했다. 처음 교사 생활을 시작했을 때 나는 다른 사람들보다 명민하게 태어나는 사람들이 있고, 그것은 어쩔 도리가 없다고 생각했다. 심리학자들의 공식적인 입장도 마찬가지일 것이다. 만약 교실이나 심리 검사실에서만 학생들을 만난다면 그렇게 믿는 것도 무리는 아닐 것이다. 하지만 작은 학교에서 교사 생활을 하며 교실뿐만 아니라 운동장이나 기숙사에서 운동이나 수작업, 여가 활동 등을 하는 학생들을 눈여겨본다면 어떤 아이들은 특정한 상황에서 훨씬 더 명민해진다는 결론을 얻을 것이다. 왜? 어째서 다른 상황에서는 재치 있고, 주의 깊고, 상상력이 풍부하고, 분석적인, 한마디로 말해 지성적인 아이들이 교실에만 들어오면 마치 마법에라도 걸린 것처럼 완전히 바보 멍청이가 되는 것일까?

내가 이제껏 겪었던 학생 중 가장 최악이었던 학생은 학교만 벗어나면 어느 누구 못지않게 어른스럽고, 지성적이고, 호기심으로 충만한 아이였다. 도대체 무엇이 문제일까? 전문가들은 애타는 아이의 부모에게 뇌의 손상을 운운했다. 이런 핑계야말로 달리 설명할 도리가 없는 미스터리를 가장 손쉽게 해결하는 방법이다. 그 아이의 지성은 어느 지점에선가 학교 교육과 단절되어버렸다. 어디서? 도대체 왜?

작년에 나는 아주 심각한 아이들을 몇 명 맡았다. 많은 아이들이 실패했는데, 특히 프랑스어와 대수에서는 다른 반에서 낙제한 아이들을 다 합한 것보다 더 많은 아이들이 낙제를 했다. 나는 내가 할 수 있는 최선을 다했다. 시험 때마다 공식 용어로 '복습'이라 불리는 우겨넣기식 수업을 했고, 아이들이 시험에 낙제 점수를 받으면 검토를 한 뒤 복습을 더 많이 시키고 재시험을 보았다. 재시험은 항상 먼젓번 시험보다 쉬웠는데도 거의 모든 아이들이 또다시 실패했다.

나는 그 문제를 다루는 방법을 알고 있다고 생각했다. 수업을 재미있게 만들고 교실을 생기 있고 열성적인 장소로 만들면 된다고 생각했던 것이다. 때로는 그렇게 되기도 했다. 제대로 해내지는 못해도 많은 학생들이 내 수업을 좋아했으니까.

무엇을 이해하지 못하는지 말하기를 꺼려하는 아이들의 두려움을 넘어서라! 아이들이 이해할 때까지 계속해서 설명하라! 아이들에게 적당한 압력을 가하라! 이것이 내가 취한 방법이었다. 그러나 그 결과는? 우수한 학생들은 계속 우수했고 몇몇은 더 좋아지기도 했다. 하지만 뒤떨어지는 학생들은 여전히 뒤처졌고 몇몇은 더 나빠진 것 같았다. 학기 초에 실패한 아이는 학기 말에도 여전히 실패했다. 더 나은 해답이 반드시 있어야 한다. 최소한 아이들을 만성적인 실패로부터 지켜낼 수 있는 방법이 있을 것이다.

□ 1958년 2월 24일

빌 헐 선생님께(선생님의 수업을 참관하고)

오늘 수업 시간에 보니 선생님께 도움을 청하는 아이들이 서너 명 있더군요. 모두들 그 두 번째 수학 문제에서 걸렸던 거죠. 그런데 그 녀석들은 선생님의 설명에 귀를 기울이지 않았습니다. 조지를 보니 녀석은 선생님이 설명할 때 연필로 책상에 구멍을 후벼 파느라 정신이 없었습니다. 선생님이 설명하는 동안 계속 그러고 있었지만 조지는 그런 적이 없다고 딱 잡아떼더군요. 제가 그 구멍을 가리키니까 입을 다물긴 했지만요. 제럴드는 꿈나라로 가 있었고, 낸시도 거의 그랬지요. 나중에 질문을 해서 만회하긴 했지만 그것도 낸시로선 정말 드문일이죠. 도널드는 반쯤만 듣고 있었고 로라도 마찬가지였습니다. 마사는 손으로 동물 모양을 만들어서는 책상 위를 기어 다니며 재미있게 놀고 있더군요.

상급생들이 공부하는 것을, 아니 공부하려고 노력하는 것을 보고 있노라면 자신들의 마음이 지금 진행되는 수업에서 떨어져 나와 먼곳을 방황하고 있다는 사실을 자각하지 못한다는 것을 알 수 있습니다. 그 아이들을 백일몽 속에서 불러내 현실로 데려오려고 이름을 부르면 아이들은 언제나 깜짝 놀랍니다. 자기가 딴짓을 하고 있었다는 걸 들켰기 때문이 아니라 자기 스스로도 그 사실을 알아차리지 못하고 있었기 때문입니다.

제 경우를 생각해봐도 졸음이 엄습해오면 몸에 직접적인 고통이 가해지지 않는 한 깨어 있을 수가 없습니다. 그럴 때면 마음은 정말

22

웃기지도 않는 장난을 칩니다. 선생님의 목소리를 들으며 잠에 빠졌던 학창 시절이 떠오르는군요. 저는 선생님의 목소리가 희미해질 때마다 "당장 일어나! 이 바보야!"라고 외치며 저를 깨우는 '관찰자'가 제 마음속에 있다는 걸 발견하곤 했습니다. 하지만 자고 싶고 잠이 필요한 제 마음의 다른 부분은 그리 쉽게 깨워지지 않았습니다. 그 마음은 제가 잠에 떨어지면 관찰자가 더 이상 저를 깨울 수 없을 때까지 목소리를 변조해서 웅웅거리곤 했지요. 관찰자도 이 목소리가 완전히 엉뚱한 말이나 비상식적인 소리를 속살거릴 만큼 거짓말을 잘한다는 것을 알고 있었습니다. 여러 번 저는 "이봐! 일어나! 저 목소리는 사기꾼 거짓말쟁이야!"라고 외치는 관찰자의 소리를 들으며 졸곤 했으니까요.

우리는 대부분 자신의 마음을 완벽하게 제어하지 못합니다. 마음은 우리가 미처 깨닫지도 못하는 사이에 본분을 잊고 잠에 빠져버립니다. 어떻게 보면 좋은 학생이란 자신의 마음 상태나 이해의 정도를 언제나 알아차리고 있는 사람입니다. 따라서 좋은 학생이란 어쩌면 자신이 이해하고 있는지 아닌지 계속 확인함으로써 이해하지 못했을 때 이해하지 못했다고 할 줄 아는 학생인지도 모르겠습니다. 반면 열등한 학생은 자신이 이해하고 있는지 아닌지 관찰하지 않기 때문에 자신의 상태를 파악하지 못하는 학생이라고 할 수 있지요. 결국 중요한 문제는 학생들로 하여금 자신들이 모르는 것을 교사에게 물어보게 하는 것이 아니라 아는 것과 모르는 것의 차이를 자각하게 하는 것입니다.

이런 말을 하다 보니 허브가 떠오르는군요. 그 아이가 글을 쓸 때마다 글자가 자꾸만 종이 바깥으로 달아나는 이유를 이제 알것 같습니다. 허브는 단어 쓰기를 할 때면 한 번에 철자 두 개씩만 베낍니다. 그 아이가 철자를 두 개 이상 볼 수 있는지, 자기가 베끼는 단어가 무언지 알고 있는지조차 의심스럽습니다. 그 아이는 단어를 베끼기 시작하면 그 단어가 얼마나 긴지, 단어가 다 들어갈 여백이 있는지 전혀 생각하지 않는 것 같더군요.


## □ 1958년 4월 21일

오늘 수학 시험 시간에 루스를 지켜보았다. 그 아이는 대부분의 시간을 멍하니 창밖을 내다보거나 연필로 장난을 치든지 손톱을 물어뜯으면서 뭔가 빼낼 만한 정보가 없는지 넬 쪽을 힐끔거리며 보내고 있었다. 그러나 루스는 조금도 걱정스럽다거나 혼란스러워 보이지는 않았다. 루스는 마치 수학 시험이 다 끝났다고 여기는 것 같았다. 그리고 시험을 보는 시간이 아니라 곤란한 문제가 있으면 언제든지 선생님께 도움을 청할 수 있는 금요일 토의 시간인 듯이 굴었다. 그 아이는 무엇을 해야 할지 모르는 상황이 너무 괴로워서 차라리 아무것도 하지 않기로 한 것 같았다.

 루스는 오늘 있은 회의 시간에도 아무것도 하지 않았다. 그 아이는 자기 책상 안에서 무언가를 계속 끄집어내고 있었다. 나는 뭔가 보통 때보다 거친 태도로 계속 책상 뚜껑을 여닫는 게 눈에 거슬려서 그 아이를 쳐다보았다. 내 시선 때문에 조금 기가 꺾이긴 했지만 루스는 별로 무안해하지 않으며 그 일을 계속했다.

에밀리에게 microscopic(미시적)의 철자를 물어보았을 때 MIN-COPERT라고 썼던 것이 생각난다. 아마도 몇 주 전의 일이었을 것이다. 오늘 내가 칠판에다가 다시 MINCOPERT라고 적자 놀랍게도 에밀리는 그 단어를 알아보았다.

그러나 몇몇 아이들은 그 단어를 보고 어처구니없다는 듯이 나에게 물었다.

"그게 뭐예요?"

"너희들이 보기에는 뭐 같니?"

그때 에밀리가 대답했다.

"그건 microscopic인 것 같은데요."

놀랍게도 에밀리는 그 단어를 알아보았던 것이다. 하지만 에밀리는 자기가 바로 MINCOPERT라고 쓴 장본인이라는 건 기억하지 못하는 것 같았다.

철자 시험에서 에밀리는 tariff(관세)의 철자를 TEAREFIT라고 썼다. 오늘 에밀리에게 다시 한 번 그 단어를 써보게 했더니 TEARFIT라고 썼다. 철자를 그런 식으로 쓸 때 에밀리는 도대체 어떤 상태에 있는 것일까? 그 단어를 큰 소리로 읽고 있는 에밀리의 모습에서 어떤 실마리가 떠올랐다. 그 아이는 마치 두 눈을 질끈 감고 돌진을 감행하는 사람 같았다. 마치 시커먼 밤중에 묘지를 지나가는 사람처럼 뒤돌아보지도 않고 마구 달려가기만 했다.

S. T. 코울리지의 〈늙은 수부The Ancient Mariner〉에 나오는 한 구절이 생각났다. 이 대목은 짧기는 하지만 세상에 나도는 귀신 이야기

들 중 가장 멋진 대목일 것이다.

인적 없는 길을 혼자 걷는 사람처럼
공포와 두려움 속에 나아간다.
한 번 뒤돌아본 다음 계속해서 걸어간다.
두 번 다시는 고개를 돌리지 않는다.
끔찍한 마귀가 바로 뒤에 붙어
따라온다는 걸 알고 있기에.

이것이 아이들이 세상을 살아가는 방법일까?

## □ 1958년 5월 8일

_연구위원회에 관한 메모

이 학교도 다른 학교와 마찬가지로 수학, 영어, 역사 등 과목별로 연구 모임이 있다. 교사들은 그 모임에서 무엇을 가르쳐야 하는지 논의했다. 하지만 내가 오기 10년 전부터 이 학교에서 가르치고 있었던 빌 헐은, 이런 모임에서는 빌과 내가 해보려는 식으로 아이들의 생각과 공부를 연구하지 않는다는 사실을 알고 있었다. 그래도 빌은 학습에서 아이들이 보이는 문제점, 아이들이 교실에서 취하는 반지성적인 태도, 그것이 학습에 미치는 악영향, 그런 행동 양상을 변화시킬 수 있는 방법 등에 대해 얘기하기를 원하는 교사가 몇 명쯤은 있을 거라고 생각해서 모임을 만들었다. 첫 번째 모임에는 열두어 명 정도의 교사가 참석했다. 그러나 이 모임에서 빌이 추구하고자 하는 바가 무엇인지 명확해지자 두 번째 모임 때는 참석자가 대폭 줄었다. 그 다음에는 논의에 관심을 가지는 교사가 거의 없었기 때문에 우리는 모임을 그만뒀다. 그런 문제에는 아무도 마음을 쓰지 않는 것 같았다.＿

　앞에서 microscopic의 철자를 MINCOPERT라고 했던 에밀리 이야기를 했었다. 에밀리는 아무 생각 없이 답을 마구 골라잡은 다음, 그게 그럴듯해 보이면 두 번 다시 생각하거나 검토하지 않고 그대로 썼을 것이다. 나는 아이들에게서 '너무나 끔찍해서 뒤돌아보지 않는다.'는 식의 전략을 자주 발견하곤 한다. 에밀리는 특히 그런 예를 생생하게 보여준 학생이었으므로 잠시 그 이야기를 해보고 싶다.

　나는 문제의 철자 시험을 마친 후에 칠판에다 MINCOPERT라고 썼다. 에밀리와 또 다른 학생 하나(이 아이는 흥미로울 만큼 철자법에 뛰어났다.)가 그것이 microscopic 같다고 말했다. 그러자 다른 아이들도 그 사실을 발견하고는 즐거워했다. 물론 에밀리도 포함해서.

　에밀리는 목소리와 태도, 어조, 몸짓에서 무슨 생각을 하고 있는지 그대로 드러나는 아이였는데 MINCOPERT라는 단어의 창조주가 자신이라는 사실을 알고 있는 것 같은 표시는 전혀 보이지 않았다. 사실에밀리는 자신이 어떤 단어의 철자를 그런 식으로 댈 만큼 멍청했다는 생각 자체를 말도 안 되는 모욕으로 여기는 듯한 태도를 보였다.

　오늘 에밀리가 한 친구가 신문에서 오려낸 농담들을 자기가 붙여만든 포스터를 자랑삼아 보여주었다. 그런데 맨 마지막에 붙인 것은 농담이 쓰인 면에 풀칠을 하는 바람에 그 뒷면에 실린 기사의 파편들 밖에 읽을 수 없었다. 그 아이가 제대로 살펴보지도 않고 뒤집어서 붙여버릴 수 있었다는 것이 놀라웠다. 아이들이 모두 그 포스터를 보고 있을 때 내가 에밀리에게 슬쩍 말했다.

"에밀리, 제일 끝에 있는 저 농담을 좀 설명해주겠니? 무슨 말인지 통 모르겠거든."

나는 에밀리가 그것을 눈여겨보면 그 내용이 아무 의미가 없다는 걸 알아챌 것이고, 자기가 종이를 뒤집어 붙였다는 것을 깨달을 거라고 생각했다. 하지만 놀랍게도 에밀리는 더할 나위 없이 무관심한 태도로 배시시 웃으며 말했다.

"사실은 저게 무슨 뜻인지 나도 몰라요."

그 아이 역시 그것을 계속 쳐다보고 있었다는 말이다. 에밀리는 자신이 아무 의미도 없는 농담을 붙였다는 사실을 받아들일 준비가 완벽하게 되어 있었다. 자신이 실수를 했을 가능성, 진짜 농담은 뒷면에 쓰여 있을 가능성은 아예 생각도 못하는 것 같았다.

나는 아이들이 사물을 혼동하는 능력 혹은 방식에 호기심을 느낀다. 어느 날 작은방 수업을 할 때였다. 아이들에게 단어를 내주고 종이에 쓰게 한 다음, 그 단어를 거울에 비추어보면 어떻게 보일지 그 옆에다 써보라고 했다. 그리고 단어의 대문자와 소문자를 내가 보여준 대로 똑같이 썼는지 잘 확인하라고 했다. 처음에 내준 단어는 CAT이었다. 에밀리는 일단 그 단어를 CAt라고 썼다. 그 아이는 자기가 앞의 두 글자는 대문자로 쓰고 마지막 글자는 소문자로 썼다는 사실을 알아차리지 못했거나 대수롭게 여기지 않는 것 같았다. 그러고는 거울에 비추면 글자의 차례가 바뀔 거라고 추측했고 그래서 TaC라고 썼다. 소문자 t는 대문자로 바뀌었고 A는 소문자로 바뀌었다.

다음 단어는 BIRD였다. 그런데 에밀리는 자기가 방금 전에 글자의 순서를 바꾸었다는 것을 완전히 잊어버렸다. 그래서 이번에는 순서는 원래 그대로 둔 채 각각의 글자를 거꾸로 쓰는 게 요령일 거라고 추측했다. 에밀리는 그 단어를 일단 BIrD라고 적었다. 그 아이는 B를 정확하게 뒤집고, I를 쓴 다음 소문자 r을 봤는데 그게 거꾸로 누운 L로 보였던 모양이다. 그래서 "난 이걸 똑바로 세워야 돼."라고 결정했고 L이라고 썼다. 하지만 B와 D는 뒤집혀져서는 안 된다고 판단했다. 그래서 나온 최종적인 답은 BILD였다.

그런데 이게 무슨 질문에 대한 답이었더라? 에밀리는 그것에 관해서는 아무 생각도 없었다. 과제가 무엇이었든 에밀리가 처음 하려고 했던 것은 끝마치기도 전에 머릿속에서 사라져버렸다. 그 아이가 하려고 했던 것은 뭔가 전혀 다른 것으로 바뀌어버렸다. 글자를 거꾸로 뒤집거나 반대로 쓰거나 아니면 또 다른 뭔가로.

에밀리는 반드시 맞아야만 했다. 그 아이는 자신이 틀렸다는 건 말할 것도 없고 틀렸다고 상상하는 것조차 견디지 못한다. 만약 자신이 틀렸을 경우 (이런 일은 아주 자주 있는 일이다.) 에밀리가 할 수 있는 유일한 일은 가능한 한 빨리 틀렸다는 사실을 잊어버리는 것이다. 그 아이는 절대 자기가 틀렸다고 스스로 말하지 않는다. 다른 사람이 자기에게 말하는 것만으로도 충분히 나쁜 일이니까. 에밀리는 뭔가를 하라는 명령을 받으면 두려움에 떨며 재빨리 해치운 다음, 보다 높은 자리에 앉은 존재에게 결과물을 넘기고는 '틀렸다' 혹은 '맞았다'라는 마법의 말이 떨어지길 기다린다. 만약 맞았다는 말이 들려오면 더 이상 그 문제에 대해서는 생각하지 않아도 된다. 그리고 틀렸다는 말이 들려오면 더 이상 그 문제에 대해서 생각하고 싶지도 않고, 생각할 수도 없는 지경에 빠진다.

이런 두려움은 에밀리를 또 다른 전략으로 이끈다. 이 전략은 다른 아이들에게서도 자주 발견되는 전략이다. 에밀리는 암송 시간이면 교사의 주의가 스무 명의 아이들에게 골고루 나눠진다는 사실을 알았다. 그 아이는 교사들이 주로 어리둥절해 있거나 집중하지 않는 아이들에게 질문을 한다는 사실도 잘 알고 있다. 그리하여 진짜로 답을 알든 모르든 마치 답을 쏟아내기라도 할 것처럼 손을 들고 흔들어대는 것이 안전하다고 생각한다. 그렇게 하면 적어도 수업 내용을 알고 있다는 걸 내게 전할 수 있으니까. 누군가 다른 아이가 올바른 답을 말하면 에밀리는 확실한 동의의 뜻으로 고개를 끄덕이고 가끔씩 그 답에다 자기 의견을 덧붙이기도 한다. 비록 그 어조와 태도에는 위험을 무릅쓴 흔적이 역력하지만 말이다. 한 가지 흥미로운 건 적어도 대여섯 명 이상이 손을 들기 전까지는 절대로 그 아이가 손을 드는 법이 없다는 것이다.

때로는 에밀리도 호명을 받는다. 한번은 이런 일이 있었다.

"48의 반이 얼만지 아는 사람?"

에밀리가 손을 들기에 답을 말해보라고 했다. 그러자 그 아이는 들릴락 말락 한 목소리로 중얼거렸다.

"24요."

나는 한 번 더 말해보라고 했다.

그러자 에밀리는 큰 소리로 "말했잖아요."라고 한 다음 모기만 한 소리로 덧붙였다.

"24요."

아이들이 그 소리를 알아듣지 못했기 때문에 나는 한 번 더 대답해 보라고 말했다. 에밀리는 얼굴이 굳어지더니 매우 큰 소리로 외쳤다.

"말했잖아요! 48의 반은……."

그 다음에 이르자 목소리가 잦아들면서 가늘게 떨려 나왔다.

"24예요."

아직도 많은 아이들이 알아듣지 못했다. 에밀리는 분연히 외쳤다.

"알았어요! 크게 말할게요."

나도 그게 좋겠다고 했다. 에밀리는 단호한 어조로 말했다.

"그러니까 문제는 48의 반이 얼마냐는 거죠? 맞죠?"

내가 동의하자 그 아이는 속삭임을 간신히 넘어선 정도의 목소리로 말했다.

"24요."

나는 에밀리가 어째서 질문은 큰 소리로 하면서 답은 크게 말하지 않는지 이해할 수가 없었다.

이것은 아주 자주 쓰이는 전략이다. 질문을 하는 교사들은 정답을 열망하고 정답만을 들으려 하는 경향이 있다. 아이들이 맞는 답을 해 주어야만 자기가 잘 가르치고 있음을 확인하고 다음 과제로 넘어갈 수 있기 때문이다. 교사는 정답을 들을 준비가 되어 있기 때문에 아마도 정답과 비슷하게 들리는 소리는 모두 다 정답이라고 생각할 것이다. 그러니 정답에 자신이 없다면 웅얼거리는 것이 가장 좋은 패일 수밖에. 만약 어떤 단어의 철자가 A인지 O인지 확신할 수 없다면 아이들은 그 글자를 A로도, O로도 보일 수 있도록 교묘하게 쓸 것이다.

웅얼거리기 전략은 특히 언어 영역에서 효과적이다. 아이들은 프랑스어 수업에서 이 전략을 구사했는데 나는 무슨 일이 일어나고 있는지 알아차리지 못했다. 이 전략은 특히 발음에 자신 있고 까다로운 교사들에게 잘 통한다. 이런 교사에게서 교사가 물어본 질문의 답을 끌어내기는 아주 쉽다. 멋대로 우물거리거나 전혀 프랑스어 같지 않은 대답을 해보라. 그러면 교사는 잠시 진저리를 치다가 우아한 프랑스어로 정확한 답을 말해줄 것이다. 물론 교사가 말한 뒤에 따라서 말해야 하긴 하지만 어쨌든 최악의 위험에서는 벗어난 셈이다.

게임 이론가들은 승리의 기회를 극대화시키고, 패할 경우에는 잃는 것을 최소화시키는 전략을 '미니맥스minimax'라고 부른다. 아이들 역시 그런 전략에는 일가견이 있다. 아이들은 언제나 발뺌을 하거나 양다리를 걸쳐서 자기를 지킬 방도를 찾아낸다.

얼마 전 작은방에서 평형저울을 가지고 수업을 할 때였다. 이 교재는 일정한 간격으로 줄이 그어진 막대를 균형점 위에 쐐기로 고정시킨 형태였다. 과제는 내가 막대의 한쪽 지점에 추를 올려놓고 아이들에게 그 추와 무게가 같거나 더 무겁거나 가벼운 추를 주면, 아이들이 그 추를 다른 쪽의 적정 지점에 올려서 쐐기를 풀었을 때도 균형을 유지하게 만드는 것이었다. 한 아이가 일정 지점에 추를 올리면 그 그룹에 속한 아이들은 저울이 균형을 유지할 것인지 아닌지에 대해 자신들의 생각을 얘기하기로 되어 있었다.

에밀리가 추를 놓을 차례였다. 에밀리는 고심 끝에 좋지 않은 장소에 추를 내려놓았다. 그 그룹의 아이들은 차례로 자기들의 생각을 말했는데, 대부분 저울이 균형을 잃을 것 같다는 의견이었다. 에밀리는 아이들이 한 마디씩 할 때마다 점점 더 자신의 선택에 대해 확신을 잃어갔다. 결국 모두가 한 마디씩하고 쐐기를 풀어야 하는 순간이 오자 에밀리는 주위를 빙 둘러보더니 재빨리 말했다.

"사실 난 이게 균형을 잡을 거라고는 생각 안 했어."

글로는 도저히 그때 에밀리의 어조를 옮길 수 없다. 에밀리는 그처럼 엉뚱한 위치에 추를 놓은 그 바보와 자신은 전혀 상관이 없는 사람인 것처럼 굴었다. 에밀리가 쐐기를 뽑자 저울은 거칠게 흔들렸고 에밀리는 자신의 정당성이 입증되었다는 듯한 표정을 했다. 아이들은 대부분 스스로를 방호하기 위해 양다리를 걸치거나 도망갈 구멍을 만들지만 그렇게 뻔뻔스럽게 해내는 아이는 별로 없다. 어떤 아이들은 그렇게 하면서도 자신의 신념을 지킬 용기가 없다는 사실을 수치스럽게 여긴다.

_지금은 당시 내가 에밀리를 잘못 이해하고 있었다고 생각한다. 그 아이의 과제는 microscopic의 철자를 아는 것도, 글자를 거꾸로 쓰는 것도, 무게 중심을 잡는 것도 아니었다. 그 아이는 머릿속으로 아마 이런 생각을 했으리라.

'선생님들은 내가 뭔가를 하기를 원해. 하지만 난 그게 뭔지도 모르겠고, 왜 내가 그런 걸 하기를 바라는지도 모르겠어. 하지만 난 뭔가를 해야만 돼. 그러면 선생님들도 날 내버려두겠지.'_

□ **1958년 5월 10일**

아이들은 종종 교사에게서 답을 끌어내는 전략을 솔직하게 드러내기도 한다. 언젠가 한 여교사가 말하기 영역 테스트를 하는 것을 관찰한 적이 있다. 그 교사는 칠판에 세로로 칸 세 개를 그리고는 각각의 칸에 명사, 형용사, 동사라고 적었다. 그리고 아이들을 한 명씩 호명해서는 단어 하나를 말하고, 그 단어가 어느 칸에 들어가야 맞는지 물었다.

교사들이 흔히 그렇듯이 그 교사 역시 자기가 하고 있는 일에 대해 충분히 생각해보지 않았던 것 같다. 조금만 생각해봤다면 어떤 단어는 하나 이상의 칸에 들어갈 수 있고, 또 쓰이는 맥락에 따라 단어의 의미가 달라질 수 있다는 것쯤은 알았을 텐데 말이다.

이런 경우에는 '표정 읽기guess-and-look' 같은 전략이 많이 사용된다. '표정 읽기'는 답을 말할 때 교사의 표정이 어떻게 변하는지 계속 관찰함으로써 답이 맞는지 확인하는 전략이다. 대개의 교사들한테는 이 이상의 전략은 필요 없다. 그런데 이 교사는 표정이 얼굴에 잘 드러나지 않는 편이라서 이 전략이 잘 먹히지 않았다. 그런데도 아이들의 명중률은 놀랄 만큼 높았다. 아이들의 말과 행동으로 봐서는 명사, 형용사, 동사에 대한 개념이 확실하지 않은 게 분명한데도 그랬다. 그런데 마침내 어떤 여자아이가 이렇게 말했다.

"선생님, 그렇게 계속해서 답을 가르쳐주시지 않아도 돼요."

교사가 깜짝 놀라서 그게 무슨 뜻이냐고 묻자 그 아이는 이렇게 대답했다.

"하긴, 선생님이 확실하게 가르쳐주시는 건 아니죠. 하지만 계속 답 옆에 서 계시잖아요."

그 교사는 무슨 뜻인지 분명하게 이해하지 못했는지 계속 같은 자세로 서 있었다.

잠시 후 수업이 다시 진행되자 나는 그 아이가 한 말의 뜻을 이해했다. 그 교사는 단어를 말하고 나서는 그 단어가 들어갈 칸 앞에 서서 적을 준비를 하고 있었던 것이다. 그 모습은 어디에 답을 적을지 가리키는 것이나 마찬가지였다. 아이들은 교사의 몸이 칠판을 향하는 각도를 보고 정답의 실마리를 얻었다.

이게 다가 아니었다. 그 교사가 단어를 세 번 부르고 나면 세 개의 칸이 고르게 채워졌다. 그건 명사, 형용사, 동사가 각각 한 번씩 적혀진다는 뜻이었다. 결국 그 교사가 새로운 줄에 단어를 써넣기 시작할 때마다 어림짐작으로 답을 맞힐 수 있는 확률이 $\frac{1}{3}$이 되는 셈이었다. 두 번째 단어를 맞힐 확률은 절반이고, 세 번째 단어의 답은 정해진 것이나 마찬가지였다. 이런 행운은 놓치는 게 더 어려운 법이다. 사실 아이들이 대답을 너무 빨리 하는 통에 나중에는 교사(대부분의 사람들보다 똑똑한)도 그 전략을 알아차리게 되었고, 단어를 불규칙하게 불러서 이 전략가들의 과업을 조금 더 어렵게 만들었다.

이 와중에서 그래도 상황을 이해하려 애쓰던 사려 깊은 아이를 어리둥절하고 혼란스럽게 만드는 일이 벌어졌다. 말도 안 되는 상황이었다. 이 교사는 영어를 전공한 사람이었는데 아이들에게 동사는 어떤 행위를 나타내는 말이라고 설명했다. (물론 항상 그렇지는 않다.) 공교롭게도 교사가 질문한 단어 중에 '꿈dream'이라는 단어가 있었다.

그 교사는 그것을 명사로만 생각하고 있었는데, 'dream'이 동사로 사용될 수도 있다는 사실을 잊어버린 모양이었다. 어떤 남학생이 순수한 추측으로 그 단어가 동사라고 대답했다. 그런데 그 교사가 아이를 도와준답시고 덧붙인 설명이 오히려 아이를 더 헷갈리게 만들었다.

"하지만 동사는 어떤 '액션action'을 포함하고 있어야 한단다. 'dream'을 사용해서 액션이 있는 문장을 만들어보겠니?"

그 아이는 잠시 생각하더니 대답했다.

"나는 트로이 전쟁에 관한 꿈을 꾸었다.(I had a dream about the Trojan War.)"

사실 트로이 전쟁보다 더한 '액션'을 기대할 수는 없지 않은가. 하지만 교사는 틀렸다고 말했고, 그 아이는 좌절과 경악에 가득 찬 표정으로 말없이 앉아 있었다. 교사는 그 아이가 말해주기를 바랐던 답에 대해 생각하느라 정신이 없었고 자신의 마음속에 숨겨둔 정답에 사로잡혀 있었다. 그래서 그 아이가 실제로 무엇을 생각하고 말하는지 알아차리지 못했고 아이의 논법이 논리적이고 정확했다는 사실은 물론, 틀린 것은 아이가 아니라 자기 자신이란 사실은 더더욱 알지 못했다.

얼마 전에 어떤 명문 대입예비학교에서 본 수업은 교사가 자기가 가르치는 학급에서 무슨 일이 일어나고 있는지 알지 못하는 경우의 좋은 예가 될 것 같다.

수학 수업 시간이었다. 담당 교사는 아주 노련한 사람으로 칠판에 그날의 과제를 적고 있었다. 그분이 학생들의 주의를 집중시키는 방법은 한 단계를 넘어갈 때마다 학생들을 번갈아 호명해서 "맞나?"라고 물어보는 것이었다. 그 수업은 나도 집중하기가 어려울 정도로 지루했다. 내가 보기에는 거의 모든 학생들이 자기 이름이 호명되었을 때 알아차릴 수 있도록 머릿속에 파수병만 하나 세워둔 채 마음은 딴 곳에서 놀고 있었다. 이름이 불려지고 교사의 질문을 받은 학생은 "예."라고만 대답했다. 수업은 단조롭게 찾아들어 갔고 내 마음 역시 어디론가 흘러갔다. 얼마나 시간이 지났을까. 갑자기 뭔가가 정신이 돌아오게 만들었다. 나는 그 교사 쪽을 쳐다보았다. 교실 안의 다른 학생들 역시 모두 그쪽을 보고 있었다. 방금 전 칠판에 쓴 풀이가 맞느냐는 질문을 받은 학생은 찬찬히 칠판을 살펴봤다. 그리고 이렇게 대답했다.

"아니요, 선생님. 틀렸는데요. 그 문제는 어쩌고저쩌고 이렇게 저렇게 해야 맞는 겁니다."

그 교사는 잠시 동안 혼자 킬킬거리더니 말했다.

"네 말이 맞았어. 그래야 돼."

그는 원래의 태도로 되돌아갔고 학생들과 나도 남은 시간 동안 각자의 비밀스런 생각으로 되돌아갔다.

학생들이 모두 교실을 나간 후 나는 그 교사에게 수업을 참관하게 해준 것에 감사를 표했다. 그 교사가 말했다.

"아까 내가 아이들한테 변화구를 던진 걸 알아차리셨을 겁니다. 가끔 그렇게 하지요. 애들이 방심하지 못하게 하려고요."

나도 뭔가 동의의 말을 던졌다. 사실은 그분이 그 하잘것없는 변화구를 던졌을 때, 학생들에게뿐만 아니라 완전한 이방인인 나에게조차 뭔가가 다가오는 중이니 정신 차리는 게 좋을 거라는 경고가 될 만

큼 그의 음성이 변했다는 사실을 말하고 싶었지만 때와 장소가 좋지
않은 것 같았다.

_이 책이 나온 지 얼마 되지 않아 MIT대학원에서 전자공학을 가르치
고 있는 한 교수를 만나게 되었다. 그는 이 책을 읽고 나서, 그의 대학
원생들이 자신을 상대로 이 책에 나온 온갖 치졸한 전략들(웅얼거리
기, 표정 읽기, 넘겨짚고 살피기, 교사가 자기 물음에 스스로 대답하게 만들
기 등)을 구사하고 있다는 사실을 처음으로 알게 되었노라고 말했다.
    하지만 내가 나중에 깨달은 바로는 이 모든 일들은 다른 사람이 자
신들을 판단하려 한다면 누구나 벌이게 되는 게임이다._


□ **1958년 7월 7일**

요즈음 나는 지난겨울과 봄에 써놓았던 메모들을 읽고 있다. 자신이
줄곧 확신하고 있던 주제에 대해 생각을 바꾸는 일은 기묘하고 심란
한 과정이다. 그동안 아이들을 통제할 필요성에 대해 글을 써오면서
한 가지 깨달은 사실이 있다. 그것은 어떤 희생을 치르더라도 어른들
을 기쁘게 해야만 한다는 강박관념이 아이들의 사고에 훼방을 놓고,
아이들이 그지없이 옹색하고 방어적인 전략들을 구사하게끔 몰아간
다는 사실이다. 우리 반의 재능 있는 사색파들은 예외 없이 어른들을
만족시킬 필요를 그다지 느끼지 않는 아이들이었다. 몇몇은 성적이
아주 우수했지만 사색파라고 해서 모두 다 우수한 학생인 것은 아니

었다. 하지만 성적이 좋든 나쁘든 그 아이들은 어른들을 만족시키기 위해서가 아니라 자신의 만족을 위해 공부했다.

사색파와 정반대되는 아이들 중 월터라는 아이가 있다. 월터는 다른 사람들이 자신에게 바라는 일이라면 무엇이든 아주 열심히 했고 또 아주 잘 해냈다. 전통적인 기준으로 보자면 그 아이는 수재라고 불릴 만큼 재능 있는 학생이었지만 수재는 아니었다.

언젠가 이런 문제를 풀 때였다.

"시속 40마일로 달리고 있다고 하자. 10마일을 가려면 시간이 얼마나 걸리는가?"

월터: 4분이오.
나: 어떻게 그런 답이 나왔니?
월터: 40을 10으로 나눠서요.

월터는 내 얼굴을 슬쩍 쳐다보더니 답이 틀렸다는 걸 알았는지 잠시 후에 "15분."이라고 썼다. 나는 그 아이가 그 문제를 완전히 이해했는지 확인해보고 싶었다.

나: 그러면 시속 50마일의 속도로 가고 있다면 24분 동안에는 얼마만큼 갈 수 있지?
월터: (재빨리) 36마일.
나: 어떻게 그런 답이 나왔니?
월터: 60에서 24를 빼서요.

그 아이는 아직도 이해를 못하고 있었다. 나는 다시 한 번 시도했다.

나: 만약 시속 50마일의 속도로 가고 있다면 30분 동안 얼마만큼 가게 될까?

월터: 25마일요. 30분은 한 시간의 반이고 50의 반은 25니까요.

월터의 설명은 그 아이가 문제를 완전히 이해한 것처럼 들렸다. 그래서 나는 24분 동안에는 얼마나 갈 수 있는지도 쉽게 풀 수 있으리라고 생각했다. 하지만 시간이 엄청나게 흐르고 내가 힌트를 준 다음에야 24분은 한 시간의 $\frac{2}{5}$이니까 24분 동안에는 50마일의 $\frac{2}{5}$, 즉 20마일을 갈 수 있다는 답을 알아냈다. 하지만 내가 계속 앞서와 같은 질문을 해서 길을 닦아 놓지 않았다면 과연 그 답을 알아낼 수 있었을까? 장담하기 어려운 일이다.

나도 그랬지만 대부분의 교사들은 월터가 첫 문제에서 15분이라는 답을 알아냈을 때 그 아이가 문제를 이해했다고 생각했을 것이다. 혹 의심 많은 교사라 해도 그 아이가 어떻게 해서 25마일이라는 답이 나왔는지 설명할 때쯤에는 확실히 믿게 되었을 것이다. 하지만 그 아이는 자신이 풀고 있는 문제를 이해하지 못하고 있음을 보여주었고, 아직도 그 문제를 이해하고 있는지 확실하지 않다.

이 상황에서 월터가 구사한 전략은 어떤 것이었을까?

월터가 숫자 끼워 맞추기를 하고 있었다는 사실은 분명하다. 게다가 그 아이는 그럴듯한 설명까지 만들어 자기가 어떻게 문제를 풀었나를 보여주었다. 그렇지만 한 시간의 반 동안에는 50마일의 반을 갈 수 있다고 말할 때, 혹시 숫자 끼워 맞추기에 덧붙여 단어 끼워 맞추기를 하고 있었던 것은 아닐까? 그게 훨씬 더 그럴듯하지 않을까? 이 경우 월터의 설명이 논리적으로 들린 것은 그 아이의 숫자 맞추기가 우연히 제대로 들어맞았기 때문이었다. 그러나 월터는 숫자 맞추기가 틀렸을 때도 제대로 맞았을 때와 다름없이 자신의 설명에 만족했다.

정말 걱정스런 일이다. 우리는 아이들이 이해할 수 있도록 가르치고 있다고 믿고 있고, 또 그렇다고 말한다. 어떻게? 우리는 아이들에게 그들이 풀고 있는 문제에 대해 '설명'해준다. 그리고 아이들에게 그 설명을 다시 해보도록 요구한다. 하지만 아이들의 입장에서 한번 생각해보자. 혹시 월터가 그렇게 했듯이 아이들은 '이 학교에서는 정확한 대답뿐만 아니라 정확한 설명까지 해야 하나 보다.'라고 느끼지 않았을까? 정확한 대답 더하기 정확하고 자질구레한 수다. 하지만 월터의 경우에서 보았듯이 '모범적인' 학생들은 자기들이 무엇을 배우고, 무엇을 말하고 있는지 이해하지 못하면서도 정확한 대답을 하고, 정확한 수다를 떨 줄 안다.

＿이 학교는 유복하고 야심만만한 부모와 높은 IQ를 가진 학생들이 다니는 아주 선택받은 사립학교였다. 그러나 내가 있을 당시에는 진보적이라는 평판에도 불구하고 과거와는 달리 '기초부터 다시'라는 입장으로 완전히 돌아서 있었다.＿

□ 1958년 7월 25일

빌 헐의 수업을 관찰하며

지난 반년 동안 내가 가장 확실하게 알게 된 것은 수업 시간에 일어나고 있는 일은 교사들이 생각하고 있는 것과는 완전히 다르다는 사실이다. 적어도 내가 생각해왔던 것과는 달랐다. 요 몇 년 동안 나는 내교실은 아마도 이럴 거라는 생각을 가지고 가르쳐왔다. 내가 알고 있다고 생각했던 것은 반은 물리적이고 반은 정신적 혹은 영적인 것이었다. 말하자면 나는 아이들이 무엇을 생각하는지, 또 어떻게 느끼고 행동하는지 알고 있다고 생각했던 것이다. 그러나 이제는 내가 마음속에 품고 있었던 것들이 거의 틀렸다는 것을 알게 되었다. 왜 전에는 이런 사실을 알아차리지 못했을까?

나는 아이들을 조사하려는 것이 아니라 그저 교실 한 구석에 앉아 그 아이들이 내가 이제껏 같이 공부해왔고 그래서 잘 알고 있다고 믿는 십대들과 어떤 점이 같고 어떤 점이 다른지 관찰하는 가운데 서서히 뭔가를 깨닫기 시작했다. 어떤 아이를 지명할 때만 보아서는 그 아이가 수업 중에 무엇을 하고 있는지 알아챌 수 없다. 그것을 알려면 그 아이가 의식하지 못할 때 오랫동안 그 아이를 관찰해야만 한다.

대부분의 아이들은 수업 시간에 진행되고 있는 내용에 거의 주의를 기울이지 않는다. 보통 집중이 가장 필요한 아이들이 가장 집중하지 않는다. 무슨 질문이든 답을 알고 있는 아이들은 그 사실을 알리고 싶어서 언제나 공중에다 손을 휘젓는다. 게다가 그 아이들은 정답을 알고 있으므로 운이 좋지 못한 동료들이 내놓기 마련인 우스꽝스런 답을 느긋하게 즐기는 위치에 있다. 그러나 어떤 수업이든 이런 능력 있는 학생들은 소수에 불과하다.

그렇다면 불운한 다수의 아이들은 어떨까? 그 아이들은 교실 안에서 벌어지는 일에만 관심을 둔다. 그들은 감정이 고조될 때에만 귀를 곤두세운다. 예를 들어 논쟁이 계속되거나 누군가 곤경에 빠지거나 바보 같은 대답으로 웃음거리가 될 때에만 주의를 기울인다. 교사가 이해가 더딘 아이에게 다른 아이들은 다 알고 있는 간단한 사실을 설명하고 있다면 그 아이들은 팔을 흔들어대며 몹시 괴롭다는 듯 외쳐댈 것이다. "우우−우!", "우우−우!" 하지만 설명과 질문과 토론이 진행되는 동안에는 대부분의 아이들이 거의 집중을 하지 않는다. 아니, 전혀 하지 않는다. 어떤 아이들은 백일몽에 빠지는데, 그러면 다른 아이들을 즐겁게 만드는 고함소리도 그 아이들을 현실로 돌아오게 하거나 그 아이들의 그 습관을 깨뜨리지 못한다. 또 다른 아이들은 쪽지를 돌리고, 귀엣말을 속삭이고, 암호를 주고받고, 책상이나 공책에 낙서를 끼적거리고, 물건들을 만지작거린다.

＿아이들은 백일몽에 빠져 있었다. 아무리 자주 들키고 창피를 당해도 아랑곳하지 않았다. 교실이란 결국 교사가 아무리 재미있고 안전한 곳으로 만들려고 노력해도 아이들에게는 그럴 수만 있다면 도망치고 싶은 지루하고 혼란스럽고 위험한 장소였기 때문이다. 그러니 백일몽만이 유일한 탈출구였던 셈이다.＿

만약 어떤 교사가 단지 아이들을 조용히 시키거나 정신없이 바쁘게 만들려는 것이 아니라 진짜로 가르치려 한다 해도 이런 사태를 해결할 길은 없어 보인다. 교실에서 교사란 깜깜한 밤중에 강력한 전등을 들고 숲 속에 들어간 사람과 같다. 그가 전등을 어디로 돌리든 불빛에 비춰진 존재는 그 순간 불빛을 깨닫고 더 이상 어둠 속에서 하던 행동을 하지 않는다. 교사가 그냥 바라보기만 해도 아이들의 행동은 달라진다. 어디로 불빛을 돌리든 그는 어둠 속에서 이루어지는 숲 속의 삶에 대해 많은 것을 알 수 없다.

교사는 자신의 주의를 이 아이에서 저 아이로, 혹은 반 전체로 돌릴 수 있다. 하지만 아이들은 교사의 주의가 언제 자신을 향하는지 알아챈다. 그리고 바로 그 순간 딴짓을 멈춘다. 교사가 어떤 특정한 아이가 무엇을 하고, 무엇을 묻고, 무엇을 설명하려 애쓰고 있는지 알고 싶어 한다면 아마도 나머지 아이들이 무슨 짓을 하고 있는지는 알 수 없을 것이다. 교사가 다른 아이들이 딴짓을 하고 있다는 것을 알아채고 못하게 한다 해도, 그 아이들은 교사가 특정한 아이에게 다시 관심을 돌릴 때까지 기다리기만 하면 된다는 것을 잘 알고 있다.

수업에 참관하는 사람들도 이런 사실을 깨닫지 못하는 것 같다. 아이들이 참관인들의 존재에 익숙해져서 자연스럽게 행동할 때까지 충분히 오래 머물지 않기 때문이다. 하지만 오랫동안 교실에 머무는 이들조차 주로 교사를 관찰할 뿐, 아이들에게는 주의를 기울이지 않는 실수를 저지른다. 실습을 나온 교생들은 한 교실에서 오랜 시간 머문다. 하지만 교생들은 자신들이 교실에 있는 이유는 '가르치는 방법', 즉 수업의 대가大家를 관찰함으로써 아이들을 다루는 법을 알아내는 것이라고 생각한다. 교생들의 관심은 아이들을 이해하는 데보다는 아이들을 조종하고 통제하는 데 쏠려 있다. 교생들은 교사를 관찰하고, 교사가 보는 것만을 보기 때문에 가치 있는 경험을 할 수 있는 기회를 놓쳐버린다.

경험 있는 교사 두 명이 한 반을 맡아서 같은 아이들을 가르치고 관찰하며, 각자가 보고 들은 것에 대해 함께 생각하고 대화를 나눌 기회가 많아야 한다. 하지만 학교는 그럴 만한 재정적인 여유가 없다. 한 학급당 한 명의 교사에게 급료를 지급하기도 빠듯한 형편이니까. 나는 재단들이 지원을 해야 한다고 생각한다. 그런데 그들은 재단의 명성을 높여줄 거창한 프로젝트에나 거금을 들인다. 아마도 아이들에 대해 더 많이, 더 잘 알기 위해 한 교실당 두 명의 교사를 두는 것은 쓸모없는 일이라고 판단하는 것이리라. 만약 그렇다면 나는 그들이 틀렸다고 생각한다. 이 1년간의 경험으로 알게 된 것들(아이들의 학습과 생각, 행동들, 그리고 그 경험이 열어준 탐구와 사색의 길)을 생각해볼 때 다른 곳에서도 우리와 같은 방식으로 작업할 수 있다면 교사들이 배움이라는 문제에 대해 놀랄 만한 것들을 발견하게 되리라 생각한다.

_여기서 교사가 혼자 수업을 할 때는 어떻게 해야 하는지에 대한 실마리를 얻을 수 있다. 나는 3년 후 5학년 담임을 맡게 되었을 때 이 방법을 시도해보았다. 제임스 헌돈James Herndon 역시 『당신의 조국에서 살아남는 법How to Survive in Your Native Land』이라는 책에서 이 방법을 묘사하고 있는데, 이를 위해서는 무엇보다 먼저 아이들이 진정으로 흥미진진한 삶을 살아갈 수 있는 장소(육체적이고 지적이고 감성적인 공간)를 마련해야 한다. 그 다음에 할 일은 아이들이 그곳

에서 무엇을 하는지 지켜보는 것이다. 조지 버나드 쇼의 『시저와 클레오파트라』에서 시저는 클레오파트에게 시녀들이 하고 싶은 말을 하도록 내버려두라고 말한다. 여왕이 왜 그렇게 해야 하냐고 묻자 시저는 이렇게 대답한다.

"그래야 그들이 어떤 사람인지 알 수 있기 때문이오."

딱 맞는 말이다. 우리가 알아야 하는 것은 아이들이 지금 현재 어떤 상태에 있는가 하는 것이다. 그러기 위해서는 아이들의 문제를 기록한 터무니없이 긴 서류들과 엉터리 심리 검사서를 읽는 대신, 학교가 허용하는 한 아이들에게 말할 자유, 생각할 자유, 행동할 자유를 준 다음 그들이 무엇을 하는지 관찰해야 한다.

단지 우리가 원하는 일을 하고 있는지 아닌지를 점검하기 위해서만 아이들을 관찰한다면 가장 흥미롭고 중요한 사실들은 모두 놓쳐버리고 말 것이다. 이런 이유 때문에 여러 해 동안 아이들을 경험해온 수많은 교사들이 아이들의 진짜 본성을 이해하지 못하는 것이다. 집에서 아이들을 가르치는 사람들은 자기 아이가 누구인지, 관심사가 무엇인지, 어떤 감정 상태인지 파악할 시간과 열성이 있기 때문에 시종일관 잘 해나갈 수 있다. 하지만 학교 교사들은 기존의 관습적인 임무, 즉 학생들을 지배하고 잡아놓고 심판하는 일에서 스스로 자유로워져야만 그들을 충분히 이해하고 그들에게 도움이 될 방법들을 배우게 될 것이다.

무슨 특별한 의도나 계획이 있었던 것은 아니었지만, 교실에서 아이들끼리 얘기하고, 아이들끼리 뭔가를 해보도록 허용하기 시작하자 비로소 나는 아이들의 생각과 경험과 관심을 알 수 있었다. 그리고 그런 다음에야 교실을 아이들에게 좀 더 쓸모 있는 장소로 만드는 방법을 알게 되었다. 아이들이 먼저 나를 가르친 후에야 아이들을 가르치기 시작할 수 있었던 셈이다.

한번은 이런 일도 있었다. 내가 가르치는 아이들 중에 읽기 장애를 가진 아이가 있었는데, 우연히 그 아이가 친구들에게 말을 좋아한다고 얘기하는 것을 듣게 되었다. 나는 말에 관한 책을 주면 그 아이를 도와줄 수 있지 않을까 하는 생각에서 아이가 볼 수 있는 곳에 『녹원의 천사National Velvet』라는 책을 가져다놓았다. 예상대로 아이는 그 책을 좋아했고 그 이야기와 등장인물에 푹 빠져 읽기 장애를 극복할 수 있는 의욕과 힘을 얻었다. 사실 그 아이의 '장애'란 글 읽는 법을 익히지 못할지도 모른다는 두려움과 그것이 사실로 확인되었을 때 아이가 느꼈을 수치심이 전부였다.＿

□ 1958년 7월 27일

아이들이 학교를 우리가 자신들에게 지우는 매일매일의, 혹은 매시간의 짐과 의무로 여긴다는 사실이 갈수록 분명해지고 있다. 물론 교사들은 학교를 그런 식으로 생각하지 않는다. 양심적인 교사들은 자신들이 여행 중에 얻는 상처조차도 가치가 있을 만큼 '영광스러운 목적지'로 아이들을 안내하고 있다고 생각한다. 역사 교사는 역사를 안다는 것은 흥미롭고 흥분되고 유용한 일이며, 자신의 지식을 나눠 가지게 되는 학생은 참으로 행운이라고 생각한다. 프랑스어 교사는 프랑스 문학의 매력과 프랑스어의 아름다움, 프랑스 요리의 즐거움에 대해 생각하고, 학생들도 그 기쁨을 느낄 수 있도록 도와주고 싶어 한다. 다른 교사들도 마찬가지이다.

내가 그랬던 것처럼 교사들은 자신의 관심사와 학생들의 관심사가 근본적으로 같다고 생각한다. 나도 학생들이 원하긴 하지만 내 도움 없이는 할 수 없는 여행을 안내하고 도와주고 있다고 생각할 때가 많았다. 그 길이 험난해 보이기는 하지만 아이들도 모두 나만큼 선명하게 목적지를 볼 수 있고, 그 목적지에 도달하기를 원할 것이라고 생각했다. 따라서 학생들에게 그럴 만한 가치가 있는 목적지를 향해 가고 있다는 느낌을 불어넣는 것은 매우 중요한 일이라 생각했다.

그러나 지금은 내가 떠들어댄 그 말들이 하등 쓸모없는 헛소리였다는 걸 알게 되었다. 당시만 해도 나는 학생들이 내 교실에 들어와 있는 것은 내가 가르치는 것을 배우고 싶기 때문이라고 생각했던 것 같다. 하지만 아이들이 나보다 더 잘 알고 있었다. 아이들이 학교에 오는 이유는 학교에 다녀야만 하기 때문이고, 내 수업에 들어오는 이유 역시 들어와야만 하기 때문이라는 것을. 그렇지 않으면 다른 수업을 들어야만 하는데 그 수업은 더 나쁠 수도 있었다.

학교에 오는 아이들은 병원에 가는 아이들과 똑같다. 의사들은 자신이 내린 처방이 얼마나 효과가 좋은지 장황하게 떠들어대지만, 아이들은 얼마나 아플까, 얼마나 먹기 고약한 약일까만 생각한다. 만일 아이들에게 선택의 자유를 준다면 아이들은 절대로 그 약을 먹지 않을 것이다.

그리하여 내가 희망에 찬 목적지로 이끌고 있다고 생각한 이 용감하고 불굴의 의지를 지닌 여행자들은 쇠사슬에 엮인 한 무리의 유형수로 판명 나버렸다. 그들은 처벌의 위협에 굴복해 어디로 가는지도 모르는 채 몇 발자국 앞도 제대로 보이지 않는 거친 길을 걸어가고 있었던 것이다. 학교란 아이들에게 이런 곳이다. 남들이 보내는 곳, 남들이 무언가를 하라고 시키는 곳, 게다가 그 일을 하지 않거나 제대로 하지 못할 때는 불행을 선사하는 곳.

아이들이 학교에서 하는 주된 일은 배우는 것이 아니다. (배움이라는 말이 무엇을 의미하는지도 불분명하지만.) 아이들이 학교에서 하는 일은 매일 매일의 과제를 해치우거나, 가능한 한 힘 안 들이고 대충 빠져나가는 것이다. 모든 과제는 그 자체가 목적이다. 아이들은 과정의 옳고 그름 따위에는 관심이 없다. 어떤 식으로든 과제를 처리할 수만 있다면, 그래서 해방될 수만 있다면 아이들은 그렇게 할 것이다. 그리고 어떤 방법이 먹혀들지 않는다는 것을 경험으로 알게 되면 다른 수단을 강구할 것이다. 그것이 과제를 내준 사람들의 의도와 완전히 상반되는 불법적 수단이라도 상관없다.

아이들은 다른 사람이 과제를 대신 처리하게 만드는 데도 아주 뛰어나다. 얼마 전 루스가 내 눈을 뜨게 해주었다. 그때 우리는 수학 문제를 풀고 있었는데 나는 아주 만족스러웠다. 루스에게 답이나 문제 푸는 방법을 가르쳐주는 대신 질문을 던져서 '생각을 하게 만들고 있다.'고 생각했기 때문이다. 그것은 정말 진행이 더딘 작업이었다. 나는 질문을 하고 또 했지만 돌아오는 것은 침묵뿐이었다. 루스는 아무런 말도, 아무런 행동도 하지 않고 그저 자리에 버티고 앉아 안경 너머로 나를 바라보고 있었다. 나는 루스가 안심하고 대답할 수 있을 정도로

쉬운 질문을 찾을 때까지 매번 좀 더 쉽고, 좀 더 요점이 확실한 질문을 생각해내야 했다. 우리는 조금씩 조금씩 앞으로 나아갔다. 나는 그렇게 질문을 하고 대답을 기다리며 아이를 바라보다가, 갑자기 이 아이가 내 질문에는 전혀 신경 쓰지 않고 있다는 사실을 깨달았다. 사실 루스는 문제에 대해서는 아무 생각도 하지 않았다. 다만 침착하게 나를 평가하고 내 인내심을 시험하면서 보다 쉬운 질문이 나오기를 기다리고 있을 뿐이었다. 당했다는 생각이 머리를 쳤다. 루스는 다른 교사들에게 수없이 써먹어서 익숙해진 전략, 자신이 해야 할 일을 교사에게 떠넘기는 법을 알고 있었던 것이다. 그 아이는 내가 자신이 정확한 답을 말할 수 있는 문제를 내도록 만들 수 있었다.

나도 그렇지만 일반적으로 학교와 교사들은 아이들이 구사하는 전략에 대해 아무것도 모르는 것 같다. 만약 알았다면 학교는 학과의 진짜 의미를 열심히 생각하는 아이들에게는 성공할 수 있는 최고의 기회를 주고, 이해하려고도 생각하려고도 하지 않으면서 정당하지 못한 방법으로 자신의 임무를 해치워버리는 아이들은 실패하도록 학습 진도를 정하고, 과제를 내주었을 것이다. 하지만 현실은 정반대인 것 같다.

학교는 수단과 방법을 가리지 않고 '정답'을 얻으려는 '정답파'들에게 격려를 아끼지 않는다. 오로지 '정답'만을 쳐주는 시스템에서는 어찌할 도리가 없다. 이런 학교는 '사색파'들에게는 좌절의 장소일 경우가 많다.

최근까지만 해도 열등한 학생들과 우수한 학생들은 생각하는 방식이 다른 거라고는 꿈에도 생각해본 적이 없다. 나는 열등한 아이들도 우수한 아이들과 같은 식으로 생각하긴 하지만 단지 기술이 부족할 뿐이라고 생각해왔다. 그러나 지금 생각은 좀 다르다. 실패의 가능성과 두려움이 열등한 아이들을 특별한 방식으로 생각하고 행동하도록, 그리하여 자신감을 가진 아이들과는 다른 전략을 택하도록 몰아가는 것 같다. 에밀리가 좋은 예이다. 에밀리는 지적으로나 정서적으로나 자기가 배운 것을 점검하고, 자기 생각을 실제와 비교하고, 자기 생각의 가치에 대해서 판단을 내리는 일에 완전히 무능했다. 에밀리의 행동은 위험에서 달아나고 있는 동물의 두려움을 연상시켰다. 바람같이 나아가라. 절대 뒤돌아보지 마라. 위험이 어디에 있는지 기억하라. 할 수 있는 한 멀리 달아나라. 자신들의 두려움에 대해서 이런 식으로 반응하는 아이들이 얼마나 많은 것일까?


□ **1958년 9월 22일**

아이들이 교사를 파악하는 데는 그다지 긴 시간이 걸리지 않는다. 어떤 아이들은 교사들과 잘해 나가려면 엉뚱하고 조잡한 것이라도 말을 많이 하고 아이디어를 내야 한다는 것을 이미 알고 있다. 하지만 생각하기는 좋아하지만 말하는 것은 좋아하지 않는 아이들을 위해선 무엇을 할 수 있을까?

　수학 시간에 나는 또 다른 딜레마에 빠졌다. 나는 아이들이 자신들이 하고 있는 것에 대해 생각하기를 원한다. 하지만 아이들은 내가 어려운 문제를 내면 내 마음을 읽으려 하거나, 오늘 아침에 그랬듯이 엉터리 같은 견해라도 아무 견해도 가지지 않는 것보다는 낫다는 나의 말을 글자 그대로 받아들여 조잡한 아이디어를 마구 꺼내놓는다. 이와는 반대로 과제를 완전히 분해해서 작은 조각들로 만들어 질문하면 반 아이들 대부분이 확신을 가지고 대답할 수 있을 것이다. 하지만 그러면 작년에 루스와 그랬던 것처럼 아이들이 생각해야 할 일을 내가 대신 해주는 것은 아닐까?

이런 상황에서 중간은 없는 것 같다. 내가 할 일은 때로는 어려운 문제를 던지고 때로는 쉬운 문제를 던지는 것뿐이다.


_지금 생각하면 진짜 문제는 내가 너무 많은 질문을 했다는 것이다. 얼마 지나지 않아 나는 질문을 멈추고 입을 다무는 법, 즉 아이들이 얼마나 이해했는지 알아보려는 노력을 멈추는 법을 배웠다. 학생들 자신이 질문할 시점을 결정하도록 내버려두어야 한다. 아이들은 뭘 묻고 싶은지 찾는 데도 오랜 시간이 걸리는 경우가 많다. 학생들의 이해력을 계속해서 점검하고 평가하는 것은 교사들의 임무가 아니다. 그것은 학생 자신의 임무이고, 그들만이 그것을 할 수 있다. 교사가 할 일은 아이들이 질문을 하면 대답을 해주고, 도움을 요청하면 잘 이해할 수 있도록 도와주는 것이다.

우리는 아이들이 무엇을 이해하고 있는지 알아내려고 애썼다. 그래야 그들이 더 잘 이해할 수 있도록 도와줄 수 있을 거라고 생각했었으니까. 하지만 아이들에겐 그들의 이해 정도를 테스트 받는 것도 다른 종류의 학교 시험과 다를 바가 없다. 아니 오히려 그런 테스트는 아이들을 더 불안하고 혼란스럽게 만들 뿐이다._

언젠가 6학년 담임교사들이 한 말로 미루어보면 우리가 작년에 맡았던 전략가들 중 몇몇은 전혀 나아지지 않은 모양이다. 그러나 너무 낙담하지는 말자. 근시안적이고 자멸적인 전략을 쓰는 아이들, 답이라 생각되면 뭐든지 주워섬기는 아이들, 교사를 기쁘게 하는 데만 마음을 쓰는 아이들이라도 어느 정도 긴 기간을 두고 넓게 바라보면, 그 아이들이 머리를 더 낫게 쓸 수 있는 상황을 만들 수 있다. 그러면 그중 몇몇은 새로운 상황에서 새로운 사고방식을 쓸 수 있을 것이다. 하지만 아이들 모두에게 그런 기대를 할 수는 없다. 아마도 대부분의 아이들은 더 친숙하고 편안한 옛 전략으로 돌아가버릴 것이다.

1년 동안의 학교생활로 삶의 방식 전부를 바꿀 수 있는 아이는 별로 없다. 운이 따른다면 몇몇 아이들에게 지성을 총동원하는 일, 즉 방어하고 도피하는 대신 창조적이고, 근본적이고, 건설적으로 생각하는 감각을 일깨워줄 수 있을 것이다. 우리는 아이들이 한 번 더 해보고 싶다고 생각할 만큼 그 경험을 즐기길 바라지만 그것은 단지 우리의 희망일 뿐이다. 달리 말하자면 우리가 그들에게 지성이라는 낯선 나라를 흘끗 보게 해줄 수도 있고 잠시 동안 방문하도록 할 수는 있지만, 아이들을 그 나라의 시민으로 만드는 데는 오랜 시간이 걸릴 것이다.

아이들이 학교에 입학한 첫날부터 그들의 지성이 성장할 수 있는 환경을 만드는 데 전념한다 해도 아이들이 어떻게 받아들일지는 알 수 없다. 지적 성장이 가능한 상황을 만든다고 해서 반드시 지적 성장이 이루어지는 것은 아니다.

샘의 경우를 보자. 그 아이는 기질적으로 생각을 잘할 것처럼 보였지만 그런 적은 거의 없었다. 언젠가 칠판에 일련의 숫자들을 써놓고 아이들에게 무엇이든 발견한 법칙을 말해보라고 했다. 샘은 몇 번 눈여겨보더니 이렇게 말했다.

"맨 윗줄에 1이 있고요, 중간 줄에도 있어요. 세 번째 숫자에는 2가 들어 있고 다섯 번째 숫자에도 있어요."

너무 하찮고 특수해서 일반화할 수 있는 요소라곤 없는데도 그 아이는 내가 생각도 못했던 아주 강력한 보편화를 이끌어냈다.

정말 우스운 일은, 내가 샘 스스로는 이 아이디어가 뛰어나다고 느끼리라고는 전혀 생각하지 못했다는 것이다. 언젠가 샘은 말과 소는 풀을 먹는 가축이라는 점에서 비슷하다고 말한 적이 있었다. 그리고 그 다음 날에는 말과 소는 둘 다 자기가 타본 적이 없다는 점에서 똑같다고 했다. 그런 아이에게 무슨 수로 사물에 질서를 부여하는 보다 유용한 방법이 있다는 걸 알려줄 수 있겠는가?

우리는 아이들이 질문을 하면서 두려워할 필요가 없다는 것을 믿게 해야 한다. 아니, 그걸 넘어 어떤 질문은 다른 질문보다 더 유용하다는 것과 올바른 질문에 대한 대답은 '예'일 수도 있고 '아니오'일 수도 있다는 생각을 이해시켜야 한다. 그래야만 스무고개, 카드게임, 평형저울 놀이 등을 이해할 수 있는 길이 열린다. 자연에 의문을 가지고 실험을 하는 과학자는 그 실험이 어느 쪽으로 전개되든 거기서 정보를 끌어내고, 다음 실험에 대한 아이디어를 얻을 수 있는 질문을 던지려고 노력한다. 과학자는 목적을 가지고 질문을 던진다. 질문은 미묘한 기술이다. 어떻게 해야 5학년짜리 아이들이 약간이라도 그런 것을 배울 수 있을까?

작년에 평형저울 놀이를 하면서 낸시와 세일러는 이 놀이의 원리를 깨달을 기회가 여러 번 있었지만 그러지를 못했다. 자기 생각을 시험 삼아 말해서 점검하는 방법을 몰랐기 때문이다. 한번은 그중 한 아이가 "바깥쪽으로 갈수록 무게가 더 나가는 것 같아."라고 말했다. 그것은 커다란 진전이었다. 하지만 그 아이들은 그런 깨달음이 맞는지 점검하고 더 정교하게 만드는 방법을 생각해내지 못했다. 두 아이는 (둘이 쓰는 말로 해보자면) 얼마만큼 밖으로 나가면 얼마만큼 무거워지는지 자문해볼 줄 몰랐던 것이다.

_빌과 내가 저지른 실수는 아이들의 차이가 생각하는 '기술'의 차이라고 생각한 데 있었다. 제대로 해내는 아이는 생각하는 기술이 좋고, 그렇지 못한 아이들, '정답파'들은 기술이 나쁘니까 그 아이들에게 더 좋은 기술을 가르치는 것이 우리 일이라고 생각했던 것이다. 하지만 제대로 하지 못하는 아이들은 제대로 하는 아이들처럼 해보려고도 하지 않았다. 그들은 뭔가 완전히 다른 방식으로 생각했고, 학교와 학교에서 할 일에 대해 완전히 다르게 받아들였다. 학교는 위험한 곳이니까 위험으로부터 가능한 한 멀리 벗어나야 했다. 배우는 것이 아니라 도망치는 게 그 아이들의 일이었다.

3년 후 나는 5학년 아이들을 2년 동안 가르치면서 틈틈이 읽기 지도교사와 개인교사 일을 병행했다. 나는 1학년 교재로 가테그노Gattegno의 '색깔 낱말Words in Color'을 사용하자고 건의했다. '색깔 낱말'은 구어체 영어의 음 하나하나에 고유한 색을 붙인 매우 독창적인 교재였다.

내가 개인 지도를 맡은 아이들 중 한 명은 글을 못 읽는 일곱 살짜리 남자아이였는데, 가르치려는 모든 시도를 거부하고 있었다. 그 아이의 개인 지도를 내가 맡은 것은 그 때문이었다. 나는 '색깔 낱말'에서 가져온 글자들로 짧은 음절을 만든 다음 그 아이에게 읽어보도록 했다. 지금은 차라리 그 아이에게 음절이나 단어를 만들게 하고 내가 발음을 하는 쪽이 더 낫지 않았을까 생각한다. 그때도 가끔은 그런 방식으로 공부하기도 했었다.

내가 색 글자들을 사용해 PAT라는 단어를 만들어서 읽어보라고 하자 그 아이는 단어를 제대로 읽었다. 그 다음에는 P 자리에 C를 바꿔 넣고 읽어보라고 시켰다. 가테그노는 이처럼 단어 속의 한 글자를 바꿈으로써 그 단어의 소리가 어떻게 달라지는지 보는 방식을 '변형'이라고 불렀다. 좋은 생각이다. 그 아이는 서너 번 정도 느리긴 했지만 정확하게 이 변형을 읽어냈다. 그건 그 아이가 실제로는 읽는 법을 알고 있고 읽기가 무엇인지 이해하고 있다는 뜻이었다. 그런데 어느 순간 그 아이는 완전히 말도 안 되는 음절을 내뱉곤 했다. 그 음절은 항상 같은 것이었다. 우리는 RUN, FUN, BUN처럼 I나 T가 들어 있지 않은 단어들을 공부하고 있었는데 내가 어떤 단어를 읽어보라고 하자 갑자기 그 아이가 이렇게 말했다.

"stut."

"뭐라고?"

내가 물었다.

"stut."

아이는 침착하고 정확하게 대답했다.

그 단어는 나를 혼란에 빠뜨렸다. 내가 '이 애는 이걸 이해했어. 단어와 발음의 의미를 이해한 거야.'라고 생각하기 시작한 바로 그때에 이런 말도 안 되는 실수를 하다니. 이건 도대체 뭘 뜻하는 걸까? 이 일을 어떻게 해야 되지?

그 아이가 'stut'이라고 말한 건 전혀 실수가 아니었다는 사실을 깨닫는 데는 긴 시간(몇 주나 몇 달)이 걸렸다. 아이는 상황을 바꾸기 위해 그런 행동을 했던 것이다. 그때까지 그 아이는 내가 부여한 과제, 즉 내가 제시한 단어를 읽어내는 과제를 수행하고 있었다. 그러다가 나로부터 벗어나 짧은 휴식을 갖는다는 다른 과제를 행했던 것이다. 뿐만 아니라 그 아이는 내게도 과제를 부여했다. 나는 그 아이가 'stut'이라고 말하는 이유뿐만 아니라, 그 문제를 해결할 방법도 생각해야 했다. 그때까지는 공이 그 아이 쪽에 있었지만 이제는 내게 넘어온 것이다.

결국 나는 사태를 이해했다. 그 아이는 글자를 볼 때 긴장하거나 집중하는 법이 없고 오히려 침착하고 호기심 어린 태도를 보였는데, 나도 그런 식으로 관찰하고 있었던 것 같다. 그 아이는 내가 어떻게 나올지 기다리고 있었다. 내가 그 아이의 실험용 기니피그였던 셈이다.

당시 나는 이미 '표정 읽기' 전략에 대해 알고 있었기 때문에 아이에게 어떤 단어를 읽어보라고 내주고는 내 표정이 보이지 않도록 얼굴을 돌리고 있었다. 아이의 추측이 틀렸을 때도 나는 그냥 앉아서 다른 말이 나오기를 기다렸다. 나는 아무 말도 하지 않았고 수업 속도도 아이가 끌고 가도록 내버려두었다. 하지만 'stut'이라는 소리만 나면 나도 모르게 고개가 돌아가 그 아이를 쳐다보게 되곤 했다. 하지만 나는 그 상황에 곧 익숙해졌고 더 이상 반응하지 않는 법을 배웠다. 그 아이가 'stur'이라고 해도 움직이거나 말을 하지 않고 가만히 기다리기만 했다. 아이는 1, 2분간의 침묵이 흐르고 그동안 기분 좋은 휴식을 취하고 나면 공이 다시 자기에게로 넘어왔다는 사실을 깨닫는 것 같았다. 얼마 후면 아이는 다시 공부하는 데로 돌아왔다.

이 수업은 그다지 성과가 없었다. 지금은 왜 그랬는지 그 이유를 잘 알고 있지만 그때는 분명하게 알지 못했다. 그 아이는 실제로는 읽을 줄 알았고 간단한 단어를 해독할 줄도 알았다. 하지만 그 아이는 그걸 원하지 않았고, 또 받아들이지 않기로 작정했던 것이다.

만약 그 시간을 아이가 읽고 싶어 하는 책을 읽어주거나, 그 아이에게 읽으라고 하고 모르는 단어를 물으면 대답해주는 식으로 보냈더라면, 그 아이에게나 나에게나 훨씬 유익한 시간이 되었으리라. 질문할 필요도, 설명할 필요도, 소리 내어 항의할 필요도 없이.__


□ **1958년 12월 7일**


**작전 중인 우리의 전략가들**

지도 교재에 '지도의 각 페이지에 어떤 지명들이 들어 있는지 한눈에 알려주는 두 개의 단어는 무엇인가?'라는 문제가 있었다. 사전처럼 페이지의 맨 위에 굵은 글씨체로 쓰여 있는 첫 단어와 마지막 단어를 찾는 문제였다. 그런데 애비와 제인은 이 문제가 무엇을 의미하는지 이해하지 못했다. 정답에 정신이 팔려 문제가 무슨 뜻인지 생각할 틈이 없었던 것이다. 교재에 나온 예들을 몇 번 풀어보았지만 별 소용이 없었다. 결국 나는 그 아이들에게 자리로 돌아가서 그 문제에 대해 좀 더 생각해 보라고 일렀다. 몇 분이 지나자 제인이 문 앞에 나타나 화가 났다는 듯이 물었다.

"선생님! 정말 페이지 위에 있는 단어 두 개가 답이 아니라고 생각하신다는 거예요?"

나는 그런 말을 한 적이 없던 터라 당황했고 깜짝 놀라서 말했다.

"내가 언제 그랬어?"

제인은 재빨리 문 뒤에 숨어 있던 애비 쪽으로 몸을 돌리며 말했다.

"야, 그거 적어."

그 아이는 필요한 모든 실마리를 얻었던 것이다.


☐ **1959년 3월 21일**

아이들 몇이 평형저울 실험을 하고 있다. 한 아이가 자기 생각에 저울이 균형을 이룰 것 같은 지점에 추를 놓으면 나머지 아이들은 저울이 균형을 이룰 것인가 아닌가에 대해 의견을 말하게 되어 있다.

애비: 약간 한쪽으로 기울 거야. 그렇게 심하게 말고.

일레인: 까닥거리다가 균형을 잡을 것 같은데. 아니, 꼭 그럴 것 같지는 않고. (이렇게 되면 사실 모든 가능성을 말하고 있는 셈이다.)

레이첼: 아마 균형을 잡을 거야.

팻: 거의 균형을 잡을 거야.

일레인: 조금 왔다 갔다 하다가 균형을 잡을 거야.

다음 예에서 4×5는 추 4개를 5인치 지점에 놓았다는 것을 뜻한다. 2×?는 아이들에게 2개의 추를 주어 저울이 균형을 이룰 것 같은 지점에 놓도록 했다는 뜻이다. 이 경우에는 2×10, 즉 10인치 지점에 추 2개를 놓아야 저울이 균형을 잡을 것이다.

4×5=2×?

일레인은 추 2개를 2 지점에 놓았다가 다시 1에 놓았고 다음엔 9에 놓았다. 내가 물었다.

"그게 네 선택이니?"

일레인이 대답했다.

"예. 하지만 균형을 잡을 거라고는 생각 안 해요."

실험의 목표는 저울이 균형을 이루게 하는 것이었다! 일레인은 추를 9에 놓기로 결정했다.

저울이 균형을 이루겠느냐고 질문하자 헤스터는 이렇게 대답했다.

"웬일인지 내 생각에는 그럴 것 같아요."

8×2=4×?

레이첼: (자신 없이 추를 앞뒤로 움직이며) 아마 균형을 안 이룰 거야.

바버라: 네가 보기에 균형을 이룰 것 같은 데다 놓으면 돼. (바버라

는 몇 안 되는 적극적인 전략가 중 하나로 모든 일을 그런 식으로 한다.)

레이첼은 추를 1에다 놓았다. 말할 필요도 없이 저울은 균형을 잃었다.


$3 \times 2 = 6 \times ?$

헤스터는 추 6개를 전부 막대 위 이곳저곳에 흩어놓았다. 마치 그것들 중 하나가 균형을 이루게 할 마법의 지점을 맞출 거라는 듯이.


$2 \times 3 = 1 \times ?$

바버라의 차례였다. 모든 아이들이 미리부터 저울이 균형을 이룰 거라고 예측했다.

처음에 바버라는 추를 5에 놓았다. 칸을 본 게 아니라 막대의 눈금을 세는 바람에 그렇게 되었는데 곧 자신의 실수를 깨닫고 추를 6에 놓았다. 헤스터를 제외한 모든 아이들이 저울이 균형을 이룰 거라고 말했다.


$1 \times 10 = 2 \times ?$

바버라: $2 \times 5$

그렇게 한 다음 자신 있게, 하지만 약간 상기된 어조로 말했다.

"그게 맞을 거예요."

일레인: 네가 추를 여기(1)에 놓으면 더 가벼워질 거고, 여기(5)에 놓으면 더 무거워질 거야.

게리는 자신의 차례가 되자 이렇게 말했다.

"내 생각엔 내려갈 것 같아. 그게 더 나아."

$1 \times 10 = 1 \times ?$

베티는 추를 10에 놓았다.

질: 조금 내려갔다가 다시 올라올 거야.

개리: 거의 평평해질 거야.

베티: 균형을 이룰 것 같기도 해.

$4 \times 6 = 4 \times ?$

랄프는 추를 6에 놓았다.

하지만 다른 아이들 중에 두 명이 균형을 이루지 않을 거라고 예언했다.

그러자 베티가 큰소리를 쳤다.

"나는 된다고 말할래. 되는 경우거든. 그러니까 점수를 많이 잃지는 않을 거야."

아하! 미니맥스 얘기를 하고 계시구먼!

이 활동의 규칙은 아이들이 맞는 예측을 할 경우 그 그룹에 1점을 주는 것이었다. 아이들이 저울이 균형을 이루게 하는 것보다 점수를 얻는 데 더 골몰하기 전까지는 그랬다. 우리의 목표는 어떻게 하면 저울이 균형을 이루는지 알아내는 것이었고, 점수는 동기부여에 불과했다. 하지만 아이들은 우리의 의표를 찔렀다. 좋은 점수를 얻는 방법을 알아내자 아이들은 더 이상 저울이 균형을 이루는지 아닌지에는 관심을 두지 않았다.

$4 \times 9 = 4 \times ?$

샘은 추 4개를 9에 놓았다.

랄프가 말했다.

"샘은 나를 믿지 않았지만 나는 샘을 믿어볼래. 나라도 저 자리에 놓았을 테니까."

나중에 샘이 다른 아이에게 말했다.

"네가 맞다고 생각하는 대로 해."

그러자 늘 자신감에 넘치는 베티가 말했다.

"안전하게 해."

그때 베티가 추를 틀린 장소에 놓은 다음 팀 구성원 모두가 틀렸다고 예측하면 좋은 점수를 얻을 수 있다는 것을 알아차렸다. 그렇게 하면 모두가 올바른 예상을 한 것이기 때문에 팀 전원이 점수를 얻을 수 있었다.

나중에 냇이 물었다.

"틀리는 답하고 맞는 답하고 점수가 똑같은 거예요?"

좋은 질문이었다. 우리는 맞는 답에 더 많은 점수를 주어야 했다.


다른 그룹의 활약.

$4 \times 8 = 4 \times ?$

토니는 추를 7에 놓고 말했다.

"반대할 준비가 됐겠지?"

그 다음 그는 추를 8로 옮겼다.

모두들 균형을 잡을 거라고 예상했다.

하지만 냇은 우물쭈물했다. 잠시 후 의견을 말할 차례가 오자 냇은 이렇게 말했다.

"그렇게 딱 잘라 말하라고 하는 건 아주 못된 짓이야."

__2년 후 나는 평형저울과 추 몇 개를 교실 뒤쪽에 있는 탁자에 쏟아 놓고 그냥 내버려두었다. 그 물건에 대해 아무 말도 하지 않았고 '가르치려고' 하지도 않았다. 그러자 매우 뒤떨어지는 아이들까지 포함해서 반 아이들 대부분이 그걸 가지고 노는 것만으로 저울의 원리를 알아냈다.__


□ 1959년 4월 28일

다음은 4학년 아이들이 스무고개 놀이를 할 때 써두었던 기록이다.

스무고개 놀이를 할 때 질문할 차례가 다가오면 불안에 떠는 아이들이 의외로 많다. 이 놀이를 하는 이유는 아이들의 속생각을 알아내고 싶기도 하려니와 아이들이 보다 유익하고 쓸모 있는 질문을 던지는 방법을 익혔으면 하는 바람 때문이다.

하지만 아이들은 이 놀이를 완전히 다르게 본다. '내 차례가 오면 반드시 질문을 해야만 한다.'는 생각에 사로잡히는 것이다. 아이들은 질문을 던져 유용한 정보를 얻는다는 게임의 목적에는 전혀 관심이 없다. 문제는 그저 질문을 생각해내는 것뿐이며, 질문이 상투적이냐 아니냐는 중요하지 않다. 아이들이 두려워하는 가장 큰 위험은 자신이 질문을 생각해내지 못하는 것이요, 두 번째 위험은 질문을 던졌는데 다른 아이들이 형편없다고 비웃는 것이다.

그래서 문제는 단순히 질문을 생각해내는 것이 아니라 괜찮게 들리는 질문을 생각해내는 것으로 변질된다. 가장 좋은 방법은 꽤 예리하다고 생각하는 아이들의 질문을 잘 들어두었다가 비슷한 질문을 하는 것이다. 따라서 어떤 게임에서 "그건 물인가요?"가 좋은 질문이라는 것을 발견한 아이는 게임 때마다 그 질문을 던진다. 심지어 앞의 질문으로 미루어보아 찾고 있는 답이 물과는 전혀 관계가 없는 것이 분명할 때도 그렇게 한다.

많은 아이들이 이런 식으로 게임을 끌어간다. 팻이나 레이첼 같은 아이들은 게임의 목적이나 앞서 나온 질문을 통해 얻은 정보에 대해 전혀 생각하지 않는다. 그 아이들은 다만 자기 차례가 왔을 때 자기 질문이 비웃음을 당하지는 않을까에만 연연할 뿐이다. 제시 같은 경우는 훨씬 더 안전한 전략을 택한다. 그 아이는 질문하기를 아예 거부하며 "나는 통과!"라고 말하고 자기 차례가 지나가면 매우 만족해했다.

_어떤 사람이 《그로잉 위다웃 스쿨링Growing Without Schooling》을 읽고 자신이 학교에서 사용했던 철자법 전략에 대해 편지를 보내왔다. 그는 완전히 확신할 수 없는 단어의 철자를 말해보라는 질문을 받으면 그저 아무 말도 하지 않고 가만히 서 있었다고 했다. 추측도 질문도 없이 죽은 듯 침묵만이 흐르자 틀린 답을 하면 분명히 비웃었을 아이들이 그 침묵에는 경탄을 보냈다. 교사들이 침묵을 자신에 대

한 도전으로 받아들이지만 않는다면 그것은 정말 완벽한 전략이었다.

빌과 나의 반에도 침묵의 전략가들이 있었다. 그 아이들은 침묵하면서도 그것이 우리가 원하는 것이 아니라는 걸 알고 있었지만 그것만이 자신들이 할 수 있는 최선의 방도라고 생각했다._

아이들이 많이 쓰는 전략 중에 '짐작 아닌 척하기'가 있다. 스무고개를 처음 하는 아이들의 질문은 모두 짐작이다. 그러다가 아이들 중 몇몇이 시작부터 짐작으로 답을 찍는 것은 어리석은 짓임을 깨닫고 가능성의 범위를 좁히는 쪽을 택한다. 그 아이들은 너무 빨리 답을 찍는 팀원들을 질책하는데 그러면 짐작하는 아이들은 자신의 질문이 짐작이 아닌 것처럼 꾸미는 전략을 쓴다. 냇이 주로 하는 질문, 가령 "그 사람이 브루터스한테 죽었나요?" 같은 질문은 일종의 농담거리가 되었다. 하지만 냇이 묻는 모든 질문에는 여전히 답을 찍는 짐작이 숨어 있다.

어느 날 지도를 보고 지명을 맞히는 스무고개를 할 때였다. 샘은 답이 이탈리아가 아니냐고 묻고 싶었지만 그렇게 하면 짐작으로 때려 맞히는 셈이기 때문에 이렇게 말했다.

"그게 장화같이 보이나요?"

샘은 자기 차례가 올 때마다 "답을 말해도 되나요?"라고 물었다. 그 아이는 가능성의 범위를 좁히는 방법 같은 건 도무지 떠오르지 않았고, 생각이 났다 해도 어떻게 해야 할지 몰랐다.

베티는 여러 가지 추측이 담긴 질문을 고안해냈다. 그 아이는 답이 코르시카와 사르데냐 중 하나일 거라고 생각하면서 이렇게 물었다.

"그게 C나 S로 시작하나요?"

한번은 이렇게 말했다.

"그게 B, D, C, P나 T로 시작하나요?"

그다지 나쁘지 않은 전략이다. 베티는 가끔 너무 신중한 팀원들에게 이렇게 말했다.

"'혹시 그런가요?'라고 하지 말고 '그렇죠?'라고 해."

참으로 자신감에 넘치는 아가씨다.

우리는 스무고개로 숫자 맞히기를 하기도 했다. 어느 날 내가 1에서 10,000 사이의 숫자를 생각하고 있다고 제시했다. 숫자가 1과 100 사이나 1과 500 사이에 있을 때는 가능성 좁히기 전략을 잘 구사하던 아이들이 숫자의 범위가 넓어지자 절망에 빠졌다. 많은 아이들이 처음부터 짐작으로 답을 찍었다. 숫자가 아주 크다고 말했는데도 대뜸 65, 113, 92 같은 숫자를 댔던 것이다. 몇몇 아이들은 숫자가 8,000대에 있다는 것을 발견할 때까지는 가능성의 범위를 잘 좁혀가더니 이제는 짐작으로 때려 맞히기가 통할 거라는 듯 답을 찍어대기 시작했다. 이토록 맹목적으로 어림짐작을 믿고 있는 모습을 보면 정말 놀랍다. 아이들은 말한다.

"이번엔 딱이야."

아이들은 언제나 자기들이 맞히지 못했다는 사실을 믿을 수 없어 한다. 아이들은 좋은 답은 단 하나, '맞다'라는 답뿐이라는 생각에서 헤어나지 못한다. 이것은 물론 '정답'만이 가치가 있다는 잘못된 교육의 결과다. 아이들은 실패로부터 배우는 법을 배우지 못했을 뿐 아니라, 실패에서도 배울 수 있다는 사실조차 배우지 못했다. 만약 아이들이 "그 숫자가 5,000과 10,000 사이에 있나요?"라고 물었다고 하자. 내가 그렇다고 하면 아이들은 환호성을 지르지만, 아니라고 하면 실망해서 맥 빠진 신음 소리를 낸다. 어느 쪽이든 얻을 수 있는 정보의 양은 같은데도 말이다. 더 걱정스러운 것은 다만 '맞다'라는 대답을 듣기 위해 이미 대답이 나온 질문을 묻고 또 묻는 아이들이다. 좀 더 똑똑한 팀원들이 이미 답을 아는 질문을 묻는 것은 쓸데없는 짓이라고 지적하지만 그래도 아무 소용이 없다.

_교사들이 하는 일 중에서 아이들이 배우는 데 도움이 되는 것은 무엇이고, 방해하는 것은 무엇일까? 아주 간단한 질문인데도 우리는 좀처럼 이런 물음을 던지지 않는다. 그 이유는 학생들에게 잘못된 점이 없는 한 모든 가르침은 배움을 생산해내고, 따라서 교사는 아이들에게 무엇을 가르칠 것인가만 고민하면 된다고 생각하기 때문이다.

우리 교사들이 하는 일 중에는 도움이 되는 것도 있고, 쓸모가 없는 것도 있으며, 때로는 해로운 것도 있다는 사실을 수긍하게 되면 비로소 어떤 것이 그렇고 어떤 것이 아닌지 질문을 시작할 수 있다. 하지만 이런 질문을 던지고 그 답을 찾기 위해 학생들과 일과를 함께할 수 있는 건 교사들뿐이다. 교수법을 향상시키려는 그 밖의 시도나 연구는 대부분 비용만 많이 드는 유행이나 완전한 난센스에 불과하다.

경제학을 제외하면 교육이란 학문이야말로 이론과 실제의 괴리가 가장 큰 분야일 것이다. 그 이론이 잘 적용되는지 시험해보기도 어렵고, 설혹 맞지 않는다 한들 바꾸거나 반대하기도 어렵다.

빌 헐과 나는 5학년 아이들을 함께 가르치기 시작한 초기부터 많은 아이들이 거의 배우는 게 없다시피 한 이유는 아이들이 그릇된 사고 전략과 문제해결전략을 구사하기 때문이라는 것을 아주 정확하게 보고 있었다. 하지만 교실이라는 장소와, 명령하고 다스리고 재판하는 자로 군림하는 우리 교사들 자체가 아이들 전략의 근원지였다는 사실은 오랫동안 깨닫지 못했다. 수학이나 읽기, 철자법, 역사가 아니라 교사라는 존재야말로 아이들이 전략을 짜서 대처해야만 했던 문젯거리였던 것이다.

훨씬 후 다른 학교로 옮기고 나서야 나는 의식적이라기보다는 직관적으로 이런 생각을 하게 되었다. 어떻게 하면 아이들이 나나 아이들 서로가 주는 위험에서 벗어나 다시 한 번 그 아이들이 어렸을 때처럼 열광적으로 실재에 다가서는 수업을 하도록 도울 수 있을까? 교실이 가능한 한 재미있고, 신나고, 의미 있고, 분명하고, 정서적으로 안정된 세상이 되도록 만드는 것, 그리고 그런 경험을 하게 해주는 것이야말로 어린아이들을 가르치는 교사의 가장 중요한 임무이다.

이런 일은 물론 집에서 자신의 자녀를 가르치는 대부분의 부모들이 하고 있는 일이다. 그들이 어떻게 하고 있는가는 나의 책 『당신의 아이는 당신이 가르쳐라Teach Your Own』에 자세히 설명되어 있다. 학교에서 아이들을 가르치는 교사들도 이 부모들이 말하는 방법에서 유용한 사실들을 배울 수 있을 것이다.＿

# 2

## 두려움으로 가득 찬 교실

＿앞서 이 책을 쓸 당시 나는 아이들을 서로에게서 보호하려고 했던 시도들을 말하면서 물리적인 폭력(아주 어린 학생들 사이에서도 만연되어 있긴 하지만)보다는 정신적인 폭력에 큰 비중을 두었다. 지금까지 수많은 사람들(전·현직 교사, 교생, 아이를 직접 가르치는 부모 들은 물론, 아이들 자신까지 포함된)로부터 교실에서 주어진 과제를 해내지 못하거나 틀리는 아이들은 다른 아이들에게 웃음거리가 되고, 심지어 교사들에게까지 웃음거리가 되는 경우가 비일비재하다는 얘기를 들어왔다. 학교에 다니는 아이들 대부분은 교사들뿐만 아니라 또래들의 비웃음과 모욕에도 겁을 먹는다.

처음 5학년 담임을 맡게 되었을 때 나는 이런 일들을 변화시켜보기로 했다. 이런 일들이 학습에 미치는 영향에 대해 무슨 거창한 이론을 가지고 있어서가 아니라(이론은 나중에 생겼다.) 내가 아이들을 좋아하고 아이들과 함께 하는 시간을 즐겼고, 아이들이 천박하고 잔인하게 행동하는 것을 보고 싶지 않았기 때문이다.

내가 맡은 학생 중 대다수는 여러모로 보아 친절하고 지적이지만 교실에서는 자신만이 권위자요, 보호자라고 생각하는 교사의 학급에서 4학년을 보냈다. 그 교사는 아이들을 무시하거나 심술궂게 대하지 않았고, 아이들도 대부분 그 교사를 좋아했다. 하지만 아이들이 서로를 놀리고 야비하게 굴어도 교실이 너무 소란스러워지지만 않으면 내버려두었던 것이 분명했다. 아마 그 교사는 이렇게 생각했을 것이다. '아이들이 서로에게 조금 못되게 군다 한들 뭐가 어떻다는 거야. 다른 일도 많은데 왜 내가 그런 데까지 신경을 써야 하지?'

그리고 어쩌면 대부분의 어른들이 그렇듯이 아이들은 '천성적으로' 잔인하며, 그 잔인성이 어느 한계를 넘지 못하도록 외적 제재를 가하는 것만이 최선이라고 생각했을 것이다. 아니면 다만 아이들이 올바른(선생이 원하는) 행동을 하는지 나쁜(선생이 원하지 않는) 행동을 하는지 확인할 때에만 아이들을 관찰했기 때문에 그들이 서로에게 무슨 짓을 하고 있는지 알아채지 못했을 수도 있다. 1년쯤 전에 한 친구가 이 지역에서 '가장 좋은' 학교에 다니는 자기 친구의 열 살짜리 딸 이야기를 한 적이 있다. 그 아이가 몇 주 동안이나 심하게 왕따를 당하고 있는데도 담임교사는 그 사실을 알지도 못하더라는 것이다. 어쨌든 이 모든 것은 나중에 생각하게 된 것이었다.

학기가 시작되자마자 나는 다른 아이들을 깔아뭉개고 자신을 높여서 내 마음에 들려는 열망으로 가득 찬 고자질쟁이들이 잔뜩 있다는 것을 알게 되었다. 그 아이들은 나에게 달려와 이렇게 말했다.

"홀트 선생님, 누구누구가 어쩌고저쩌고 하고요, 이렇게 저렇게 했어요."

나는 그런 말이 듣기 싫어서 견딜 수가 없었다. 그래서 아이들이 이런 얘깃거리를 들고 달려오면 그 아이들의 눈을 쳐다보며 부드럽지만 단호한 목소리로 말했다.

"가서 네 할 일이나 해라."

그러면 그 아이들은 깜짝 놀라서 입을 떡 벌리곤 했다. 때로는 가서 네 일이나 하라고 연거푸 말한 다음 이런 말을 덧붙이기도 했다.

"알려줘서 고맙다. 네가 나를 도와주고 싶어 한다는 것은 잘 알겠구나. 하지만 (내 눈을 가리키며) 나도 볼 수 있고, (귀를 가리키며) 들을 줄도 알아. 그러니 내가 보고 들은 것만으로도 충분하단다. 앞으로는 누가 진짜로 다치거나 위험한 상황에 빠진 게 아니라면 그런 말은 듣고 싶지 않구나. 누가 창문 밖에 손가락 세 개로 매달려 있는 게 아니라면 말이다(우리 교실은 삼층에 있었다.)."

그러면 그 아이는 머리가 완전히 뒤죽박죽이 되어 돌아갔다. 도대체 어떻게 된 반이야? 하지만 아이들은 이 교훈을 정말 빨리 배웠다. 몇 주 지나지 않아 아이들은 고자질을 멈추었다.

다시 한 번 말하지만 당시에는 내가 아이들이 서로에게서 많은 것을 배울 수 있도록 상호협조적인 학급을 만드는 문제에 대해선 어떠한 이론도 가지고 있지 않았다. 만약 누군가 나에게 그런 이론을 들먹였다면 회의적인 반응을 보였을 것이다. 그렇다. 나는 단지 힘닿는 한 내가 교실과 수업에서 얻는 만족감을 망쳐놓는 저 쩨쩨함과 비열함과 잔인함을 멈추고 싶었을 뿐이다. 내게서 그런 신호를 읽어낸 아이들은 흔쾌하게 그런 짓들을 그만두었다. 그리고 나서 아이들은 상호협조적인 학급을 만들기 시작했고, 그런 교실에서 자기들이 얼마나 서로에게 도움을 주고, 서로를 가르치고, 서로에게서 배울 수 있는지 보여주었다. 내 역할은 그저 이런 일이 일어나도록 시간과 공간을 허용하고, 이런 일이 생기면 기뻐하며, 내가 기뻐한다는 것을 아이들에게 보여주는 것이었다.

이런 일은 학교나 교사들이 아주 쉽게 할 수 있는 일들이다. 이런 일을 한다고 해서 예산이 더 필요한 것도 아니다. 단 한 가지 문제는 이것이 정식 방침으로 정해지지 않은 학교에서 이런 일을 시도하는 교사는 곤경에 빠질 것이라는 점이다. 나와 제임스 헌돈과 (『으레 그런 방식으로The Way It Spozed to Be』를 보라.) 질서에 대한 관념이 학교 방침과 다른 교사들이 누구나 다 곤경에 빠졌듯이.

질서에 대한 관념. 이 말은 월러스 스티븐스Wallace Stevens의 〈키 웨스트에서의 질서에 대한 관념Ideas of Order at Key West〉이라는 시에서 따왔다.

질서에 대한 내 생각을 설명하기 위해 Q 규칙을 예로 들어보겠다.

처음 빌 헐과 함께 수업을 맡았을 당시 빌은 다른 교사들과 함께 저학년 수학을 연구하느라 바빴기 때문에 나 혼자 수업을 진행하는 경우가 점점 많아졌다. 그해 늦겨울부터 봄까지는 거의 내 학급이라 해도 좋을 정도였다. 나는 빌보다 교실에서 일어나는 소음이나 소란을 잘 견디는 편이었고, 사실 좋아하기도 했기 때문에 아이들을 그냥 내버려두었다. 하지만 곧 난처한 상황이 벌어졌다. 나는 아이들이 서로 이야기를 나누고 정답게 사귈 수 있는 기회를 주고 싶었을 뿐인데, 아이들이란 혈기왕성하고 쉽게 흥분하는 존재들이라 분위기를 지나치게 몰고 가버렸던 것이다. 나는 이 혼란을 조절하고 때에 따라서는 완전히 차단할 방법이 필요했다. 그러나 교실이 늘 조용하기를 바라지 않았고, 고함을 지르는 식으로 조용하게 만들고 싶지도 않았다.

그래서 'Q 규칙'을 발명했다. 나는 반 아이들에게 왜 이 규칙이 필요하다고 생각하는지를 설명했다. 나는 너희들에게 서로 얘기를 나눌 기회를 주고 싶다. 하지만 내가 뭔가를 얘기하거나 설명해주려면 때로는 조용히 하는 게 필요하다. 그래서 너희들이 조용히 해야 할 필요가 있을 때는 칠판 한구석에 대문자 Q를 쓰려고 한다. Q가 칠판에 뜨면 보통의 학교 규칙이 통한다. 손을 들고 허락을 구하기 전까지는 어떤 말도 해서는 안 된다. 나는 마분지에 규칙을 썼다.

"Q가 칠판에 쓰여 있을 때는 손을 들고 허락을 받은 사람 외에는 누구도 말을 해서는 안 된다."

이것이 바로 'Q 선언문'이었다. 만약 어떤 아이가 Q가 칠판에 쓰여 있을 때 입을 열면 나는 그 아이의 이름 옆에 Q 표시를 매겼다. 아이들은 이것을 'Q를 먹인다.'고 했다. 벌칙은 쉬는 시간이 되었을 때 자기가 먹은 Q만큼 Q 선언문을 쓰는 것이었다. 세 번 Q를 먹으면 세 번 선언문을 쓴다는 식이었다.

후에 나는 선언문의 길이를 좀 더 짧게 줄였다. 아이들의 쉬는 시간을 너무 많이 뺏고 싶지 않았기 때문이다. 쉬는 시간은 아이들에겐 매우 중요한 시간이었다. Q 벌칙의 효과는 다른 아이들이 모두 운동장으로 뛰어나가서 놀고 있을 때 단 1분이라도 선언문을 베끼고 있어야 한다는 그 귀찮음에 있었다. 따라서 1분 동안 베끼고 있든 5분 동안 베끼고 있든 효과는 동일할 터였다.

이것이 바로 Q였다. 처음 Q를 칠판에 쓸 때 나는 Q 주위에 작은 울타리를 그렸다. (다음 그림을 보라.) 그런데 아이들은 아주 엄격한 법률 전문가여서 나중에는 울타리를 그리지 않으면 Q가 공식적으로 선포

된 것이 아니라고 주장했다. 나도 그 말에 동의했다. 아이들은 차츰 애교 있는 관행들을 발전시켜나갔다. 내가 Q를 쓰기 시작하면 아이들은 모두 웅웅거리는 소음이나 신음 소리를 내기 시작했는데, 그 소리는 점점 커져서 Q 주위에 울타리가 다 그려질 때쯤이면 비명 소리에 가까워졌다. 하지만 분필이 칠판의 구석까지 가서 울타리를 완성하면 아이들은 쥐죽은 듯이 입을 다물었다.

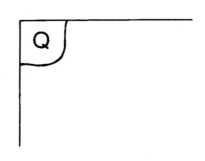

우리가 Q에 익숙해짐에 따라 나는 Q에 앞서서 나오는 비명에 어떤 규제를 가해야 하는 게 아닌가 하는 생각이 들기도 했다. 하지만 그렇게 하지는 않았다. 첫째, 나는 그 모습이 좋았다. 그것은 아이들의 풍부한 창의성을 말해주는 것이었기 때문이다. 아이들은 참으로 단순하고 아무것도 아닌 것, 자기들이 진짜로 좋아하지 않는 것에서도 뭔가 재밋거리를 만들어내고 있었다. 둘째, 처음에는 직관으로, 그리고 나중에는 생각을 통해서 그 비명이 Q가 작동하도록 하는 데 필요한 일부라는 것을 깨달았기 때문이다. 비명의 작동력은 기가 막혔다. 그 비명은 Q가 나만의 것이 아니라 자기들 자신의 것이 되도록 만드는 아이들의 방법이었다. 아이들은 Q가 자신들의 것이었기 때문에 그 규칙을 존중했다.

내가 원하는 것이 완전한 침묵이 아니라 그저 조용하게 하는 정도라는 걸 알고 난 후 나는 Q 규칙을 변형시켰다. 칠판 구석에 소문자 q를 쓰면 그것은 속삭임 정도는 허용된다는 것을 뜻했다. 그러나 교실이 지나치게 시끄러워지면 대문자 Q 규칙이 적용되었다.

1년 후 다른 학교에서 5학년 담임을 맡았을 때 나는 다시 한 번 Q를 도입했다. 나는 아이들에게 Q를 발명해낸 이유에 대해 설명하고 전에는 그것이 아주 잘 들었다고 말했다. 내가 그 이상은 말하지 않았는데도 Q가 도입된 지 한두 주가 지나자 이 아이들도 비명을 만들어냈다. 처음에는 내가 Q를 쓰는 것을 보며 점점 시끄럽게 떠들기만 했는데 얼마 지나지 않아 완전히 똑같은 체계가 잡혔다. 내가 쓰기 시작하는 것을 보면 (나는 할 수 있는 한 빠르게 썼다.) 아이들은 웅웅거리고 신음을 내다가 결국에는 비명을 질러댔고 분필이 Q 주위에 울타리를 완성하는 것과 동시에 딱 그쳤다.

이 일이 일어났을 때 나는 말할 수 없이 기쁘고 놀라웠다. 이제 나는 아이들이 안전하고 편안하다고 느끼는 교실이라면, 교사가 Q를 도입하는 순간 아이들은 비명을 발명할 거라고 확신한다. 나는 그 교사가 아이들이 마음대로 하게 내버려둘 만큼 현명하기를 바란다.

딱 한 번, 나중에 맡은 그 학급에서 아이들이 Q를 시험에 들게 한 적이 있었다. 그때쯤 그 아이들은 내가 전에 맡았던 아이들보다 나를 훨씬 스스럼없이 편하게 대했다. 어느 날 Q가 떴는데도 몇몇 대담한 녀석들이 더 시끄럽게 지껄이기 시작했다. 그중에는 내가 아주 아끼는 아이들도 끼어 있었다. 나는 미친 듯이 Q를 먹이기 시작했다. 다른 아이들도 무슨 일이 벌어지고 있는지 알아차리고 똑같이 떠들기 시작했다. 반란이다! 게임이 시작됐어! 홀트 선생님이 얼마나 빨리 표식을 매길 수 있는지 한번 보자고!

잠시 후 나는 무슨 일이 일어났는지 완전히 알아챘다. 나는 모든 행동을 멈추고 반 아이들에게 말했다.

"자 모두들 여길 봐라. 지금 무슨 일이 일어났는지 알겠다. 너희들은 Q 시스템을 전복시킬 수 있는지를 알고 싶은 게지. 답은 물론 '그렇게 할 수 있다.' 야. Q 규칙은 너희들이 이게 아주 공정하고 사리에 맞는 시스템이라고 생각하고 자진해서 따르기 때문에 작동하는 거야. 우리가 Q 규칙을 없애버린다면 그 자리에 대신 뭘 집어넣을 수 있겠니? 나는 필요하다면 너희들을 조용히 시킬 수 있는 방법들을 알고 있어. 나는 너희들이 떠들게 놔두는 것을 좋아해. 그게 엄청나게 시끄러울 때라도 말이야. 하지만 나는 너희들이 떠드는 것을 통제할 수도 있어. 만약 Q 규칙을 쓰지 않는다면 나는 다른 선생님들이 하는 방식으로 너희들을 통제하겠다. 너희들이 아무 얘기도 하지 못하도록 말이야."

그리고 나서 아이들에게 Q 규칙이 사리에 맞지 않다고 생각하느냐고 물었다. 그렇다는 아이는 하나도 없었다. 나는 다시 이 시스템을 다른 방식으로 바꾸고 싶은지 물었다. 역시 그렇다는 아이는 없었다.

"좋아. 다시 시작하자. 너희들은 너희들이 어떤 위치에 있는지를 입증했어. 이 시스템은 너희들이 원하지 않으면 제대로 돌아가지 않는다. 지금 먹인 Q 표식은 다 지워버릴 테니까 옛날 시스템으로 돌아가는 거다."

우리는 그렇게 했다. 그 아이들은 다시는 Q를 시험하지 않았다.

자, 이제 나는 그 다음에 일어난 일에 대해 얘기해야 하겠다. 그해가 다 지나고 교실이 나만의 교실이 아니라 우리 모두의 교실이 되어감에 따라 아이들은 자신들의 소음을 아주 잘 통제하게 되었고, 나는 Q를 쓸 필요를 점점 덜 느끼게 되었다. 실제로 내가 Q를 발동시켰을 때는 대부분 아이들 스스로가 잠시 동안의 평화와 고요를 원했기 때문이었다.

하지만 너무나 많은 학교들이 두려움과 협박과 처벌을 기초로 질서를 잡고 있고, 그래야만 하는 걸로 되어 있다. 학교는 아이들의 상호협조에 기초를 둔 효과적인 시스템보다는 제대로 안 듣더라도 두려움에 근거를 둔 시스템을 채택하려 한다._

□ 1958년 3월 27일

우리는 모두 '모든 아이들이 성공해야 한다.'는 말에 동의한다. 하지만 우리가 모두 같은 뜻으로 그 말을 하는 것일까? 나는 성공이란 너무 빠르고 쉽게 이루어져서는 안 되며 언제나 성공할 수도 없다고 생각한다. 성공이란 우리 마음속에 있는 어떤 장애물들을 뛰어넘는 것을 뜻한다. 아마 성공하지 못할지도 모른다는 생각도 그 장애물에 포함될 것이다. 성공은 "난 할 수 없어."를 "난 할 수 있어. 난 해냈어."로 바꾸는 것이다.

우리는 언제나 성공할 수는 없다는 것도 배워야만 한다. 야구에서는 평균 3할 정도면 좋은 타율이라고 한다. 아마 실제 삶에서는 성공 타율이 그보다 훨씬 낮을 것이다. 우리 모두는 승리보다는 패배를 더 많이 안고 산다. 좀 더 일찍 이런 사실에 익숙해질 수는 없는 것일까? 물론 우리는 우리가 해낼 수 있는 것 보다 높게 겨눌 줄도 알아야 한다. "사람은 자기 손아귀에 든 것보다 높이 손을 뻗칠 줄 알아야 한다. 그렇지 않으면 하늘이 있을 이유가 뭔가?" 오늘 실패한 일도 내일은 성공할 수 있다. 내가 아니라면 적어도 다른 누군가는 성공할 것이다. 우리의 실패는 다른 누군가가 성공에 이르는 길을 열어줄지도 모른다.

물론 할 수만 있다면 아이들이 계속해서 어중간한 실패나 맛보는 걸 막아야만 한다. 하지만 실패란 수치스러운 것이 아니라 명예롭고 건설적이라는 사실을 아는 것이 더 중요하지 않을까. 여기서 '실패'와 '성공하지 못하는 것' 사이의 의미론적 구별이 필요해진다.

성공과는 거리가 먼 아이들을 자신들이 성공하고 있다고 느끼도록 조종할 수 있다는 생각은 사뭇 솔깃하다. 하지만 어떻게 그 아이들에게 자기 학교나 다른 학교에서 자기 또래 아이들이 성취하고 있는 일을 비밀로 할 수가 있겠는가? 이런 아이들에게는 뭔가를 정말로 잘해보는 경험이 필요하다. 너무 잘해서 잘했다는 칭찬을 받지 않아도 자신이 잘 해냈다는 것을 스스로 알게 될 만큼의 성공 경험. 이 말은 누군가 그 아이들에게 결핍된 집중력과 결의를 불어넣어주어야 한다는 것을 뜻하리라.

_이 글은 빌과 함께 공동 작업을 하던 초기에 쓴 것이다. 그 시절 나는 '아이들을 높은 수준으로 끌어올리면' 어떻게든 아이들이 이런저런 일을 하도록 만들 수 있으리라는 관습적인 교사의 통념을 낡은 셔츠처럼 걸치고 있었다.

앞의 글에서 말한 내용은 학교에서 많이들 하고 있는 프로그램학습법의 저변에 깔려 있는 생각이다. 너무 쉬워서 도움을 청할 필요가 없는 과제를 주면 아이들 스스로 만족감을 느끼게 할 수 있다는 것이다. 하지만 이 방법은 거의 통하지 않는다. 만약 아이들이 아니라 교사가 과제를 선택하고, 그래서 아이들이 해결해야 할 대상은 과제가 아니라 바로 우리 교사들이라고 생각한다면 내가 앞서 말했던 것 같은 좋지 않은 결과가 나올 것이다. 아이들이 어떻게든 성공하게 만들려면 과제를 터무니없이 쉽게 내주어야 하는데, 그렇게 되면 아이들은 과제를 수행하면서 어떤 만족감이나 긍지도 얻지 못할 것이다.

내가 이제 와서 지적하고 싶은 게 있다면 '성공'이라는 말도 '실패'라는 말만큼이나 어른들이 아이들에게 주입시킨 생각이라는 것이다. 성공과 실패는 언제나 함께 있을 수밖에 없는 동전의 양면이다. 아이들에게 '실패'에 대한 두려움은 심어주지 않으면서 '성공'에 대한 열망을 심어줄 수 있다는 것은 웃기는 생각이다.

걸음마를 배우는 아기들이나 자전거 타기를 배우는 예닐곱 살짜리 아이들은 몇 번이고 넘어지고 엎어져도 그때마다 '또 실패했어.'라고 생각하지 않는다. 건강한 아기들이나 꼬마들은 자기가 선택해서 달려들었다면 넘어진다 해도 '욱! 아직 아니군. 다시!'라고 생각할 따름이다. 그러다 마침내 넘어지지 않고 걷거나 자전거를 탈 줄 알게 되었을 때도 그들은 '오, 드디어 성공했어!'라고 생각하지 않는다. 그저 '이제 난 걸을 줄 알아! 이제 난 탈 줄 알아!'라고 생각한다. 기쁨은 걷거나 타는 그 행위 자체에 있지 성공했다는 생각에 달려 있지 않다.

실제로 어른들의 경우에도 '성공'(이 단어를 명성과 부를 획득했다는 뜻으로 쓰지 않는다면)이란 말은 단지 수수께끼를 푼다든가 경쟁에서 우승한다든가 하는 일에만 적용된다. 분명히 해내는가 못 해내는가가 구별되는 이가적인 일에만 적용되는 말이라는 것이다. 성공이란 말은 계속해서 훈련하고 있고 그렇게 해야만 더 잘 할 수 있는 기술이나 과제들과는 전혀 관계가 없다.

내가 배우고 있는 첼로 연주를 예로 들어보자. 지금 익히고 있는 드보르작의 현악사중주 〈아메리카〉나 슈베르트의 〈죽음과 소녀〉처럼 새롭고 어려운 악장을 익힐 때면, 나는 나 자신에게 어떤 부분은 기억해서 연주한다든가, 특정 악장은 메트로놈 속도에 따라 연주한다 등등의 간단하고 구체적인 과제를 부여한다. 그리고 그런 과제를 해낸 다음에는 가끔 "드디어 성공했어."라고 말하기도 한다. (비록 다음 날 다시 연습해야 한다 해도.) 하지만 첼로를 연주하거나 사중주곡을 연주하는 데 '성공'이란 말은 의미가 없다. 성공과 실패를 분명히 가르는 경계선은 없다. 이런 단어는 아이들뿐만 아니라 어른들이 어떤 일을 할 때도 잘 해내고 못 해내고에 대한 이해를 심각하게 왜곡시킨다.

이제 막 바이올린을 배우기 시작한 내 다섯 살짜리 꼬마 친구 비타처럼 자기가 할 일에 뛰어든 아이들은 성공과 실패의 관점이 아니라 노력과 모험이라는 관점에서 생각한다. 성공과 실패의 날카로운 경계선은 오직 어른들을 만족시키는 게 중요할 때만 나타난다.＿

## □ 1958년 12월 3일

며칠 전 나는 아이들에게 지금 무슨 일이 일어나고 있는지 이해하지 못할 때 어떤 기분이 드는지 물어보기로 했다. 이런저런 잡담으로 모두가 긴장이 풀렸을 때 아이들에게 말했다.

"선생님이 궁금한 게 있는데 너희들이 대답을 해줬으면 좋겠구나."

"뭔데요?"

"선생님이 뭔가를 물었는데 답을 모를 때는 어떤 기분이 드니?"

그 질문은 폭탄이었다. 순식간에 옴짝달싹 못할 침묵이 교실을 뒤덮었다. 아이들은 잔뜩 긴장한 표정으로 나를 빤히 쳐다보았다. 오랫동안 교실에는 어떤 소리도 들리지 않았다. 결국에는 다른 아이들보다 담이 큰 벤이 소리를 질러 긴장을 깨뜨렸다.

"으, 숨 막혀!"

벤의 말은 모든 아이들의 심정을 대변한 것이었다. 아이들은 모두 와자지껄 떠들어대며 똑같은 말을 했다. 선생님이 질문을 했는데 답을 모르면 반쯤 죽을 정도로 겁이 난다는 것이었다. 나는 소스라치게 놀랐다. 아이들을 억압하지 않으려고 나름대로 최선을 다하는 학교, 저학년들에게는 평점을 매기지 않고 경쟁하고 있다고 느끼지 않도록 애쓰는 진보적인 학교에서 이런 현상이 나타나다니!

나는 왜 숨이 막히는 느낌이 드는지를 물었다. 아이들은 이렇게 대답했다. 자기들은 실패하는 게 겁나고, 혼나는 게 겁나고, 바보라는 소리를 들을까 봐 겁나고, 스스로 바보라는 생각이 들까 봐 겁이 난다고. 바보! 어째서 바보라는 말이 아이들에게 가장 심한 모욕의 말이 되었을까? 도대체 이 아이들은 어디서 이걸 배웠을까?

가장 친절하고 신사적인 학교에서조차 아이들은 겁을 먹는다. 대부분의 아이들이 많은 시간을 겁에 질려 보내고, 몇몇 아이들은 거의 모든 시간을 그렇게 보낸다. 이것이 우리가 대처해야 할 엄연한 현실이다. 이 일을 대체 어떻게 하면 좋을까?


## □ 1958년 12월 30일

지난가을 내내 나는 축구를 할 때 잭이 왜 그토록 자주 넘어지는지 의문스러웠다. 잭은 몸이 날렵하고 균형감각도 좋은 아이였다. 아무도 그 아이를 쉽게 넘어뜨리지 못했다. 그런데 어째서 운동장에만 나가면 그토록 자주 넘어지는 것일까? 어느 날 나는 그 답을 찾아냈다. 플루트 연습을 하는 동안 쌓여가는 긴장을 다스리려고 애쓰다가 문득 그 해답을 발견해낸 것이다.

음악은 교사들이 정진하기에 아주 좋은 분야이다. 왜냐하면 음악은 어른들은 이미 오래전에 잊었지만 아이들은 교실에서 항상 겪고 있는 그런 종류의 긴장감을 불러일으키기 때문이다. 가테그노가 교사들에게 퀴즈네르 막대에 대해 설명할 때 교사들도 이런 긴장을 느낀다는 사실은 매우 흥미롭다. 교사들은 퀴즈네르 막대를 배울 때 아이들과 매우 유사하게 반응한다. 가테그노에게 화를 내고, 그의 생각에 싸움을 걸 뿐만 아니라, 알지 못하는 새로운 생각을 듣고 깜짝 놀란 5학년짜리 아이들과 똑같은 말을 한다.

"이건 미치고 팔딱 뛸 뻐꾸기 같은 짓이야."

나는 한두 문제는 전혀 어려움 없이 잘 풀어내던 아이들이 여러 문제를 한꺼번에 내주면 완전히 기가 꺾이는 것을 여러 번 보아왔다. 이 비슷한 일은 연주 연습을 할 때도 일어난다. 나는 빠른 속도로 연습곡을 연주할 때면 긴장 상태에 빠지곤 한다. 연습 시간이 짧으면 긴장이 나를 지배하기 전에 다 끝낼 수 있다고 느끼지만 연습 시간이 길면 실수 없이 연습을 마칠 수 있을지 자신이 없어진다. 그리고 연습을 하는 동안 마음속에서 이러쿵저러쿵 비평을 해대는 목소리가 들린다.

"좋아 계속해, G 샤프야. 욱! 조금 벗어났어. F 대신에 F 샤프로 연주했다고. 어쩌고저쩌고 어쩌고저쩌고……."

그 목소리는 점점 더 커지고, 대화의 통로가 닫히고, 마침내 조화가 깨진다. 그리고 결국 그토록 두려워하던 실수를 저지르고 만다.

이제 잭이 넘어지는 문제로 돌아가야 하겠다. 나는 사람이 실수를 저지르면 오히려 긴장이 풀어지고 안도감을 느낀다는 것을 알게 되었다. 일단 실수를 저지르고 나면 앞으로 실수를 저지를지도 모른다는 걱정을 안 해도 되기 때문이다. 줄타기용 밧줄 위를 걸어간다면 떨어지는 것이 걱정될 것이다. 하지만 일단 한 번 떨어지고 나면 더 이상 걱정할 필요가 없다. 실수를 두려워하는 아이들은 뭔가를 정확하게 하려고 할 때면 심한 긴장을 느낀다. 자신들이 저지를지도 모르는 실수에 대해 걱정하는 것은 이미 저지른 실수에 대해 걱정하는 것만큼 나쁘다. 아니, 실제로는 더 나쁘다. 문제를 잘못 풀었다는 말을 들었을 때 아이들이 오히려 안도의 한숨을 쉬는 것은 그 때문이다. 그 아이들은 이렇게 말한다.

"나도 틀릴 거라는 걸 알고 있었어요."

아이들로서는 틀릴지 맞을지 알지 못하는 쪽보다는 틀리고 나서 틀렸다는 것을 아는 편이 낫다.

잭이 넘어지는 이유는 그것이 잠시 동안이나마 축구를 할 때 느끼는 엄청난 긴장으로부터 해방시켜주기 때문이다. 몸집이 작은 잭은 덩치 큰 아이들과 부딪치는 것을 두려워했지만, 그보다도 자신의 두려움을 남들이 아는 것이 더 두려웠다. 잭은 그러면서도 자기가 해야 한다고 느끼는 방법으로 경기를 해보려고 단호하게 덤볐고 이 모든 것은 그 아이의 신경에 과도한 긴장을 불러일으켰다. 잭은 남자였기 때문에 여자아이들처럼 경기에 빠질 수도 없었고, 큰 아이들이 자기에게 다가올 때 옆으로 물러날 수도 없었다. 그래서 수시로 넘어짐으로써 잠시나마 정당한 휴식을 맛보았던 것이다.

_다음 해에 맡았던 5학년 반에는 두려움이 별로 없는 여자아이들이 몇 있었다. 당시에는 지금보다 훨씬 더 남자아이냐 여자아이냐에 따라서 두려움을 드러내거나 받아들이는 방식이 서로 달랐다._

이런 일들을 보면 문제풀이에 대해서 생각하게 된다. 아이들이 많은 양의 문제를 풀게 되면 안도감을 얻는다고 말하는 사람들이 많다. 하긴 그럴 수도 있겠다. 하지만 교사들에게 열 장짜리 덧셈 문제지를 주면서 제한 시간 내에 실수 없이 모든 문제를 풀지 않으면 직장을 잃게 될 거라고 말했다 치자. 모든 문제를 정확하게 풀고 다시 검산할 시간이 충분히 있다 해도 백점짜리 답장을 내는 교사는 많지 않을 것이다. 내가 플루트를 불 때마다 그렇듯이 불안이 자라나 내적 평화와 확신을 흔들어놓거나 완전히 무너뜨려버리리라. 단순한 산술문제를 풀면서 자신이 제대로 풀었는지 확신할 수가 없어서 답을 검토하고 또 검토하는 자신을 본 적이 있는가? 나는 그런 경험이 있다. 우리가 교실 안의 아이들처럼 총부리 아래에 있다면 우리도 그런 짓을 더 자주 하게 될 것이다.

물론 수학 같은 과목을 공부할 때는 문제를 많이 풀어볼 필요가 있을 것이다. 하지만 아이들은 한 번에 너무 많은 문제를 풀 수 없다. 아이들에게 수업 시간 내내 문제지 하나를 다 풀라고 해보라. 아이들은 아마 불안과 권태 때문에 바보 같은 실수를 저지를 것이다. 나는 실수를 가장 많이 저지르고 성적도 가장 나쁜 아이들이 답안지를 가장 먼저 제출할 때가 많다는 사실에 어리둥절해하곤 했다. 그럴 때 나는 이렇게 말하곤 했다.

"문제를 빨리 풀었으면 남은 시간 동안 다시 검토해보거라."

교사들이 흔히 하는 충고였지만 무기를 내던지고 도망가라고 말하는 편이 더 나았으리라. 아이들이 긴장에서 풀려나는 때는 문제지를 교사의 손에 넘길 때다. 운명은 이제 신의 손에 달려 있다. 어쩌면 아이들은 낙제를 할지도 모른다는 걱정을 할 수도 있을 것이다. 하지만 그것은 숙명론적인 걱정일 뿐, 이거냐 저거냐 하는 선택의 고통은 없다. 그걸 두고 이제 더 이상 자기들이 해야 할 일은 없는 것이다. 일을 올바르게 처리했는지 걱정하는 편이 올바르게 처리해야 한다고 걱정하는 편보다는 훨씬 낫다.

_만약 아이들 스스로 문제를 언제, 얼마나 풀 것인지 결정할 수 있다면 문제를 많이 풀어야 할 때도 안도감을 느낄 수 있을 것이다. 우리는 아이들에게 많은 양의 수학 문제를 풀게 함으로써 그들이 자신감과 안도감과 확신을 갖게 되기를 바란다. 하지만 결과는 정반대일 경우가 많다. 아이들은 지겹고 불안하고 주의력이 둔해져서 점점 더 많은 실수를 저지르고, 결국 실수하는 걸 점점 더 두려워하게 된다.

이 책이 나온 뒤 빌과 나의 좋은 친구가 된 로어 라스무센은 수학 시간에 아이들이 문제를 안심하고 편안하게 풀 수 있도록 다양하고 기발한 문제지를 고안해냈다. 이 여교사는 분야별로 각각의 문제지를 만들고 여러 번 복사해서 서류함에 넣어두었다. 그러면 아이들은 책상 위에 올려둔 문제지 견본을 훑어보고 풀고 싶은 문제지를 정해서 서류함에서 원하는 문제지를 가져다가 풀었다.

로어는 곧 아이들이 대개 어떤 특정한 문제지만을 고른다는 것을 알게 되었다. 정확히 말해 아이들은 잘 안다는 확신이 들 때까지 적어도 대여섯 번 이상 같은 문제지를 반복해서 풀었다. 아이들은 마른 우물에서 물을 찾지 않는다. 이 아이들은 좋은 점수를 받거나 선생님을 기쁘게 하기 위해 문제지를 푼 것이 아니었다. 그것은 아이들 자신을 위해서였다. 분명한 사실은 아이들은 문제지를 반복해서 풀 때마다 이미 알고 있는 것을 확실히 하거나, 뭔가 새로운 것을 얻었다는 것이다. 아이들은 문제지에 있는 개별적인 지식을 완전히 자기 것으로 만들었다는 확신이 들어야 다른 것을 시도하는 쪽으로 나아갔다.

그렇지만 숙제란 대부분 시간 때우기용 과제이거나, 아니면 아이들 자신이 아니라 교사가 아이들이 뭔가를 알고 있다고 믿기 위해 만들어진 것이다. 때문에 그런 과제들은 좋은 결과를 가져오기는커녕 해를 끼치는 경우가 많다.__

긴장을 줄이는 한 가지 방법은 긴장의 존재를 깨닫는 것이다. 한번은 수학 시간에 아이들에게 이렇게 말했다. 중요한 부분을 이해하지 못했는데 아무 말도 않고 그냥 지나가는 것은 장거리 자동차 여행길에 하워드 존슨 호텔에 뭔가를 놔두고 떠나는 것과 같다. 결국 언젠가는 그걸 가지러 돌아가지 않을 수 없으니 돌아가는 건 빠르면 빠를수록 좋다. 이 비유가 진짜 도움이 되었는지는 모르지만 아이들도 그 비유를 사용했다. 아이들은 조금씩이나마 까닭모를 혼란이 자신들을 잠식해 들어오고 있다는 것을 알아차리는 법을 익혀나갔다. "뭔가를 하워드 존슨 호텔에 놔두고 왔어요."라는 말을 함으로써 긴장과 혼란을 추스를 수 있었고, 너무 심하다 싶을 때는 언제나 자기들이 뒤에 남겨졌다고 말하면 되었다. 그러면 내가 그 아이들을 다시 실어올 조치를 취할 수 있었다.

교사는 아이들에게 주는 긴장에 한계를 두어야 한다. 그렇지 않으면 아이들은 긴장이 지나친 나머지 주의를 집중하지 않고, 빈둥거리고, 모른다는 소리를 남발할 것이다. 아이들에게 늘 긴장할 필요는 없으며 필요하다면 긴장을 늦출 수 있는 방법이 있다는 사실을 미리 알려줘야 한다.

아마도 이것이 가테그노같이 순회강연을 다니며 수학을 가르치는 사람들이 놀라운 성과를 거두는 이유일 것이다. 아이들은 그게 진짜 학교 수업이 아니고, 가르치는 사람도 자기 선생님이 아니기 때문에 실수를 해도 큰 문제가 일어나지 않을 거라는 사실을 알고 있다. 더구나 이런 수업은 곧 끝나게 마련이니까. 아이들은 이처럼 다른 걱정이 없어야 머리를 쓸 준비를 한다. 하지만 어떻게 매일 그런 기분으로 수업을 끌어갈 수 있단 말인가? 도대체 그런 일이 가능할까?


□ 1959년 2월 5일


열 살짜리 아이들이 강한 자아 개념을 가진다는 것이 가능할까? 게다가 이 자아 개념이 거의 자기혐오와 자기 경멸 등 바람직하지 못한 방향으로 발전한다면? 우리는 이런 종류의 자아 개념은 좀 더 나이가 많은 아이들이나 가지고 있을 거라고 생각한다. 하지만 그것은 아주 이른 나이에, 아주 심한 정도까지 진행되고 있는 게 사실이다.

아이들 중에는 세상 속에서 겪어내고, 살아내느라 너무 바쁜 나머지 자신에 대해서는 생각을 그만둬버린 아이도 있지 않을까? 아마 베티나 할이 그런 아이들일 것이다. 그 아이들 외에는 별로 많은 것 같지 않다.

아마도 그 아이들은 다른 아이들로 북적대는 사회 속에 너무 일찍, 너무 깊숙이 던져진 탓에 세상에 대해서가 아니라, 그 세상 속에서의 자기 위치를 생각해야만 했으리라.

_이런 생각은 지금에 와서 전보다 더 확고해졌다._

혹시 아이들을 가능한 한 친절하게 대하고 설득하고 인간적으로 접촉하는 우리의 현대적인 교육 방법이 아이들의 존재와 그들이 하는 일을 망쳐놓는 건 아닐까? 내가 어린 시절에 다녔던 학교는 분명 이런 현대적인 교육 방법과는 거리가 멀었다. 내가 다섯 살이었을 때도 학교의 선생님들은 나를 '홀트'라는 정식 이름으로 불렀다. 그 선생님들은 한 인간으로서의 나에게는 전혀 관심이 없는 듯이 보였다. 나는 그 선생님들이 나를 좋아하는지 어쩐지도 알 수가 없었고, 그걸 이상하게 생각하지도 않았다. 선생님들이 관심을 가진 것은 나의 공부였다. 내가 공부를 잘하면 칭찬했고 못하면 야단쳤다. 어쩌면 그런 구식 교육 방법에는 우리가 생각하는 것 이상의 것이 들어 있을 수도 있다. 아이들에게는 그런 세상에서 자라는 게 훨씬 쉬울지도 모르겠다. 그런 세계에서 아이들은 어른들의 세계와 부딪쳤을 때는 단호하고, 비인격적이고, 형식적인 취급을 받지만 그 밖의 일은 어떤 간섭도 받지 않고 알아서 할 수 있기 때문이다.

샘의 통지표에는 이해력이 낮다고 적혀 있었다. 그걸 본 샘은 거의 울음이 터질 판이었다. 샘은 어째서 그것이 꼭 나쁜 말이라고 추측했을까? 하긴 우리 어른들은, 아이들이나 우리 자신이나 가리지 않고 아주 작고 특정한 실패를, 전반적인 실패와 무능력과 무가치함의 증거로 본다. 문화의 문제인 것일까? 일을 제대로 해내지 못하는 걸 망신거리로 생각하지 않는 사람은 하나도 없는 것일까?

공부를 잘하게 하려고 아이들의 자아 개념을 이용하는 것은 위험한 일이다. 우리는 대개 이렇게 말한다.

"너희들은 열심히 노력하기만 한다면 이 문제를 쉽게 풀 수 있는

지각 있고, 영리하고, 우수하고, ……한 소년, 소녀들이다."

이럴 경우 공부를 못하면 아이의 자아 개념도 무너지고 만다. 만약 그 문제를 풀지 못한다면 얼마나 노력했든 그 아이는 지각없고 영리하지 못하고 열등한 아이가 되어버리고 만다.

아이들이 실패를 그토록 두려워하는 건 성공의 기준이 너무 높고, 또 그 성공이란 것에 너무 매달려 있기 때문이 아닐까? 아이들이 좋은 성적을 냈을 때 너무 칭찬을 많이 하는 건 아닐까? 조니가 공부를 잘하면 어른들은 조니가 자신을 '좋은 아이'라고 생각하게 만든다. 이것은 결국 의도적인 것은 아니라 하더라도 제대로 못 했을 때는 자신을 '나쁜 아이'라고 생각하게 만드는 건 아닐까?

아이들에게 그렇게 많은 칭찬을 해줄 필요가 있을까? 어떤 아이가 오랫동안 노력한 끝에 입방체 퍼즐을 완성했다고 하자. 과연 그 아이에게 잘했다는 칭찬이 필요할까? 칭찬 없이는 자기가 무언가를 성취했다는 걸 모를까? 사실 그 아이를 칭찬하는 건 우리를 위한 게 아닐까? 아이의 성과에 참견해서 그 아이만의 기쁨을 조금 훔치고, 우리 자신을 주목의 대상 속에 끼워 넣고, 그런 영리한 아이를 만드는 데 일조한 우리 자신을 추켜세우는 것은 아닐까? 대부분의 어른들이 아이들을 칭찬하는 것은 실제로는 일종의 자화자찬이 아닐까? 냇이 자기 집 식당에 대해서 썼던 멋진 작문을 칭찬한 일이 생각난다. 이제와서 생각하면 소름이 돋을 지경이다. 내가 그 작문을 만족스럽게 생각했던 것은 실제로는 그 작문을 나오게 한 나의 역할 때문이었고, 그 찬사는 내게 보내는 찬사였던 것이다. 이 얼마나 우수한 학생인가! 이렇게 훌륭한 아이를 길러낸 나는 얼마나 훌륭한 선생인가!

□ 1959년 2월 11일

언젠가 한 아이가 나에게 물었다.

"학교는 왜 다녀야 되나요?"

그러자 팻이 평소답지 않게 힘 있는 목소리로 말했다.

"그래야 커서 바보가 안 되지."

아이들은 바보와 무지를 같은 것으로 생각한다. 스스로를 '바보'라고 할 때 뜻하는 바는 어리석다는 뜻이 아닐까? 우리가 무언가를 모르는 것을 그토록 창피해하는 이유도 바로 이것이 아닐까? 그렇다면 우리가 어느 결에 아이들이 그렇게 느끼도록 가르쳤던 게 아닐까? 우리는 무지가 곧 바보를 뜻하는 것이 아님을 분명히 해야 한다. 아는 것이 별로 없지만 그것을 아주 잘 활용할 수 있는 사람도 있고, 반대로 수많은 사실을 알고 있어도 여전히 바보 같고 어리석은 사람도 있다는 걸 보여줘야 한다. 이 나라에는 교육받은 바보가 드물지 않다.

_그때 이후 나는 소위 '좋은 학교'에 다니는 '똑똑한' 아이들이 자신들을 일컬어 바보라고 하는 것을 여러 번 들었다. 여기서 바보라는 건 무식하다는 것뿐만 아니라 비지성적이며, 아무것도 제대로 할 줄 모르는 쓸모없고 어리석은 놈이라는 뜻이었다. 이 아이들은 왜 자기 자신을 이렇게 생각하는 것일까? 아마도 어른들이 아이들을 그렇게 취급하기 때문일 것이다.

이 학교 아이들은 5학년이 되기 전까지는 점심식사 시간에 음식을 나르는 일이 허락되지 않았다. 학교를 운영하는 어른들은 대다수가 심리학자였는데 열 살 전 아이들은 음식이 담긴 접시를 떨어뜨리거나 쏟아버릴 거라고 생각했던 것이다. 이 학교에서는 아이들이 다른 장소로 이동할 때면 언제나 어른들이 인솔했고, 그중 똑똑한 아이를 지목해 다른 아이들을 이끌도록 했다. 그렇게 하지 않으면 목적지에 제대로 도착할 수 없을 것이라고 생각했다.

아이들을 좋아하는 빌과 나도 이런 선입견에 물들어 있었기 때문에 몇 해 후 영국의 레스터서에 있는 공립학교에서 여섯 살짜리 아이들이 음식 접시를 옮기고 어른들의 감독 없이 교실에서 집회장으로 왔다 갔다 하는 것을 보고 엄청나게 놀랐다. 우리가 돌아와 이 놀라운 일에 대해 얘기하자 사람들은 이렇게 말했다.

"그래, 영국 아이들은 뭔가 달라. 하지만 미국 아이들에게는 절대 그렇게 하라고 할 수 없지."

우리들 중 누구도 이런 모멸적인 억측이 아이들이 배우는 데 장애 요인이 될 수도 있다는 생각은 하지 않았다. 세상에 대해 더 많이 배우려면 세상을 신뢰해야 하고, 또 세상이 일반적으로 사리에 맞게 돌아간다는 사실을 믿어야 한다. 더욱이 세상을 이해하려면 우선 우리 자신부터 믿어야 한다. 그러나 우리가 학교생활을 통해 아이들에게 보여주는 세상은 의미 없이 조각난 파편뿐이고, 그 조각들조차 아이들이 실제로 경험하는 것과는 하등 상관이 없는 것들인 경우가 많다. 우리는 온갖 방법을 동원해 아이들이 자신을 믿을 수 없도록 가르친다. 이런 상황이니 아이들이 전략을 구사한다 해도 놀랄 일은 아니다.

우리가 다른 사람에 대해서 생각하는 나쁜 일은 실제가 되거나 '자기성취적 예언self-fulfilling prophecy'이 되는 경향이 있다. 많은 사람들이 어떤 상황에서든 아이들이 할 수 있는 가장 어리석고 위험한 일이 무엇인가 묻고, 그 아이들이 꼭 그렇게 할 거라는 듯이 행동한다. 그들은 이것이 아이들을 돌보는 방법이라고 생각하는 것 같다.

어느 따뜻한 4월 아침, 나는 보스턴시민공원의 호숫가에서 첼로를 연주하고 있었다. 호수 가장자리의 깊이는 30센티미터 정도였고 주위는 화강암으로 둘러싸여 있었다. 나는 한 시간 반 정도 머물렀는데 엄마들 네 명이 아이들을 데리고 왔다. 제일 어린아이는 한 살 반, 제일 큰 아이는 세 살가량 되어 보였다. 아이들은 모두 물에 흥미를 보이며 가까이 가보고 싶어 했다. 그러나 엄마들은 한결같이 아이들이 물가에 가까이 다가가면 물속에 빠질 거라고 생각하는 듯했다. 엄마들은 고함을 치거나 을러대지는 않았지만 모두들 아이와 물 사이에 서서 아이들의 주의를 딴 데로 돌리고, 아이가 가는 방향을 바꾸려 했다. 엄마들은 물가로 가면 빠진다고 소리치며 아이들을 물에서 먼 곳으로 데려가려 했지만, 그러면 그럴수록 아이들은 물을 보러 가겠다고 버둥거렸다.

그 아이들은 기우뚱거리고 넘어지는 단계는 이미 오래전에 지난 아이들이었다. 애를 먹일 속셈으로 일부러 무모하게 설치는 게 아니라면 물에 빠질 가능성은 거의 없었다.

그렇지만 이 엄마들이 이런 식으로 계속 '조심스럽게' 군다면 원하지 않는 결과를 초래할 수도 있을 것이다. 어린아이들은 실제로 아주 조심스럽다. 아기들이 계단 위 같은 데 있을 때 유심히 관찰해보면 계단을 걸어 내려갈 것인가 뒷걸음질 자세로 기어 내려갈 것인가 판단하느라 고민하는 모습을 볼 수 있다. 아이들은 늘 새로운 일을 해보고 싶어 하지만 동시에 자기들이 할 수 있는 일과 할 수 없는 일에 대해 놀랄 만큼 정확한 감을 가지고 있다. 그리고 그 판단력은 자라면서 더 향상된다. 하지만 이처럼 새로운 일을 열망하던 아이들도 얼마 후에는 너무 겁이 많아서 어떤 일도 하려 들지 않거나, 아니면 해도 될 만한 것과 손대지 말아야 할 것을 구분 못 할 정도로 무모하고 조심성 없는 아이가 되고 만다. 그들이 자기들이 겁이 없다는 것을 증명하려면, 둔하고 부주의한 아이들이나 하는 짓을 해서 위험에 빠지게 되고, 그러면 실제로 거기서 빠져나올 자신감과 냉정함을 잃게 될 것이다.

몇 년 전에 런던 홀랜드 파크에 있는 모험 놀이터를 가본 적이 있다. 놀이터는 줄타기용 밧줄, 올라갈 수 있는 나무들, 그 외에도 온갖 '위험한' 구조물들로 가득했다. 나는 놀이터를 점령하고 있는 어린아이들에게 여기서 놀다가 다치는 일이 없냐고 물어보았다. 그 아이들이 말했다.

"아뇨. 어른들을 못 들어오게 한 뒤로는 한 번도 없었어요."

부모들이 놀이터에 입장할 수 있던 시절, 엄마들은 모두들 끊임없이 "이건 하면 안 돼. 저것도 하면 안 돼. 안 돼, 너무 위험해."라고 말했다. 이런 잔소리를 들은 아이들은 너무 화가 나고 속이 상해서 엄청나게 높은 나무나 아주 위험한 기구로 달려가곤 했다. 일단 위험 속에 들어가면 "떨어진다! 떨어진다!"라는 엄마의 외침이 들리기만 해도 아이들은 곧바로 비틀거리다가 땅바닥에 떨어졌다. 그래서 공원 관리자들은 엄마들이 놀이터에 들어가지 못하게 막고, 대신 조그마한 휴식 공간을 만들어서 엄마들끼리 앉아서 수다를 떨 수 있게 만들었다. 그 이후로는 한 아이가 발을 살짝 삔 것 말고는 큰 부상이 없었다

한다. 아이들은 간섭하지 않고 내버려두면 어떤 모험을 시도할지 신중하게 선택한다. 물론 아이들은 모험을 즐기니까 어느 정도는 위험을 무릅쓰고 싶어 한다. 그러는 가운데 아이들은 위험한 상황에서 마음을 차분하게 가라앉히고 침착해지는 방법을 배운다.

개중에는 이런 사실을 믿지 않으려는 사람도 있다. 언젠가 홈스쿨링과 관련된 모임에서 그런 사람을 만났다. 그 여성은 아이들을 보호하고 도와주는 일종의 봉사 단체에서 일하는 사람이었는데, 아이들이 진지한 일을 할 수 있도록 내버려두고 그에 대한 책임과 권리를 주라는 내 말에 몹시 화를 냈다. 그녀는 아이들은 그런 일을 할 판단 능력이 없다고 주장하면서 그 증거로 열두 살 먹은 딸아이의 이야기를 해주었다. 이야기를 하는 그녀의 어조는 퍽 이상야릇하고 모순적이었다. 어떻게 보면 화가 났다기보다는 슬픈 것 같기도 했다. 한편으로는 의욕과 의기양양함으로 가득 차 있기도 했다.

"아셨죠! 이걸로 증명이 되잖아요. 아이들은 믿을 수가 없어요. 나 같은 사람이 (대부분의 사람들은 자격이 없으니까) 항상 옆에서 지켜봐야 한다는 거죠."

그녀의 이야기는 이랬다. 어느 날 저녁, 식사거리를 스토브에 올려놓은 참인데 갑자기 잠시 나가야 할 일이 생겨서 딸아이에게 음식을 좀 지켜보라고 말했다. 그런데 10분 후에 집에 돌아와 보니 음식이 몽땅 타 집 안이 연기로 가득 찼고 여러 가지 낭패스러운 일이 벌어졌다는 것이다. 그 엄마가 딸에게 시간이 되면 스토브를 끄라고 했는지, 아니면 그 시간이 될 때까지 자기가 집에 돌아올 거라고 말했는지 상세한 정황은 분명하지가 않았다. 그녀의 이야기는 뭔가 신빙성이 부족했다. 음식을 10분 정도 불에 더 얹어놓았다고 해서 집 전체가 연기로 가득 차기는 좀 힘들지 않은가. 그 여성은 얘기를 계속했다.

"아셨죠. 그 아이는 할 수 있는 만큼 했어요. 하지만 판단력이 없었어요. 그저 어린애에 불과했던 거죠."

그때쯤은 나도 논쟁이 필요할 때도 있고 아닐 때도 있다는 것을 잘 알고 있었기에 스토브 불을 끄는 데 얼마만큼의 판단력이 필요한지 묻지 않았다. 다만 이렇게 말했을 뿐이다.

"부인, 부인과 따님이 무슨 놀이를 하셨는지, 왜 하셨는지는 모르겠습니다만, 저는 따님 나이의 반밖에 안 되지만 혼자서 식단을 짜고, 장을 보고, 음식을 만들 줄 아는 아이들을 알고 있답니다."

아이들에 대한 뿌리 깊은 불신과 아이들은 언제든 바보 같고 파괴적인 일을 저지를 수 있다는 생각은 내가 그동안 봐온 거의 모든 유치원, 유아원, 탁아소의 분위기를 오염시키고 있었다. 이런 시설들을 안내한 사람들은 나에게 최고의 광경을 보여주고 있다고 생각했다. 아이들을 관리하는 사람들 중에는 친절하고 쾌활하고 지성적인 젊은 여성들이 많은데, 그들은 앞에서 말한 바로 그런 종류의 불안으로 가득 차 있다. 그 여성들은 아무리 그러고 싶어도 절대 긴장을 풀고 차분하게 앉아 있거나, 침착하게 한두 명의 아이들과 조용히 대화를 나누거나, 게임을 하거나, 뭔가를 같이 계획할 수가 없다. 다만 아이들이 모두 제대로 하고 있는지 확인하기 위해 언제나 교실 사방을 신경질적인 눈초리로 감시할 뿐이다. 그 결과 한 아이가 어른의 전폭적인 관심을 받을 기회는 아주 드물게 된다. 어른들은 언제나 눈 한구석으로 다른 누군가를 살펴보고 있다. 어른들의 그 불안은 아이들이 좋아하는 일에 흠뻑 빠져 있을 때조차 아이들 모두를 불안하게 만든다.

나는 보스턴시민공원에서 이런 광경을 굉장히 많이 보았다. 유아원이나 탁아소에서 백조보트를 타거나 바깥공기를 쐬면서 뛰어놀려고 자주 소풍을 나왔기 때문이다. 나는 항상 몇 분 정도 아이들이 노는 것을 관찰하면서 무리를 이끌고 있는 어른들도 눈여겨보곤 했다. 그 어른들은 아이들과 함께 있는 것이 즐거워 보이지 않았다. 그들은 대부분 화가 난 듯했으며 날카롭고 불쾌한 목소리로 끊임없이 아이들에게 잔소리를 해댔다.

"거기 서 있어. 조용히 해. 뛰지 마라. 이쪽으로 와."

기분이 언짢거나 화가 난 것처럼 보이지 않는 극소수의 어른들도 행복해 보이지 않기는 마찬가지였다. 아이들과 무언가를 공유하고 공모하고 있는 듯한 모습, 엄마가 사랑하는 아이를 바라볼 때 보이는 경탄과 즐거움에 넘친 눈길 등은 결코 찾아볼 수 없었다. 아이들 무리를 책임지고 있는 이런 여성들은 나쁜 일이 일어날지도 모른다는 걱정과 불안이 가득 차서 어린 동반자들에게서 어떤 기쁨도 얻어내지 못하는 것처럼 보인다. 하지만 도대체 무슨 나쁜 일이 일어날 수 있단 말인가? 도로는 저 멀리에 있고 그 사이에는 울타리까지 쳐져 있다. 아직 한 번도 본 적은 없지만 만약 어떤 아이가 도로 쪽으로 달려간다 해도 어른들 걸음으로야 몇 발짝만 움직이면 아이를 도로 데려올 수 있을 텐데 말이다.

어른들의 불안을 결정하는 것은 어른 대 아이들의 수가 아니라 전체 아이들의 수인 것 같다. 이런 점에서 어른 5명이 아이들 30명을 돌보는 것과 어른 1명이 6명의 아이들을 돌보는 것은 다르다. 큰 무리

속에서는 5명의 어른들 하나하나가 30명의 아이들 모두를 걱정한다. 무리의 규모가 커지면 걱정도 그만큼 커질 뿐 아이들을 책임질 어른들의 수가 몇이냐는 문제가 되지 않는다.

만약 모든 나이대의 아이들이 같이 섞여 있는 옛날의 '한 교실 학교'를 부활시킨다면 교사 하나가 30명의 학생들을 다루는 것쯤은 조금도 어려울 게 없다는 사실을 알게 될 것이다. 가장 어린아이들은 조금 큰 아이들이 도와줄 것이고, 조금 큰 아이들은 가장 큰 아이들이 도와줄 것이다. 아마도 가장 큰 아이들은 꼬마들에게는 거의 어른이나 진배없을 것이다. 하지만 학생 수가 몇천 명이 넘는 거대한 학교의 경우, 30명의 아이들이 수용된 교실은 진짜 유능한 소수의 교사를 제외하고는 교사 한 사람이 감당하기에 너무 크다. 규모가 줄어야 하는 것은 학급이 아니라 학교다.＿

□ 1959년 4월 24일

아이들은 개성에 따라 다른 전략을 쓴다. 아이들은 자기들이 느끼는 방식, 자기들이 우주에 대해 기대하는 것, 또 자신과, 교실과, 자기들에게 가해지는 요구들에 대한 나름의 판단에 따라 현재의 전략을 사용한다.

레이첼은 교실을 어떤 일을 하도록 요구받는 공간, 잘하면 칭찬을 받고, 잘못하면 야단을 맞는 장소로 생각한다. 그 아이는 우리가 아무리 좋은 전략을 써보라고 권해도 그것을 쓰고 싶어 하지 않는 것 같다. 내가 생각을 해야 풀 수 있는 문제를 내주어도, 그리고 드물기는 하지만 자기가 생각을 하고 문제를 풀었다 해도, 그 아이는 그것을 정답생산전략의 일환으로 만들어버릴 것이다. 그리고 이 수업은 미친 수업이고, 항상 변화구를 던져서 자기도 생각을 해야 하는 문제를 풀게 만든다고 생각할 것이다. 하지만 레이첼은 문제를 푸는 이런 전략을 다른 일을 할 때나 살아가는 데 중요한 부분에까지 적용하지는 않았다. 그 아이의 첫째가는 관심사는 '자기 방어'였다.

지성 있는 아이들은 맹렬하게 삶에 몰두한다. 레이첼, 팻, 일레인, 개리는 모두 현실을 피하기 위해 백일몽에 빠진다. 하지만 바버라, 베티, 마리아, 랄프, 할 같은 아이들은 삶으로부터 도망치지 않는다. 그 아이들은 삶을 껴안는다. 앞에서 배움과 사랑에 빠지는 것에 대해 얘기한 적이 있는데, 이 아이들은 삶과 사랑에 빠진 것처럼 보인다. 베티, 바버라, 샘 같은 아이들은 자신들의 취미와 자기 자신들에 관한 시시콜콜한 일까지 전부 다 얘기하곤 했다.

지성 있는 아이들의 행동을 보면 그들은 우주가 어떤 보편적인 법칙을 가지고 있다고 생각하는 것 같다. 그 아이들은 자신들의 생각과 답을 상식에 비추어서 검토한다. 반면에 다른 아이들은 답이 이치에 맞을 거라는 기대를 하지 않고, 이치에 맞는 게 뭔지도 모르며, 검토의 요점을 모르기 때문에 검토할 방법도 모른다.

하지만 이 아이들을 가르는 차이점은 그 뿌리가 훨씬 더 깊다. 우리가 '지성적'이라 부르는 아이들은 우주란 전혀 법칙성이 없는 것처럼 보일 때라도 믿을 수 있고, 우주를 이해하지 못할 때라도 그것이 자기에게 더러운 수를 쓰지는 않을 거라는 확신이 있는 것 같다. 이런 믿음은 "나는 신이 우주를 가지고 주사위 놀이를 할 거라고는 믿지 않는다."라는 아인슈타인의 말과 그 정신에서 일맥상통한다.

《사이언티픽 아메리칸Scientific American》지 1958년 6월호에 실린 '창조성이란 무엇인가'라는 기사에 다음과 같은 적절한 비유가 나온다.

창조적인 과학자는 문제를 천천히 조심스럽게 분석한 다음 해답을 내릴 때는 재빨리 전진한다. 반면 창조적이지 못한 사람은 재빨리 답을 찾으려고 아무렇게나 시도를 하는 통에 실수를 거듭하는 경향이 있다.

사실 그렇다! 우리는 정답파들이 혼란에 빠지는 것을 얼마나 많이 보아왔던가. 사실 문제와 정답이라는 것은 사물의 관계와 구조와 질서를 바라보는 상반된 방법일 뿐이다. 문제란 조각 하나가 빠진 그림이고, 답은 바로 그 빠진 조각이다. 시간을 들여서 문제를 살펴보고, 생각하고, 파악하는 아이들은 머지않아 답이 거기에 있다는 것을 발견한다. 반면 문제를 정해진 출발점에서 어느 방향으로 가는지, 어디로 가는지도 모르는 채 최고 속도로 달리기 시작하라는 명령으로 여기는 아이들은 반드시 혼란에 빠지고 만다. 그들은 문제를 찬찬히 생각해보지도 않고 무조건 답을 향해 덤벼든다. 도대체 왜 그렇게 서두르는 것일까?

여기 정답파인 일레인과 사색파인 바버라가 있다. 둘은 $\frac{3}{4} + \frac{2}{5} = ?$ 이라는 문제를 풀고 있다.

일레인: (평소의 습관대로 위에 숫자와 아래 숫자를 다 더하고는) $\frac{5}{9}$ 아냐?

바버라: $\frac{5}{9}$ 는 $\frac{3}{4}$ 보다 작잖아. $\frac{3}{4}$ 에 $\frac{2}{5}$ 를 더했으니까 답은 $\frac{3}{4}$ 보다 커야지. 그러니까 $\frac{5}{9}$ 는 답이 될 수가 없어. 너는 왜 그 생각을 안 하니?

일레인: $\frac{3}{4}$ 이 어딨는데?

바버라: 문제에 있잖아!


하지만 아무리 많이 설명을 해준다 한들 일레인이 바버라의 말을 알아들을지 의심스럽다. 차라리 그 시간에 혼자서 똑같은 식으로 생각해보라는 편이 더 나을 것이다.

생각이 모자라는 아이들은 미친 듯이 답에 달려든다. 우수한 사색파들은 시간을 두고 문제를 곰곰이 살펴본다. 그것이 단순히 생각하는 기술의 차이에 불과할까? 재능과 운만 따라준다면 우리가 가르치고 훈련시킬 수 있는 테크닉의 문제일까? 안타깝지만 나는 그렇게 생각하지 않는다. 우수한 사색파들이 시간을 들일 수 있는 것은 불확실성을 참을 수 있고, 알지 못하는 상태를 견딜 수 있기 때문이다. 생각이 모자라는 아이들은 알지 못하는 상태를 참을 수가 없다. 그 상태는 아이들을 공황에 빠뜨린다.

이런 현상을 틀리는 것에 대한 두려움만으로 다 설명할 수는 없다. 이런 두려움이 모니카 같은 아이를 심하게 짓누른다는 것은 의심할 여지가 없다. 하지만 할도 똑같은 압박감을 느끼고, 때로는 나도 그렇다. 모니카만 자기 생각이 맞기를 원하는 것도 아니고, 실패를 두려워하는 것도 아니다. 분명 여기에는 또 다른 불안감이 함께 자리 잡고 있다. 그것은 답이 아예 없을 수도 있다는 불안감이다. 물론 모니카는 올바른 답을 원한다. 하지만 그 이전에 모니카가 원하는 것은 '하나의 답'이다. 그 아이는 구닥다리 같은 것이라도 답이면 되고, 그 비슷한 것을 얻기 위해서라면 무슨 짓이든 할 판이다. 일단 그것을 붙잡기만 하면 압박감의 많은 부분이 사라지기 때문이다. 레이첼도 이런 식이었고, 제럴드를 비롯한 다른 아이들도 전부 이랬다. 이 아이들은 해법이 없다는 것 자체를 견디지 못한다. 자신들의 해법이 틀렸다는 것을 알고 있을 때조차도 거기에 매달릴 만큼. 이런 확실성에 대한 광적인 집착과 해답을 모르는 질문, 해법이 없는 문제를 견뎌내지 못하는 성급함이 지성과 관련된 많은 문제의 핵심인 것처럼 보인다. 하지만 이렇게 되는 원인은 무엇인가?

만약 그 정도라면 정신과 의사가 해결해야 할 일이라고 말하는 사람도 있을지 모르겠다. 하지만 그런 정도라고는 생각되지 않는다. 인간관계에 대해서라면 믿음이 없는 사람이라 해도 우주에 대해서는 어떤 지적인 믿음을 가질 수 있다. 꼭 그렇다고 할 수는 없지만 가능하지는 않을까? 만약 그렇다면 그것을 학교에서 가르칠 수도 있지 않을까?

□ 1959년 6월 16일

1년 전, 나는 아이들의 두려움이 어떤 식으로 그들의 전략에 영향을 미치는지 궁금했다. 지난 1년 동안의 작업은 나에게 많은 것을 알려주었다. 대부분의 아이들이 쓰는 전략은 시종일관 자기중심적이고 자기 방어적이었는데, 무엇보다 말썽이 일어나는 것을 피하고, 창피, 처벌, 비난, 위신 추락을 모면하는 데 집중되어 있었다. 나는 문제를 받아드는 아이들의 얼굴을 보면 무슨 생각을 하고 있는지 읽어낼 수 있었다. 내 귀에는 거의 이런 소리가 들려올 지경이었다.

"내가 이걸 제대로 풀 수 있을까? 아마 아닐 거야. 이걸 못 풀면 무슨 일이 벌어질까? 선생님이 화를 내는 건 아닐까? 다른 아이들이 날 비웃겠지. 엄마, 아빠 귀에 이 일이 알려지면 어떻게 하지? 혹시 낙제를 하게 되는 건 아닐까? 아우, 나는 왜 이렇게 멍청한 거지?"

속삭임은 계속된다.

내가 할 수 있는 한 겁을 주지 않고 진행했던 작은방 수업에서조차 아이들의 모습을 보고 있노라면 놀라움과 어처구니없다는 생각을 떨쳐버릴 수 없었다. 아이들은 처음부터 방어벽을 치고, 미리 실패를 덮어서 무슨 일이 일어나든 자기들이 일을 잘 처리했다고 생각하고, 설혹 잘 못했을 때라도 다른 아이들보다 더 못 하지는 않았다고 생각할 수 있게 상황을 조작하려 한다.

"균형을 이룰 수도 있다고 생각해!"

아이들은 끊임없이 양다리를 걸친다. 아이들은 맹세나 확언으로 자신을 구속하기를 무서워한다. 이제 겨우 열 살인데. 많은 아이들이 관심을 두는 것은 오로지 점수 올리기이다. 스무고개 같은 놀이는 재미삼아 할 만도 하건만, 놀이를 할 줄 알든 모르든 무조건 점수를 올려 자신들이 그것을 잘 알고 있는 것처럼 보이고 싶어 한다.

이런 식으로 자기를 제한하고, 자기 패배를 불러오는 전략들은 무엇보다 두려움의 영향이 크다. 몇 년 동안 나는 어째서 지성 있는 아이들이 학교에만 오면 비지성적으로 행동하는지 자문해왔다. 가장 간단한 대답은 '아이들은 겁을 먹고 있다.'라는 것이다. 나는 아이들의 패배주의가 학교에서 나쁜 성적을 받기 때문이 아닐까 의심하곤 했다. 그리고 "계속 해! 넌 할 수 있어!"라는 기운찬 외침을 던지면 그런 두려움을 깨끗이 없앨 수 있을 거라고 생각했다.

이제야 나는 두려움이야말로 아이들의 지성을 파괴하는 주범이요, 아이들이 세상을 보는 시각과 생각하는 방식에 해로운 영향을 끼치는 메커니즘이라는 것을 알게 되었다. 그러니 우리에게는 하나가 아니라 두 개의 당면 문제가 있는 셈이다. 하나는 아이들이 겁을 먹지 않도록 하는 것이고, 다른 하나는 두려움이 몰고 가는 나쁜 사고 습관으로부터 아이들을 떼어놓는 일이다.

무엇보다 기가 막히는 것은 학교에 도대체 얼마나 큰 두려움이 팽배해 있는가 하는 것이다. 이 문제를 지적하는 사람이 이토록 적은 것은 무슨 이유일까? 대부분의 사람들은 멀거니 보면서도 아이들의 두려움을 알아채지 못하다가, 두려움의 징표가 어마어마하게 크게 나타날 때야 비로소 알아보는지도 모르겠다. 사람들은 아이가 큰 소리로 울부짖으며 엄마에게 매달릴 때는 무엇이 문제인지 안다. 하지만 희미하고 미묘한 두려움의 징조는 지나쳐버린다. 그러나 이 미묘한 징조들, 다시 말해 아이들의 표정과 목소리, 몸짓, 수업을 받고 있을 때 하는 행동들에서 나타나는 징조들은, 거의 모든 아이들이 학교에서 보내는 대부분의 시간 동안 겁을 먹고 있으며, 많은 아이들이 엄청난 공포에 질려 있다는 사실을 보여준다. 아이들은 훌륭한 군인들처럼 두려움을 다루고, 두려움과 함께 살아가고, 두려움에 자신을 적응시킨다. 하지만 학교와 전장은 다르다. 아이들이 두려움에 적응하는 것은 아이들의 지성과 재능에 엄청나게 파괴적인 영향을 끼친다. 전장에서야 겁에 질린 병사가 최상의 병사일지 모르지만, 겁에 질린 학생은 언제나 가장 열등한 학생일 뿐이다.

__우리가 함께 일하던 초창기에 빌이 이런 말을 한 적이 있다.

"우리는 아이들 앞에서 바꿔치기를 해도 표시가 안 나는 사람이 되어야 하네."

말하자면 우리는 아이들에게 빌 헐이나 존 홀트라는 어떤 개인으로 보여서는 안 되고, 우리가 이래야 한다고 결정한 어떤 교사로 보여야 한다는 말이었다. 그러나 곧 그런 일은 가능하지 않다는 것을 알았다. 우리는 서로 아주 다른 사람들이었고 (어떤 점에서는 우리가 그때 알고 있었던 것보다 더 달랐다.) 우리를 알 수 없는 인물로 꾸민다면 모를까 서로 같은 종류의 사람으로 가장할 수는 없었다. 하지만 알 수 없는 인물로 가장된 인간이란 아이들에게는 엄청나게 겁나는 존재일 수밖에 없다.

한 친구의 얘기가 생각난다. 그녀와 그녀의 네 살짜리 딸 사이에 있었던 일이다. 그 집에는 주말이면 아무 때고 일어나고 싶을 때 일어나도 괜찮지만, 엄마가 일어나기 전까지는 조용히 해야 한다는 규칙이 있었다. 어느 일요일 친구가 매우 피곤해서 평소보다 더 늦게까지 자고 있었다. 얼마 동안 조용히 있던 딸애는 시간이 흘러도 엄마가 일어나지 않자 엄마랑 같이 놀고 싶어지기 시작했다. 그 아이는 장난감을 떨어뜨린다든가, 서랍을 큰 소리로 열었다 닫았다 해서 우연한 소음을 내기 시작했다. 이 소리에 잠이 깬 친구는 자기가 계속 침대에 누워 있으면 아이가 포기하고 내버려둘 거라고 생각하고는 계속 자는 척을 했다.

시간이 더 흐르자 마침내 더 이상 참을 수 없게 된 아이는 침대로 가서 엄지손가락과 집게손가락으로 엄마의 한쪽 눈을 살짝 연 다음 눈 안을 들여다보며 속삭였다.

"엄마 그 안에 있어?"

우리 눈을 들여다보는 아이들은 우리가 정말로 그 속에 있는지 알고 싶어 한다. 아이들에게 우리 눈을 보지 못하게 하거나, 눈 속을 들여다보았는데 알 수 없는 사람으로 보인다면 아이들은 당황하고 겁을 먹을 것이다. 그런 어른들이 주변에 깔려 있으면 아이들은 세상에 대해서 뭔가를 배우는 대신 그런 어른들에 대해서 생각하거나 다음에는 어떻게 해야 할지를 생각하는 데 온 시간과 에너지를 써버릴 것이다.

여기에 모순이 있다. 많은 어른들이 진짜 자기는 변화무쌍하고 변덕스러운 사람이기 때문에 아이들에게 예상 가능하고 일관성 있게 보이기 위해 원래 자기 모습을 숨기고 이상적인 '교사'의 모습으로 가장한다고 말할 것이다. 변덕스럽고 예측할 수 없는 사람을 상대하는 것은 아이들에게 너무 어렵다. 그러니 꾸며서 만들어 법칙대로 행동하는 인물, 그리하여 완전히 예측 가능한 그런 인물을 보여주겠다는 것이다.

하지만 이런 의도는 아이들에게 완전히 반대로 작용한다. 아이들은 너무나 운이 없어서 전형적인 부모상(이런 부모들이 점점 더 많아지는 풍조다.)을 보여주는 어른들과 한 집에 살지 않는 한, 보통은 변덕스럽고 이랬다저랬다 하는 어른들과 함께 사는 데 익숙하다. 그리고 날카로운 관찰력과 예민한 정신력으로 이 덩치 큰 이상한 존재들의 행동을 예측해내는 법을 익히고, 그들이 보여주는 어지러운 신호들을 읽어낸다. 아이들은 같이 살고 있는 어른들의 복잡다단한 감정 상태를 자기들의 방이나 집, 또는 뒷마당이나 거리만큼 잘 알고 있다. 하지만 스스로를 기계처럼 바꾸어놓으려 하는 어른들을 상대하는 일은 눈을 가리고 짙은 안개 속을 헤치고 가는 것이나 다름없다. 바로 눈앞에 길이 있지만 알아볼 수가 없는 것이다.

그해 말 아이들과 아주 친해졌을 때, 아이들 중 하나가 자기는 내가 언제 '화를 내기' 시작할지 알아맞힐 수 있다고 했다. 어떻게 그럴 수 있느냐고 묻자 그 아이는 얼굴을 살짝 찡그리며 말했다.

"음, 그건요. 선생님은 화가 나면 이마가 오렌지 비슷하게 바뀌거든요."

오렌지라, 나는 속으로 중얼거렸다. 그러자 어린 시절의 기억이 떠올랐다. 나와 내 여동생도 그 아이들만 할 때 어머니의 이마를 보고 어머니가 화가 났는지 어떤지 알아차릴 수 있었다. 피부색이 변한 건 아니지만 이마가 딱딱하고 팽팽하게 당겨진 모습은 조심하라는 경고였다. 이 아이들을 가르칠 무렵 나는 이미 이마가 벗겨진 데다 밝은 피부색을 하고 있었다. 그래서 아이들은 그 날카로운 눈으로 매우 희미한 색깔의 변화를 알아챔으로써 내가 화가 나기 시작했다는 것을 알았던 것이다.

아이들은 우리가 정한 규칙보다 이런 미묘한 인간적 징후와 신호를 훨씬 더 잘 간파하고 이해한다. 어차피 그런 규칙은 우리 어른들조차도 지키지 못한다. 나중에 맡았던 5학년 교실에서는 아이들이 너무 시끄럽게 떠들어서 내가 짜증이 나기 시작하면, 아이들 중 한 명이 경고 신호를 보내곤 했다.

"저것 좀 봐! 선생님이 Q를 띄우려나 봐!"

아이들이 틀리는 경우는 거의 없었다. 웃지 않을 수 없는 노릇이었다. 교활한 꼬마 악당들 같으니라고! 간혹 내가 너무 지쳐 있거나 기분이 언짢거나 혹은 몸이 불편해서 아이들이 어쩌든 그냥 내버려둘 때도 있었다. 그러면 아이들은 내가 굳이 말하지 않아도 그런 신호들을 읽고 평소보다 조용히 해서 나를 힘들지 않게 하려고 노력하곤 했다.__

□ **1959년 8월 12일**

오늘 아침 공원에서 어린이 콘서트가 있었다. 공연이 끝나갈 무렵 한 10미터 정도 떨어진 곳에 정신지체아로 보이는 여자아이가 앉아 있는 것이 눈에 띄었다. 아이의 옆에는 중산층으로 보이는 매력적인 모습의 아이 어머니와 다른 여성 한 명이 앉아 있었다. 아이는 열세 살 정도로 보였다. 그 아이는 샌드위치와 우유를 먹고 있었는데 그 모습이 내 눈길을 끌었다. 그 아이는 샌드위치를 한입 베어 물고는 천천히 씹으면서 샌드위치를 무릎에 내려놓았다. 그런 다음 조심스럽게 우유갑을 들어 올려서 빨대를 정확히 중간에 꽂은 다음 조심스럽게 빨아먹었다. 우유갑을 어찌나 조심스럽게 다루던지 그 안에 니트로글리세린이라도 들어 있는 것 같았다. 그 아이는 옆에 앉은 여성과 얘기를 나누느라 딸에게는 신경 쓸 겨를이 없어 보이는 자기 어머니를 잠깐 잠깐 말없이 돌아보곤 했다. 나중에 가서야 나는 그 아이가 그렇게 돌아본 이유는 자기가 제대로 행동하고 있는지 확인하기 위해서라는 것을 깨달았다.

아이를 처음 보았을 때 나는 큰 충격을 받았다. 중증 정신지체아들에게서 흔히 볼 수 있는 일이지만 얼굴이 심하게 일그러져 보였기 때문이다. 입이 밑으로 처져 있다는 것만 빼면 아이의 이목구비에는 큰 결함이 없었는데도 그랬다. 아이는 조금 창백하기는 했지만 혈색도 괜찮았다.

아이와 그 어머니를 향한 연민과 충격이 너무 커서 다른 생각을 할 수 없었다. 나는 안 보는 척하면서 그들을 관찰했다. 아이는 샌드위치와 우유에 정신이 팔려서 내가 보고 있다는 것을 알아차리지 못했다. 그렇게 바라보고 있노라니 곧 재미있는 일이 일어났다. 오케스트라가 아이가 알아들을 리 없는 곡을 연주하다가 끝나갈 시점에 이르자, 아이는 샌드위치를 내려놓고 오케스트라를 바라보더니 박수를 치려고 준비하는 듯 양손을 치켜들었다. 잠시 후 연주가 끝나고 다른 사람들이 박수를 치자 그 아이도 박수를 치기 시작했다.

콘서트가 끝나고 지휘자가 의례적인 인사말을 하기 시작했다.

"여러분, 와주셔서 정말 감사합니다. 내년에도 다시 찾아주십시오."

그러자 그 아이는 어색하게 미소를 지으며 한쪽 팔을 뻣뻣이 쳐들었다. 나중에야 나는 그게 작별 인사의 제스처라는 것을 깨달았다. 아이는 작별 의식을 행했던 것이다. 사람들이 헤어질 때는 작별 인사로 손을 흔든다. 그래서 오케스트라가 떠나는 것을 보고 손을 흔든 것이다. 오케스트라와 무슨 교감을 나누어서가 아니라 그렇게 하도록 훈련을 받았기 때문이었다.

아이의 어머니와 어머니의 친구가 계속 뭔가를 먹으며 잡담을 나누는 동안 나는 나무 그늘 아래로 자리를 옮겨 앉았다. 그곳에서는 눈에 띄지 않고 관찰하기가 쉬웠다. 그때 한 친구와 나누었던 대화가 떠올랐다. 기형아 영아 살해가 정당한가에 대한 이야기였다. 친구는 가끔 그 문제를 생각해본다고 했다. 자기라면 사고사처럼 보이도록 기형으로 태어난 아기의 얼굴을 베개에 파묻은 채 내버려둘 수도 있을 것 같다는 것이었다. 그 친구에게 아기 엄마가 그런 짓을 하는 데 동의할 것 같으냐고 물었다. 우리 둘은 엄마라면 절대 그런 짓을 하지 않을 거라는 점에서 의견의 일치를 보았었다.

_슬프다, 무식하고 순진했던 우리들. 나는 이제 수천, 아니 수만 명의 엄마들이 자신의 고통과 좌절 때문에 기형이 아닌 아이들에게도 그보다 훨씬 더한 짓을 저지르고 있다는 사실을 알게 되었다._

그때 그 친구는 아이에게나 어머니에게나 너무 끔찍한 일이기 때문에 그런 아이들은 죽는 편이 더 낫다고 말했었다.

나는 한동안 그 대화를 생각하다가 다시 눈앞의 여자아이에 대한 생각으로 돌아왔다. 저 아이는 왜 저토록 보기가 흉할까? 정신 장애가 있는 아이들을 그렇게 보이게 하는 요인은 뭘까? 우리가 인간적 특징이라 생각하는 것과, 인간의 모습을 하고 있긴 하지만 그 특징이 결여된 사람 사이에 드러나는 대비 때문일까? 그때 내 머릿속에 하나의 문장이 떠올랐다. '인간이란 대체 무엇인가를 생각하기 위해서는 보통 인간보다 못한 사람을 보아야만 한다.'는.

그러나 동물의 예에서 보듯 인간보다 못하다고 해서 꼭 흉하게 보이는 건 아니라는 생각이 들었다. 나는 순간 아이를 이처럼 비정상적으로 보이게 만든 요소를 동물이 갖고 있다면 그 동물 역시 끔찍해 보일 거라는 것을 깨달았다. 정신이 나갈 정도로 겁을 먹은 개는 꼬리를 다리 사이에 말아 넣고, 어깨 너머를 힐끔거리고, 살금살금 걷고, 조그만 소리에도 펄쩍 뛰고 꽁무니를 뺀다. 그런 개의 모습 역시 혐오스럽다. 그 아이를 보기가 불편했던 것은 아이가 정상적인 인간보다 모자라기 때문이 아니라 정상적인 동물보다 모자라기 때문이었다.

_그때부터 지금까지 수많은 정신지체 아동들과 어른들을 보아왔다. 그들은 모두 그때 그 아이와 똑같이 수치와 불안과 두려움에 절어 끔찍한 표정을 짓고 있었다._

어떤 아이를 정신지체라고 할 때 그 말이 뜻하는 바는 무엇일까? 아마 그 아이의 감정 상태나 정신 상태가 아주 어린 아이들과 비슷하다는 뜻이 아닌가 한다. 하지만 나이 어린 꼬마들이 풀밭에서 뛰어다니며 놀고, 꿈에 잠기고, 이야기를 듣고, 치근대는 모습을 한 번이라도 본 사람이라면 정신 연령이 여섯 살인 지체아는 보통의 여섯 살짜리, 아니 세 살짜리 아이처럼도 보이지 않는다는 사실을 알 것이다.

이런 생각에 빠져들 무렵 아이의 어머니와 친구가 일어나더니 잔디밭을 가로질러 반대 방향으로 걸어가기 시작했다. 세 사람이 텅 빈 야외 음악당을 지나갈 때 아이가 다시 팔을 들어 뻣뻣하게 흔들었다. 그러자 그 어머니는 부드럽게 아이의 손을 잡아 내린 다음 꾸지람으로 느끼지 않도록 그 손을 잡은 채 잔디밭을 가로질러 갔다. 그 어머니가 딸의 손을 잡아 내린 것은 텅 빈 공간에 대고 손을 흔드는 것은 적절하지 못한 행동이기 때문이었다. 그건 나이가 더 어린 아이들이나 할 만한 행동으로 만약 좀 더 어린 아이들이 그랬다면 귀엽다고 칭찬해줄 수도 있었을 터였다.

정신지체아란 이런저런 이유 때문에 그 나이에 적절하다고 어른들이 생각하는 행동을 알아내고, 그대로 행동하는 요령을 익히는 데 늦은 아이들이라고 말할 수도 있겠다. 이런 아이들의 가정생활은 어떤 것일까? 머릿속에 한 편의 드라마가 펼쳐진다. 내 눈에는 그 아이가 몇 번이고 같은 행동을 하는 모습이 보인다. 아이의 행동은 그저 그 나이에 어울리지 않는 것일 뿐, 나쁜 것도 틀린 것도 아니다. 그런데도 아이는 그런 짓을 하면 안 된다고 번번이 제지당한다. 얼마나 혼란스럽겠는가? 무엇을 해야 되고 무엇을 하면 안 되는지 구별하는 것은 아이들에게는 너무 어렵다. 만지지 마! 도로로 뛰어들면 안 돼! 장 안에 들어가면 안 돼! 기타 등등. 이런 기다란 금지 목록에 정신지체아들의 행동을 제지할 때 항상 따라붙는 "너는 그런 짓을 하기에는 나이가 너무 많아!"라는 말까지 덧붙인다면, 그 아이들의 판단 능력과 세상에 대한 믿음이 몽땅 무너져 내리리라는 것은 불을 보듯 뻔하다.

정신지체아란 태어나는 것이 아니라 만들어진다는 것이 내 생각이다. 아니, 차라리 이렇게 말하고 싶다. 이 아이는 실제로는 정신지체아화 되어버렸다고.

_나는 당시에도 많은 정신지체아들이 실제로 그렇게 태어난다기보다는 만들어지는 게 아닌가 생각했는데 지금 그 생각은 더욱 확고해졌다. 그 과정은 이렇다. 우선 평범한 발달 과정을 따르지 않는 아이들은 '진단'을 받고, 뭔가 하자가 있다는 딱지가 붙여진다. 그리고 그런 딱지가 붙은 아이들은 보살핌과 치료라는 이름 아래 정신지체아로 다뤄진다. 그리하여 아이는 자신을 장애아로 여기도록 배우고, 점점 더 전문가들이 말하는 대로 변해간다.

몇 년 전 뉴욕 주 서부의 한 공립 초등학교에서 일하는 훌륭한 여교사 한 분을 만났다. 그녀가 맡은 반에는 달리 갈 데가 마땅찮아 그 반에 배정된, 정신지체 '딱지'가 붙은 남자아이가 한 명 있었다. 그 아이는 완전히 방치되었는지 말할 수 없이 불결했고, 심각한 영양실조 상태였으며 수치심과 두려움에 절어 있었다고 한다. 여교사는 아이에게 당장 필요한 것들을 해결해준 후에 마음으로부터 우러난 관심과 스킨십, 정신적인 도움 같은 훨씬 더 필요한 것들을 채워주었다. 흔히 있는 일이지만 친절한 보살핌을 받은 아이는 놀라운 변화를 보였다. 그동안 학교에서 아무것도 배우지 못했던 그 아이는 1년 만에 5년 동안 배워야 할 것들을 모두 습득하고 자기 학년을 따라잡았다.

이렇게 되자 그 교사는 아이의 생활기록부에 책임을 질 만한 사람들을 찾아가 '정신지체'라는 딱지를 떼어내려고 했다. 그 교사는 아이가 5년 이상의 학습 과정을 1년 만에 끝냈다는 증거를 보여주었을 뿐 아니라, 아이의 뛰어난 지성과 능력을 나타내는 다른 증거들도 제시했다. 그녀는 전문가들이 "좋아요! 이 학생은 정신지체는커녕 매우 훌륭한 학생이로군요. 이런 소식을 듣다니 정말 기쁜 일입니다! 당장 기록부를 수정하지요."라고 말할 거라고 믿어 의심치 않았다. 하지만 결과는 실망스러웠다. 전문가들은 본분대로 그 아이를 옹호하고 도와주기는커녕 판단을 잘못 내린 다른 전문가를 옹호했다. 그들은 그 아이에게서 정신지체아 딱지를 떼는 것을 거절했다. 그 교사는 1년이 넘도록 애를 썼지만 그때마다 전문가들은 그녀가 무언가 잘못 알고 있는 것이 분명하며, 그런 꼬리표를 붙인 사람이 누구건 잘못된 판단을 했을 리 없다고 말할 뿐이었다.

그 교사는 그 아이의 가족이 다른 도시로 이사를 갔지만 자기가 그곳의 교육 당국에 아이가 해낸 일에 대해서 편지를 보냈고, 앞으로도 계속 편지를 쓸 것이기 때문에 그들이 아이를 또다시 지진아 반으로 보내지는 않을 거라고 말했다. 결과가 어떻게 되었는지는 모르겠다.＿

내가 이상하게 생각하는 것은 만약 IQ 검사가 사람들의 학습 능력을 개략적으로나마 잴 수 있다면, 어째서 IQ가 50인 아이들은 시간이 지나도 조금이나마 정상적이고 쓸 만한 사람이 되지 못하는가 하는 점이다. 지식과 이해력의 관점에서 보면 대개의 어른들은 열두 살짜리 아이들보다 나을 것도 없다는 말이 있다. 나는 지능을 측정하는 시험이나 검사에 회의적인 생각을 품고 있긴 하지만, 이 말은 어느 정도 진실을 반영하고 있는 것처럼 느껴진다. 열두 살짜리 지능을 가진 사람이 나이가 들수록 세상에 대해 더 많을 것을 배울 수 있다면, IQ 50인 아이들이 스물다섯 살 정도가 되었을 때 대중의 수준을 따라잡지 못할 이유가 없지 않은가? 그 아이들에게 도대체 무슨 일이 일어나기에 자기들은 결코 보통 사람들을 따라잡지 못할 거라고 믿게 되는 것일까?

_이제는 더 이상 IQ 검사가 '우리들의 배우는 능력을 대략적으로나마 잴 수 있다.'고 믿지 않는다. IQ 검사가 잴 수 있는 것은 어떤 특정한 일을 배우는 능력이고, 그것들은 대부분 중산층 이상의 아이들이 배워서 하게 되는 일들이다. IQ 검사는 짧은 시간 안에 특정한 수수께끼를 푸는 능력을 잰다. 보통 그것은 아주 좁은 범위에 한정된 상징적인 문제들이다. IQ 검사는 화이트헤드가 말한 지성의 가장 중요한 측면, 즉 좋은 질문을 던질 수 있는 능력, 물을 만한 가치가 있는 질문을 판단하는 능력을 측정하지 않고, 측정할 수도 없다. 또한 복잡하고 어려운 문제를 긴 기간에 걸쳐 해결해나가는 능력도 측정하지 못한다. IQ 검사에 내재된 심각한 문화적 편견은 제쳐놓더라도, IQ 검사는 인간이 지닌 거대한 지적 능력 중에서 기껏해야 사소한 일부만을 잴 수 있을 뿐이다.

그래서 나는 어떤 아이를 두고 '정신지체아'라고 말하는 사람이 있으면 "어떻게 그걸 알죠? 증거라도 있나요?"라고 묻는다.

내가 아는 어떤 아이는 세 살이 될 때까지 걷지도 못하고, 말도 못했다. 다섯 살이 지나서도 가족 말고는 그 아이가 하는 말을 거의 알아들을 수 없었다. 하지만 그 아이는 특별한 치료를 받지 않고도 아주 짧은 시간 안에 청산유수의 이야기꾼이 되었고, 지금까지 본 아이 중 가장 뛰어난 운동가가 되었다.

우리가 잘못을 저지르는 데는 언어의 잘못된 사용에도 원인이 있다. '정상적normal'이라는 말은 '대체로 그렇다'는 의미인데 이것이 '올바른', '딱 맞는', '바람직한' 등등의 의미로 변질되는 것이다.＿

도대체 무엇이 단지 하는 행동에 비해 몸집이 클 뿐인 그 소녀를, 보기에 딱할 정도로 두려움과 긴장에 사로잡힌 괴물처럼 보이게 하는 것일까?

나는 그 아이가 자기 나이의 절반 정도 되는 정상적이고 건강한 아이처럼 행동했다면 보기가 훨씬 좋지 않았을까 하는 생각을 했다. 그리고 그 아이가 여섯 살짜리 아이처럼 콘서트 장에서 뛰어노는 모습을 떠올려보았다. 그러자 곧 나이와 어울리지 않는 그 행동이 주위 사람들에게 불러일으킬 불편한 감정, 엄청난 공포와 혐오감이 느껴졌다. 우리가 정신지체아에게서 보게 되는 긴장은 그들이 자연스러운 행동을 하지 못하게 금지당했기 때문이라기보다는 그들의 적절치 못한 행동이 주위 사람들, 특히 부모에게 불러일으키는 불쾌감과 공포 때문일 경우가 많은 것 같다. 정신지체아든 아니든 누구나 이런 느낌을 알아채고 그 느낌의 정체를 깨닫기 때문에 그 어떤 벌보다도 더 끔찍한 영향력을 발휘하는 것이다.

정신지체아들이 받는 훈련의 많은 부분은 그들의 상태를 숨기고, 원래 모습보다 똑똑하게 보이도록 하는 게 목적임에 틀림없다. 정신 연령이 여섯 살인 아이가 열두 살짜리 아이의 역할을 하도록 강요받는 것이다. 오늘 아침에 보았던 아이, 우유를 엎지르지 않는 데 모든 주의력을 집중하던 그 아이처럼 (여섯 살짜리 아이라면 뭔가를 엎지른다고 해서 마음을 쓰지는 않을 것이다.) 정신지체아는 자신의 행동 하나하나를 의식해야만 한다. 그 아이들은 자신의 삶을 역할 놀이 속의 주인공처럼 연기해야만 한다. 자기가 아닌 다른 사람으로 가장한 채 정해진 방식대로 걷고, 말하고, 휘파람 불고, 긁적거리고, 움직여야 한다는 걸 끊임없이 기억하고 있어야 한다. 혹여 그 역할을 잊어버리기라도 하면 그 즉시 붙잡혀 처형되는 그런 게임 속에서 살아야 하는 것이다. 이는 철저히 훈련받고, 경험도 풍부하고, 자신감 있는 어른들이 아니라면 누구라도 정신이 붕괴되어버릴 일이다. 하물며 훈련도 받지 못하고 두려움에 떠는 아이, 더구나 사람들이 자기를 어떻게 생각하는지 너무도 잘 감지하고 있는 아이가 감당하기에 너무 가혹한 일이다. 훈련받은 배우나 간첩도 가끔은 휴식을 갖는다. 하지만 열두 살짜리 아이의 역할을 해내야 하는 정신 연령 여섯 살짜리 아이에게는 휴식이라고는 없다.

정신지체아에게는 너무도 자연스러운 행동에 대해 어른들이 보이는 과민한 반응이 그저 발달이 늦은 아이들을 겁에 질린 괴물로 바꾸어버리는 것이라면 우리는 어떻게 해야 할까? 해도 되는 행동과 해서는 안 되는 행동 사이에 어떤 선을 그어야 할까? 그 선을 긋지 않고 아이들이 배울 수 있는 길은 무엇일까? 정상아와 정신지체아의 가장 큰 차이점 가운데 하나는 정상아는 나쁜 행동을 하면 벌을 받지만 지체아는 벌 대신 멸시를 받는다는 점이다. 멸시는 벌보다 훨씬 나쁘다.

'나쁜' 행동을 하는 아이들에게 어른들이 보이는 이런 식의 과민 반응이 비행 청소년들을 만들어낸다는 말은 어떤가? 언젠가 보스턴의 한 공원을 거닐다가 침 뱉기 시합을 하는 소년 두 명을 보았다. 대부분의 어른들은 그런 시합을 한다는 자체를 참을 수 없어 한다. 어른들은 왜 그렇게 침 뱉기에 민감할까? 어쨌든 나는 그 행동이 별로 거슬리지 않았기 때문에 누가 이기는지도 보고 다른 행인들의 반응도 관찰할 겸 가까이 다가갔다. 그때 두 녀석 중 작은 녀석이 나조차도 도저히 봐줄 수 없는 행동을 하기 시작했다. 다른 아이에게 침을 뱉기 시작했던 것이다. 그다지 조준 능력이 뛰어나지 못해서 맞히지는 못했지만, 나는 그 아이의 행동에 충격을 받았다. 녀석의 목소리가 내 신경을 더욱 긁었다. 언제든 싸울 태세가 되어 있다는 듯 거칠고, 신경질적이고, 귀에 거슬리는 새된 목소리였다. 그때 내가 지켜보고 있다는 것을 알아차린 한 녀석이 시비를 걸어왔다.

"어이, 아저씨, 집에 가게 돈 좀 줘요."

나는 더 이상 상대하고 싶지 않아서 다른 쪽으로 걸어가버렸다. 그렇게 반응한 게 유감스럽긴 했지만, 같은 일이 다시 일어나도 아마 똑같은 반응을 보일 것이다.

이 소년도 마찬가지겠지만, 세상에는 자신들의 행동이 어른들에게 불러일으키는 충격과 혐오감에 전혀 다른 종류의 반응을 보이는 아이들이 있다. 저 불쌍한 정신지체 소녀보다 훨씬 성질이 드센 이 아이들은 어른들에게 혐오감을 주는 행동을 피하려고 애쓰며 스스로 불안에 떨기는커녕, 오히려 공포를 불러일으킬 방법을 찾는다. 이런 아이들은 충격과 혐오감을 일으키는 자신들의 능력을 다른 사람들을 지배하는 힘이라고 여긴다.

아이들의 행동을 심하게 비난하는 것이, 한편으로는 신경증 환자를 만들고 다른 한편으로는 반사회적인 테러리스트를 만든다면 우리는 어떻게 해야 하는 것일까? 아마도 두 유형의 아이들 모두에게 스스로 두려움에 빠지거나 다른 사람들에게 공포심을 불러일으키는 것보다 훨씬 흥미로운 일에 자신의 능력을 발휘할 수 있도록 해줘야 할 것이다. 결코 쉽지는 않겠지만 이것이야말로 우리가 해야 할 일이 아닐까.

□ **1959년 10월 3일**

어제 파크 스트리트로 가는 지하철에서 세 명의 소년을 보았다. 그 아이들은 엄청나게 시끄럽게 떠들어대는 데다 야비하기까지 했다. 실제로는 비행 청소년이 아니었는지도 모르지만 꼭 그렇게 보였고, 분명 다른 사람들이 그렇게 봐주길 바라는 것 같았다. 생각지도 않게 목격한 그 모습은 충격적이었다. 그 아이들은 우리가 보통 생각하는 사람들과는 거리가 멀었는데 차라리 야생 동물에 가까웠다. 그 아이들은 도저히 구제할 길이 없어 보였다. 그 지하철에 타고 있던 사람들은 안절부절못하면서 분노의 기운을 내뿜고 있었는데, 아이들은 그 낌새를 알아챘을 뿐더러 대단히 즐기는 듯했다. 스커트나 코트 자락을 여미는 사람들의 모습에서 분노와 혐오감을 그대로 엿볼 수 있었다.

나는 그 아이들을 관찰하기 시작했다. 지하철 안의 사람들에게 충격을 주는 말이나 행동을 한 아이는 자기가 동료들의 찬동을 얻고 있는지 확인하기 위해 불안한 눈으로 다른 아이들의 얼굴을 재빨리 훑어보왔다. 그러면 다른 아이가 그 아이를 뛰어넘겠다는 듯 훨씬 더 시끄럽고 야비하게 설쳤고, 역시 패거리의 찬동을 구했다. 갑자기 모든 것이 분명해졌다. 이 아이들은 외롭고, 불안하고, 겁을 먹고 있구나! 잠시 동안이라도 자기 패거리의 지지를 받을 수 있다면 무엇이든지, 정말로 무엇이든지 할 준비가 되어 있구나! 그 아이들은 서로에게서밖에는 안전함을 구할 데가 없었지만, 너무도 불안한 나머지 서로를 안심시켜줄 여유가 없었다. 한 명이 농담을 던지면 다른 두 명 중 한 명이 웃어젖히긴 했지만, 이번에는 자기 쪽에서 그 아이의 웃음을 받아낼 짓을 해야 했기 때문에 그 웃음도 짧기 그지없었다. 아이들의 서로에 대한 지지는 거의 즉시 서로에 대한 시기심으로 변질되어버렸다.

아이들이 서로에게서 얻는 짧고 불안하기 그지없는 지지 말고 그들의 자존심과 자부심을 채워주는 게 무엇이 있었던가? 오직 아이들을 둘러싸고 있는 사람들이 보여주는 명백한 비난, 거의 두려움에 가까운 비난뿐이었다. 사람들이 자기를 좋아하게 만들지 못한다면 두려워하게 만드는 것도 능력이다.

『흔들리는 세대The Shook-Up Generation』를 쓴 해리슨 솔즈베리 Harrison Salisbury는 기자의 입장으로, 『냉혹한 세계The Cool World』를 쓴 워렌 밀러Warren Miller는 소설가의 눈으로 각각 비행 청소년들의 세계를 묘사한다. 두 사람이 그려내는 세계를 보면, 가장 굳게 결합된 거리의 깡패들이라 해도 그들 사이에는 우정이라고 부를 만한 감정은 거의 없다. 깡패들은 불안한 동맹자 이상의 그 무엇도 아니다. 그들은 한편으로는 바깥세상에 대한 두려움 때문에, 다른 한편으로는 세상 누구도 자기들에게 쥐꼬리만 한 관심도 가져주지 않을 거라는 어떤 확신 때문에 서로 뭉쳐 있을 뿐이다.


□ 1959년 12월 14일

작년에 개리는 고의로 성공의 세계에서 실패의 세계로 되돌아가곤
했다. 성공의 세계는 새롭고 달콤한 보상을 주기는 하지만 체질에 맞
지도 않고 눈에 보이지 않는 위험을 내포하고 있는 반면에, 실패의 세
계는 비록 행복하지는 않더라도 적어도 고향처럼 편안한 느낌을 주
기 때문이 아니었을까? 오늘 나는 왜 일부 아이들이 학교에서 (심지어
는 인생에서조차) 구제불능일 정도로 완전한 실패를 전략으로 사용하
는지 분명히 알게 되었다.

트루디는 똑똑하고 우스운 짓을 하는 데 일가견이 있는 우리 교실의
괴짜다. 하지만 학교 성적은 아주 형편없는데, 그중에서도 철자법이
가장 골칫거리다. 받아쓰기 성적은 3학년 평균에도 훨씬 못 미친다.
가을 학기가 시작된 후에도 한동안 그 아이의 철자법은 나아질 기미를
보이지 않았다. 나는 여러 가지 시도와 실패를 거듭한 끝에 마침내 아
무리 형편없는 아이라도 도움이 될 만한 방법을 하나 고안해냈다. (내
가 익힌 온갖 교수법들은 모두 소위 열등한 아이들로부터 배운 것이다.)

어떤 아이가 단어의 철자를 잘못 옮겼다 하자. 그러면 나는 3×5인
치짜리 카드에다 매직펜으로 그 단어의 철자를 써서 아이들이 순간
기억력 측정기로 사용하게 했다. 단어가 쓰인 카드를 덮은 백지를 재
빨리 들어 단어를 살짝 엿보게 한 다음, 아이들에게 그 단어의 철자를

물어보는 것이다. 원한다면 몇 번이든 카드를 볼 수 있지만, 시간은 아주 짧게 한다. 이것은 아이들이 머릿속에서 철자를 발음해본 다음 자기들이 '소리 냈던 것을' 기억해내려 하는 것을 막아준다. 나는 아이들이 두 눈으로 단어의 모양을 알아보고, 그런 다음에는 마음의 눈으로 그 단어의 모양을 기억해내기를 바랐다.

물론 철자법이 서툰 아이 앞에는 카드가 무더기로 쌓인다. 나는 아이들에게 만약 기습 시험에서 정확하게 철자를 대면 그 카드는 빼버리겠노라고 말했다. 아이들은 모두 철자 카드가 줄어드는 걸 좋아하는데, 항상 그 생각을 하고 있는 듯했다.

오늘 나는 트루디에게 기습 시험을 보게 했다. 놀랍게도 트루디는 스물다섯 개의 단어 중 스무 개를 맞혔다. 하지만 그 무엇보다도 놀라웠던 것은 트루디가 이런 멋진 성과를 내고도 기쁘고 만족스러워 보이기는커녕 불안한 눈빛을 하고 있었다는 점이었다. 나는 속으로 생각했다. '철자법을 더 잘 알게 되면 이 녀석에게 위험이라도 닥친다는 걸까. 아니 대체 무슨 위험이길래?'

그리하여 나는 꾀병, 무능력, 무기력 전략이 아이들의 마음을 끄는 이유를 알게 되었다. 그 이유는 이렇다. 우선 어른들이 아이들이 아무것도 할 줄 모른다고 생각한다면 큰 기대를 하지 않을 것이고, 그렇게 되면 시킨 일을 해내지 못한다고 해서 아이를 비난하거나 벌주지 않을 것이다. 속으로 중얼거리는 트루디의 애처로운 목소리가 내 귀에 들리는 것 같았다.

"어우, 이제 선생님은 내가 항상 철자를 제대로 댈 수 있다고 생각할 거야. 그러니 틀렸다가는 엄청나게 혼이 나겠지."

어른들의 인정을 받는 데 신경이 곤두서 있는 아이들의 경우, 완벽하게 성공하지 못할 바에는 차라리 완벽하게 실패해버리는 쪽을 택하는 것 같다. 아이들에게 우리가 원하는 행동을 하도록 하기 위해 인정 요법을 쓴다면 결국 아이들의 고의적인 실패를 조장하는 꼴이 될 것이다.

내가 알고 지내던 열여섯 살짜리 남자아이가 생각난다. 아버지의 높은 기대를 만족시킬 자신이 없던 그 아이는 아예 어떤 기대도 채워주지 않기로 했다. 아이의 아버지는 집안의 기둥과도 같은 존재였고 무슨 일이든 뛰어난 사람이었다. 결국 아들은 바람둥이에 주정꾼이 되었다. 어느 날 밤, 그 아버지는 술에 잔뜩 취한 아들이 파티장 한가운데 혼자 나와 우스꽝스럽게 탱고를 추는 모습을 목격하게 되었다. 주위에 모여 있는 사람들은 아들의 모습을 보고 웃으며 환호를 보내고 있었다. 이런 생각이 번개처럼 내 머릿속을 스쳐 지나갔다.

'그래, 저게 바로 당신 아들이 당신보다 잘할 수 있는 일이겠군요.'

알코올중독자들이 사실은 능력이 아주 뛰어난 사람들일 수도 있다는 설이 있다. 다만 스스로 설정한 높은 기준에 도달할 능력이 없다고 생각하고 노력할 엄두를 안 내는 사람일 뿐이라는 것이다. 술에서 도피처를 찾는 알코올중독자들처럼 아이들 역시 희망이라고는 없는 무능 속에서 어떤 도피처를 발견하는 게 아닐까? 아니면 최소한 발견하고 싶은지. 어떻게 이 아이들이 반복하고 있는 이 습관적 실패를 걷어차버리게 할 수 있을까? 실패자 치료협회라도 결성해야 하지 않을까?

무능은 또 다른 이점도 있다. 무능력은 다른 사람들이 우리에게 갖는 기대와 요구를 축소시킬 뿐 아니라, 우리가 스스로에게 갖기 마련인 기대와 희망도 축소시켜준다. 만약 우리가 실패에 맛 들인다면 최소한 한 가지는 확실해진다. 우리는 결코 실망하지 않을 것이다. 속담에도 있지 않은가. 마룻바닥에서 자면 침대에서 굴러 떨어질 일은 없다고.

## □ 1960년 1월 3일

아이들이 무서움을 타니까 옛날이야기를 읽어주지 말라는 사람들도 있다. 하지만 옛날이야기가 죄다 사라진다 해도 아이들의 삶은 이미 두려움으로 가득 차 있다. 아이들은 저 원시인들과 마찬가지로 자기들 힘만으로는 절대 이해할 수 없는 세계 속에서 살고 있다. 옛날이야기는 신화와 제례의식, 신앙 등이 옛사람들에게 해주었던 것 같은 역할을 아이들에게 해줄 수 있고, 또 실제로 여러 해에 걸쳐 그런 역할을 한다. 아이들의 두려움에 이름과 정체성을 부여해서 그것들을 다루고 추방할 수 있는 실마리를 주는 것이다. 알 수 없는 어떤 것에 대한 두려움을 귀신, 마녀, 식인귀, 거인, 도깨비 같은 것에 대한 두려움으로 바꿀 수 있는 아이는 그런 것들이 실제로는 존재하지 않는다는 것을 알고, 그 두려움으로부터 자신을 해방시킬 줄도 안다. 아니면 적어도 두려움을 다루거나, 자신이 두려워하는 것을 대면하고 그 정체가 무엇인지를 생각하는 훈련을 해나갈 수 있다.

내가 알고 있는 네 살짜리 꼬마는 자기 얘기에 귀를 기울여주는 사람이 있으면 자기가 만들어낸 '퓨마 잡아먹는 괴물' 이야기를 끝도 없이 들려주곤 했다. 아이가 처음 시작한 이야기는 퓨마에 대한 것이었다. 그 아이가 상상할 수 있는 가장 사나운 동물이 퓨마였기 때문이다. 그런데 진짜 퓨마에 대해 많은 것을 알게 되자, 퓨마는 자기가 원하는 만큼의 두려움과 공포를 줄 수 있을 정도로 거대하지도, 끔찍하지도 않다고 생각하게 되었다. 하지만 퓨마를 잡아먹는 뭔가가 있다면! 그 정도라면 욕구를 채워주고도 남지 않겠는가! 게다가 이 괴물은 보통 괴물이 아니었다. 그 괴물은 퓨마만 잡아먹는 것이 아니라 집, 사람, 도시도 집어삼켰고 기분이 나면 온 세상을 먹어치웠다. 꼬마가 괴물을 물리치는 이야기도 있었고, 괴물이 그만 꼬마를 먹어버리는 이야기도 있었다. 이야기의 방향은 아이의 기분에 따라 달라졌다. 어느 쪽이든 그 아이가 꾸며낸 신화는 아이가 지닌 두려움과 용기를 객관적으로 바라보고 인정하는 데 큰 도움이 되었다.

□ 1960년 6월 20일

어느 날인가 17개월 된 조카딸이 내 볼펜을 집어 들었다. 그 볼펜은 꼭지에 플라스틱 뚜껑이 달린 것이었는데 아기는 뚜껑을 잡고 밀고 당겨보더니 마침내 뚜껑을 벗겨냈다. 잠시 동안 그것을 바라보던 아기는 다시 뚜껑을 끼워 넣었다. 그러고는 뺐다 끼웠다를 반복했다. 이렇게 재미있을 수가! 이렇게 되니 볼펜을 쓸 만한 상태로 유지하려면 아기의 눈이 닿지 않는 곳에 두어야만 했다. 녀석은 볼펜을 보기만 하면 그 놀이를 하고 싶어 했기 때문이다. 아기가 어찌나 뚜껑을 뺐다 끼웠다를 잘하는지 아기들은 근육 조절 능력이 없다느니, 움직임이 정교하지 못하다느니 하는 유아 정보에 의문을 품을 정도였다. 아기들은 적당한 환경이 주어지면, 즉 홍미를 느끼게 되면 우리가 생각하는 것보다 훨씬 뛰어난 솜씨를 발휘하게 되는지도 모른다.

나는 많은 시간을 조카를 바라보며 보냈다. 내 눈을 번쩍 뜨게 한 발견은 그 아이가 일종의 과학자라는 사실이었다. 아기는 언제나 관찰하고 실험하고 있었다. 아기가 아무것도 하지 않는 때는 거의 없었다. 아기는 깨어 있는 동안에는 늘 열정적이고 의미심장하게 행동하고, 경험 속에 흠뻑 빠지고, 그 속에서 이치를 발견하려 하고, 자신의 주변을 둘러싸고 있는 사물들이 어떻게 움직이는가를 알아내고, 자기가 원하는 대로 움직여보려고 시도하면서 하루를 보냈다.

완전히 실패한 것 같은 상황에서도 아기는 너무도 의연했다. 자기를 둘러싼 환경을 예측하고 다루어보려는 아기의 노력과 실험이 제대로 먹혀들지 않는 때도 많았다. 하지만 아기는 계속 나아갈 뿐 조금도 꺾이는 법이 없었다. 아마도 자연이 주는 벌 말고는 (아기가 공 위를 걸으려고 한다면 넘어질 테니까) 실패에 따르는 벌칙이 없기 때문일 것이다. 아기는 실패를 해도 어른들처럼 반응하지 않았다. 심지어 다섯 살짜리의 반응과도 달랐다. 실패는 수치스러운 것, 창피한 것, 또는 죄라고 느끼도록 교육받은 적이 없었기 때문이다. 나이 든 사람들과는 달리, 아기는 쉽지 않고 익숙하지 않은 모든 것들로부터 자신을 방어하는 데는 관심이 없었다. 아기는 경험을 향해 앞으로 나아갔고 삶을 만끽했다.

이 아기를 보고 있노라면 밖에서 주는 상이나 벌이 없으면 아이들은 배우지 않을 거라는 상투적인 생각을 믿기가 어려워진다. 아기의 삶에도 어떤 종류의 상이나 벌이 있긴 있었다. 어른들이 하도록 내버려두는 일도 있고, 하지 못하게 막는 일도 있었으니까. 하지만 아기는 칭찬이나 비난 같은 것과는 상관없는 세계에서 살았다. 아무도 아기가 하는 실험의 대부분을 관찰하지 않았기 때문이다. 하긴 아기가 평화롭고 만족스러워하고 있는데 아기가 무엇을 하고 있는지 궁금해할 사람이 어디 있겠는가? 하지만 잠시만이라도 아기를 관찰하고 아기가 무엇을 하고 있는지 생각해본다면, 아기가 자기를 둘러싼 세상의 법칙을 알고자 하는 강렬한 욕구를 갖고 있다는 사실을 알게 될 것이다. 배움은 아기에게 큰 만족감을 준다. 누군가 지켜보든 지켜보지 않든 그런 것은 전혀 문제가 되지 않는다.

_외부로부터의 상이나 벌이 없으면 아이들은 배우지 않는다는 생각과 행동주의자들이 말하는 '긍정적 강화, 부정적 강화' 같은 타락한 용어들은 자기성취적인 예언이 되어버릴 때가 많다. 만약 오랜 시간에 걸쳐 그것들이 사실인 것처럼 행동하면 아이들은 그게 사실이라고 믿을 것이다. 너무나 많은 사람들이 이렇게 말하곤 한다.

"아이들에게 뭔가를 시키지 않으면 아이들은 아무것도 하지 않을 거예요."

더 심하게는 이렇게도 말한다.

"난 그래요. 누가 시키지 않으면 아무 일도 하지 않을 거예요."

이것은 말할 것도 없이 노예근성이다. 사람들이 자기 자신에 대해서 이런 끔찍한 소리를 지껄일 때면 나는 이렇게 말한다.

"당신은 그 말을 믿는지 모르지만, 난 믿지 않아요. 당신도 어릴 때는 그런 식으로 생각하지 않았어요. 누가 당신을 그런 식으로 생각하도록 만들었죠?"

많은 경우 그건 학교 때문이다. 학교가 이런 메시지를 가르치는 것은 우연일까, 아니면 의도적인 것일까? 모르겠다. 그렇다고 학교의 사람들이 알 거라고도 생각지 않는다. 그 사람들이 그렇게 가르치는 이유는 그저 그 말을 믿기 때문이며, 또 그 말이 사실이라는 듯 행동하는 것 이외에는 별 도리가 없기 때문이다.

## □ 1961년 2월 26일

몇몇 아이들한테서 보이는 믿을 수 없을 정도의 무능력은 가끔 나를 미치게 만든다. 그 아이들은 어떤 것도 이해하지 못한다. 수업 시간인데 종이도, 연필도 없고 책상은 어수선하게 어질러져 있다. 도서관에서 빌린 책을 잃어버리고, 공책도 간수하지 못한다. 숙제한 것을 집에 두고 오지 않으면 집에 가져가서 풀어야 할 문제를 학교에 두고 간다. 그러나 이 아이들은 바보도 아니고, 아무것도 할 줄 모르는 아이도 아니다. 이 아이들은 많은 일들을 훌륭하게 해낸다.

테드는 명민하고, 꼼꼼하고, 호기심 많고, 유머도 풍부한 매력적인 아이지만 학교생활에서는 엄청난 실패와 좌절의 기록을 가지고 있다. 테드는 힘도 세고, 재빠르고, 근조절능력도 좋은 뛰어난 운동가였다.

하지만 테드의 공책은 찢기고 얼룩지고 구겨져서 도저히 해독할 수 없는 몰골을 하고 있다. 하루는 다른 아이들이 모두 교실을 나간 후 내가 테드를 '도와주고' 있었다. 테드의 책상 주위에 널브러진 종이 무더기를 함께 정리하다가 테드에게 그걸 공책에 다시 끼워 넣으라고 했다. 긴장을 할 때면 언제나 그렇듯이 테드의 얼굴이 점점 빨개졌다. 테드는 꾸물거리며 어쩔 줄 몰라 하더니 불평을 꿍얼거렸다.

"크기가 맞지를 않아요. 공책 크기하고 안 맞아요."

그건 사실이 아니었다. 어쨌든 테드는 두꺼운 종이 뭉치를 모아서 공책에 붙어 있는 고리에다 끼우기 시작했는데, 종이에 뚫린 구멍과 고리가 어긋나 있는 것은 보지도 않고 있었다. 그 아이가 종이 뭉치를 쑤셔 넣느라 조물딱거리고 꿍얼꿍얼 불평을 해대는 것을 보고 있자니 혈압이 올라 폭발할 지경이었다. 나는 고함을 쳤다.

"테드, 그만해라! 다음에 해! 정말 더 이상 못 보겠다!"

이 장면을 떠올리고 있으려니 해리 브라운의 소설을 각색한 〈햇빛 속의 산책A Walk in The Sun〉이라는 영화가 생각난다. 이태리 침공 초기에 한 보병 소대가 지휘관 없이 우왕좌왕하면서 벌이는 소동을 그린 영화다. 어느 날 이 소대가 숲 속을 지나가다가 적군의 경전차와 맞닥뜨리는데, 혼비백산해서 허둥지둥대다가 어찌어찌 매복 공격에 성공한다. 전투가 끝나고 난 후 병사들은 그동안 신경증에 시달리던 하사관이 파김치가 된 채 완전히 정신이 나가 있는 것을 발견한다. 하사관은 땅바닥에 몸을 처박고 벌벌 떨면서 알아들을 수 없는 말을 버벅거리고 있었다. 군인들은 그 하사관을 뒤에 남겨둔 채 확실치 않은 목표를 향해 내륙으로 이동한다. 그들 중 한 명이 이렇게 말한다. 그 하사관이 개인용 참호를 파고 들어앉아버렸기 때문에 도저히 끌어낼 수가 없었다고.

아이들도 학교에서 참호를 파고 숨는 것 같다. 아이들이 학교에서 보이는 무능력은 많은 점에서 장시간 심한 스트레스에 노출된 신경증 환자의 반응과 비견될 만하다. 이 비유가 너무 심하고 부적절하다고 생각하는 사람들이 많다. 하지만 그렇지 않다. 많은 아이들이 학교에 있는 대부분의 시간 동안 어른들이라면 도저히 견딜 수 없는 엄청난 두려움과 걱정과 긴장을 느낀다. 어른들이 꾸는 악몽 중에 학교에 다시 다니는 꿈이 자주 등장하는 것은 우연이 아니다. 나는 성공적인 학생이었는데도 가끔 그런 악몽을 꾼다. 나의 악몽은 이런 식이다. 학교에 알리지도 않고 몇 달이나 결석을 하다가 다시 학교에 간다. 나는 공부도 따라잡을 수 없을 만큼 뒤처져 있고 오랜 결석으로 심각한 어려움에 봉착할 거라는 걸 알고 있다. 그렇지만 더 이상 학교를 빼먹을 수 없고 학교에 가야만 한다는 생각이 든다.

내가 맡은 학생들이 의식적이고 통제 가능한 정신 기능을 장기적으로, 아니 심지어는 단기적으로도 무익하고, 제한적이고, 파괴적인 방식으로 쓰고 있다는 느낌을 받으면 교사로서 정말 가슴이 아프다. 아이들이 자신에게 할당된 과제를 성실하게 해내면서도 그 속에서 조금도 지적인 자양분을 얻지 못하고, 또 오늘 다 익힌 것처럼 보이던 것을 다음 달, 다음 주, 심지어 내일이면 잊어버릴 거라고 느낀다면 교사로서 그보다 더 심란한 일이 어디 있겠는가?

하지만 많은 아이들이 학교에서 보이는 이런 반응이 의식도 하지 못하는 상태에서 이루어지는 일이라는 생각이 들면 훨씬 더 심란해진다. 내가 아이들을 신경증 환자로 만들고 있는 것은 아닌가 하는 걱정은 제쳐두더라도, 아이들의 지성을 더 망가뜨리는 데 일조하고 있는 것은 아닌가 하는 회의가 들면 마음이 아프다.

□ 1961년 3월 2일

언젠가 교사 연수회에서 심한 학습장애가 있는 아이들을 여러 해 맡아왔던 한 여교사가 '실독증word blindness'이라는 단어는 독서 장애를 연구한 초창기 연구자들이 자기들이 관찰한 것을 설명하기 위해 만들어낸 것이라고 지적했다. 그때 이후로 실독증에 관해 많은 논의가 있어 왔다. 당시의 전문가들은 실독증의 원인은 신경학상의 문제라고 생각했다. 다시 말해 뇌의 조직과 구조에 문제가 있어서 글자를 인식하는 일이 어렵거나 불가능하다고 믿었던 것이다.

물론 경우에 따라서는 뇌의 이상이 독서 장애의 원인이 될 수도 있을 것이다. 하지만 그것만이 유일하거나, 가장 일반적인 원인이라고 치부하기에는 의문의 여지가 많다. 나는 문자 같은 종류의 상징과 패턴을 알아보지 못하는 실독증은 대부분 신경학상의 문제라기보다는 정서적이고 심리적인 문제라고 믿는다. 그것은 과도한 스트레스에 대한 신경증적인 반응이다. 사실 나 자신도 그런 반응을 일으킬 때가 자주 있다.

내게 있어 가장 지독한 경우는 플루트 레슨을 하던 중에 일어났다. 그 일을 상세하게 설명하는 데는 이유가 있다. 어른들이 의미 파악 능력을 상실할 정도로 엄청난 긴장을 느끼는 경우는 전쟁이라든가 극단적인 위험에 빠졌을 때를 제외하면 좀처럼 없기 때문이다.

플루트 레슨은 늦은 오후에 있었다. 교실에서 힘들고 짜증나는 하루를 보낸 데다, 긴장되고 불쾌한 연구위원회 모임까지 참석해야 했던 날이었다. 모임에서 자리를 뜨는 것도 늦었고 교통체증까지 겹쳐서 레슨 시간에 매우 늦었기 때문에 워밍업을 할 시간이 전혀 없었다. 게다가 플루트 선생님도 짜증나는 하루를 보낸 참이라 평소처럼 인내심을 발휘하지 못했다. 선생님은 지난번 레슨 이후로 조금밖에 진도를 나가지 못했다며 신경질을 냈고, 신경질이 난 선생들이 흔히 그러듯이 그날 하기로 되어 있던 연습곡을 빠르게 연주하라고 몰아붙였다.

연주 속도가 너무 빨랐기 때문에 나는 실수를 하기 시작했다. 나는 그만두고 싶었지만 선생님이 너무 단호해서 차마 그만두자는 말을 꺼낼 수가 없었다. 머릿속에 물리적인 압박감이 쌓이기 시작했다. 마치 머릿속에서 뭔가가 폭발하려고 하는데 바깥에서 그걸 막고 있는 것 같은 느낌이었다. 마침내 내 귀에 플루트가 자아내는 비참하기 짝이 없는 연주음 대신 다른 종류의 소리가 들려오기 시작한 순간 나는 전혀 악보를 읽을 수 없게 되어버렸다. 내 앞에 놓인 악보는 완벽하게 뜻을 잃어버렸다. 그때의 기분을 설명하기는 어렵다. 연주가 중단되고 연주곡이 시야에서 사라지는 데는 1, 2초밖에 걸리지 않았다. 악보를 멀거니 보고 있긴 했지만 악보를 볼 수 없는 것이나 진배없었다. 흔히 눈앞이 흐릿해진다고 표현하는 바로 그런 느낌이었다. 뭔가를 분명하게 보는 일이 견딜 수 없을 정도로 고통스러워지면 눈이 초점 맞추기를 거부한다는 말이 사실인지도 모르겠다. 음표들이 악보를 빠져나와 어딘가로 달아나는 것 같은 기분이 들기도 했다. 가장 강렬했던 것은 지금 내가 보고 있는 모든 것들이 전에는 한 번도 본 적도, 들어본 적도, 상상해본 적도 없는 것들로 바뀌어버렸다는 느낌이었다. 그 순간 그것들이 나와 가지고 있던 모든 연관성이 사라져버렸다. 전혀 처음 해보는 경험이었다.

그 기분은 뭐라 말할 수 없이 놀랍고 불쾌했다. 잠시 후 나는 플루트를 내려놓고 연주를 중단했다. 선생님도 내 상태가 도를 넘어섰다는 것을 알아채고 잠시 휴식을 취하게 한 다음 좀 느린 속도로 연습을 진행시켰다. 하지만 만약 내가 아이였다면? 내게 연습을 멈출 자유가 없었거나, 스스로 없다고 생각했다면? 만약 선생님이 그럴 때는 더 심하게 밀어붙이는 게 낫다고 생각했다면? 그랬다면 무슨 일이 일어났을까?

__이 책의 초판이 나왔을 때 자기들도 그런 경험이 있다고 말해준 사람들이 있었는데 그중에는 전문 음악인들도 있었다.

내가 『절대로 늦지 않았다Never Too Late』의 앞부분에서 설명했듯이 나도 그런 느낌을 자주 받는다. 특히 내게는 너무 빠르게 진행되는 오케스트라에서 한 파트를 맡고 있을 때 그런 경우가 많다. 웬일인지 정신 집중이 안 돼서 음표가 무슨 뜻인지 분간하지 못하게 되는 것이다. 하지만 어느 정도는 내 마음이 아예 음표를 읽지 않으려 하는 것 같기도 하다.

나는 첼로 연주를 시작한 지 7년 반 동안 악보를 보자마자 즉석에서 연주해낸 적이 없었다. 내가 충분히 소화할 수 있는 작품이라 해도 악보를 처음 보고서는 어떤 빠르기로도 제대로 연주하지 못했다. 나는 천천히 내 손으로 직접 소리를 내보면서 악보가 말하는 의미를 알아내야 했다.

나는 글을 잘 못 읽는 사람이나 읽기를 처음 배운 사람이 글을 읽듯이 악보를 읽는다. 이것은 아주 생소하면서도 흥미로운 경험이다. 나는 아주 어릴 때 글 읽는 법을 익혔고, 곧 술술 읽었기 때문에 악보를 이런 식으로 읽고 나서야 비로소 글을 읽지 못하는 사람의 심정을 이해하게 되었다.

음악가들은 악보를 잘 읽는 가장 좋은 방법은 걱정을 하지 않는 것과 많이 읽는 것이라고 말한다. 맞는 말이다(그래서 나도 악보 읽기를 막 시작하는 아이들에게 그렇게 말한다.). 나는 아직도 단번에 악보를 읽어내지는 못하지만 점점 나아지고 있다.

음악가들은 "음표를 하나만 보지 말고 여러 개의 음표를 덩어리로 보라. 전체 소절, 소악절을 통째로 읽어라."라고 말한다. 그러니까 음악의 '단어'를 읽으라는 것이다. 나는 오랫동안 그렇게 해보려고 했지만 너무 어렵다. 여러 개의 음표를 한꺼번에 보려고 노력해도 여전히 한 번에 하나밖에 안 보이는 것이다.

어느 날 연습 중인 현악사중주곡을 독보하고 있을 때였는데 놀랍고 기쁘게도 한 번에 여러 개의 음표가 눈에 들어오면서 음표들이 빽빽하지 않을 때는 전체 소절까지 읽을 수 있다는 사실을 알아차렸다. 음표를 보려고 특별히 애를 쓴 것도 아니었다. 나는 그저 봤을 뿐인데 전체 소절이 거기에 있었다. 전에는 볼 수 없었던 것들이 이제는 보였다. 도대체 어찌된 일이란 말인가?

짐작컨대 불안이 가라앉자 시야가 넓어져서 한 번에 많은 것들을 볼 수 있게 되었던 것 같다. 불안, 두려움, 긴장은 주의력과 시야의 범위를 좁히는 것 같다. 이런 현상이 눈이나 망막의 기능과 관계가 있는지, 아니면 시신경을 통해서 뇌로 가는 정보의 양이나 복잡성에 기인하는지, 아니면 뇌가 정보를 인식해내는 능력과 관련이 있는지는 모르겠다. 하지만 불안이 증가하면 지각 능력의 범위가 좁아진다는 사실만은 분명한 것 같다.

조지 레너드는 한 스포츠 관련 기사에서 '하드 비전hard vision'과 '소프트 비전soft vision'이 지닌 시야의 차이를 멋지게 구별하였다. '하드 비전'이라는 말은 망원경이나 현미경으로 사물을 볼 때나 날아오는 공을 볼 때 쓴다. 반면에 '소프트 비전'은 일어나고 있는 일을 전체적으로 볼 때 쓴다. 농구 선수가 코트에서 일어나는 모든 일을 단번에 알아본다거나 축구 선수가 미들필드에서 골문을 향해 달려오는 상대방 선수들의 속도와 각도를 한눈에 파악하는 것 등이 소프트 비전의 대표적인 예다. 유명한 미식축구 선수 O. J. 심슨은 어떻게 그토록 멋지게 오픈필드를 돌파할 줄 '아느냐'는 질문에 자기도 모른다, 그냥 모든 것이 보일 뿐이며 꼭 통로가 자기 앞에 뚫려 있는 것 같다고 대답하곤 했다.

한꺼번에 많은 양의 정보를 받아들여서 활용하는 이런 능력이야말로 가장 넓은 의미에서 지성의 발달 정도를 나타내는 척도처럼 보인다. 그래서 언젠가 농구 선수에 대해 경멸적인 어투로 말하는 사람에게 "농구를 잘하려면 보통 수준의 철학박사 학위논문을 쓰는 것보다 훨씬 수준 높은 지성이 필요하다."고 대꾸한 적이 있다. 이 발언은 상당히 복잡한 반응을 일으켰다.

만약 불안이 인간의 의지대로 조절될 수 있는 것이라면 불안이 증가할수록 집중력이 극적으로 떨어진다는 사실을 증명하는 실험을 해볼 수 있을 것이다. 여하튼 나는 악보를 읽는 것에 대해 걱정을 덜하면 주의력의 범위가 넓어진다는 것을 경험했다.

음악을 하면서 알게 된 사람들이 자주 하는 충고 중에는 이런 것도 있다. 악보를 볼 때는 '손'이 연주하고 있는 곳보다 조금 앞으로 '눈'을 가져가라는 것이다. 글을 소리 내서 읽을 때는 나도 그렇게 한다. 내 눈은 언제나 목소리보다 조금 앞을 보고 있다. 하지만 악보를 볼 때는 그렇게 해본 적이 없다.

여기에는 두 가지 이유가 있다. 한 가지 명백한 이유는 내가 어떤 음을 낼 때마다 내 머릿속에 들어앉은 교사인지 실수 교정자인지가 이렇게 말하곤 했기 때문이다.

"방금 켠 음이 맞는다고 확신하나?"

달리 말해 나는 앞으로 연주해야 할 음 대신 방금 전에 연주한 음을 생각하고 있었던 것이다. 이런 습관을 바로잡는 길은 내가 그렇게 하고 있을 때 그 사실을 알아차리고, 그것을 그만두는 방법을 익히는 것이다. (여기서 그 문제를 왈가왈부하진 않으련다.)

그런데 내 눈이, 내 손이 지금 연주하고 있는 부분을 따라잡고 있을 때도 앞질러서 보는 것은 아주 힘들었다. 이것도 역시 어느 정도까지는 불안이 그 이유이다. 불안은 한꺼번에 두 가지 생각을 하지 못하게 만든다. 하지만 몇 주 전 나는 여기에 다른 요소가 더 있다는 것을 발견했다. 좀 어렵게 느껴지는 새 작품의 악보를 읽다가 내 눈이 지금 연주하고 있는 음표에 들러붙어서 떨어지지 않고 있다는 사실을 깨달았던 것이다. 나는 조금 앞질러서 악보를 보려고 의식적으로 노력했지만 제대로 되지 않자 조바심이 났다. 나는 그때의 감정과 생각을 찬찬히 되새겨보았다. 그러자 내가 지금 연주하고 있는 음표에서 눈을 뗐다가는 다시 그 음표를 찾아내지 못할까 봐 두려워하고 있었다는 것을 알게 되었다.

음표에서 눈을 뗐다가는 다시 그 자리를 못 찾을 것 같은 이 기분은 더 낯설고 비이성적인 기분으로 나를 몰아갔다. 마치 내가 눈으로 음표를 악보에 붙여놓지 않으면 음표가 모두 달아나버릴 것 같았다. 이런 기분을 알게 되자 어찌나 기가 막힌지 웃음이 터져 나왔다. 이런 생각을 하다니 참으로 웃기지 않은가? 하지만 그 사실을 발견했을 때 내가 느낀 그 엄청난 안도감, 즐거움, 그리고 흥분은 그 문제를 진지하게 생각해보는 계기가 되었다.

이런 사실을 알고 난 후, 눈으로 음표들을 고정시키려 하는 자신을 발견할 때마다 나는 속으로 이렇게 말한다.

"진정해. 저건 그냥 종이에 묻은 잉크라고. 어디로 달아나거나 하진 않아."

나는 음표에서 잠시 눈을 떼도 다시 좀 전에 연주하던 곳으로 돌아갈 수 있다고, 내 시야를 훨씬 더 소프트하게 만들 수 있다고 확신할 때까지 그렇게 중얼거린다. 가끔 그렇게 될 때도 있다. 어젯밤 드보르작의 〈아메리카〉를 연주하던 중에 그런 일이 일어났다. 그 곡은 감히 엄두를 못 내다가 겨우 얼마 전에야 연주할 수 있게 된 곡이었는데, 내가 완전히 다른 느낌의 소절들을 여러 개 앞질러서 보고 있는 게 아닌가. 불안한 마음도 없지 않았지만 실제로 되고 있었다. 내가 지금 연주하고 있는 곳보다 앞질러 눈길을 주는 일이 실제로 일어나고 있었던 것이다.

이런 얘기를 하는 것은 글을 제대로 읽지 못하는 이들도 이와 비슷한 기분을 느낄 거라는 생각이 들어서다. 자기들이 지금 보고 있는 글자에서 눈을 뗐다가는 글자가 종이 밖으로 도망쳐서 다시는 찾지 못할 것 같은 그런 기분 말이다. 다른 아이들 앞에 나서서 큰 소리로 글을 읽어야 하는 아이들, 읽던 곳을 잊어버리면 교사와 친구들로부터 꾸지람과 비웃음을 받는 아이들이라면 이런 기분이 훨씬 심할 것이다.

녹음된 연주를 틀어놓고 악보에서 내가 연주해야 할 첼로 파트를 읽는 것은 좋은 훈련이 된다. 나는 연주되고 있는 부분에서 눈을 뗐다가 다시 찾아내는 연습을 한다. 같은 식으로 아이들이 책을 읽는 동안 카세트테이프를 틀어놓는다면 큰 도움이 될 수 있다.

이런 일은 흔히 부모들이 어린아이들에게 소리 내어 책을 읽어줄 때 일어나기도 한다. 아이들은 듣고 있는 문장을 한 자 한 자 따라가며 보다가 눈을 다른 데로 돌리기도 하고, 읽는 부분을 앞질러서 보기도 하고, 마지막 부분이 얼마나 남았나 살펴보기도 한다. 그러다가 다시 지금 읽고 있는 '바로 그 부분'을 찾아서 돌아온다. 그리하여 자기도 의식하지 못한 상태에서 책 읽기의 중요한 기술을 습득한다. 이것은 불안한 상태라면 도저히 습득할 수 없는 기술이다.＿

## □ 1961년 3월 5일

'독서 장애'를 두고 아이들이 글을 읽지 않거나 읽지 못하는 것은 '지성mind을 쓰는 방법에 문제가 있기 때문'이라고 말하는 이들도 있고, '지성의 성질kind에 문제가 있기 때문'이라고 말하는 이들도 있다. 이런 논쟁은 쓸모도 없고 비현실적이다. '지성의 성질'과 '지성의 사용법'을 구분하는 것은 논쟁의 쟁점으로나 존재할 뿐 현실과는 아무 상관이 없는 일이다. 지성이란 우리 내부에 존재하는 '누군가 혹은 뭔가'가 '좋게 혹은 나쁘게' 사용하고 있는 생각 기계 따위가 아니다. 지성은 그저 있다. 그리고 작동한다. 제대로 작동하거나 제대로 작동하지 못할 뿐이다. 그리고 과거의 작동 방식은 이후의 작동 방식에 영향을 미친다.

인도의 신비주의자들은 이상한 모양으로 팔을 비틀어 올리거나 다리를 꼰 채 몇 년씩 보내는데, 그렇게 하면 머지않아 그 팔이나 다리는 쓸 수 없게 된다. 그 이유를 두고 팔이나 다리의 물리적인 성질 때문인지, 팔이나 다리를 사용한 방법 때문인지 논쟁을 벌이는 게 말이나 되는가? 그 팔이 그렇게 된 것은 오랫동안 그런 식으로 썼기 때문일 뿐이다.

지성도 마찬가지다. 그것을 썼던 방식이 앞으로 쓸 수 있는 방식을 결정한다. 너무 오랫동안 엉터리로 쓰다 보면 제대로 쓸 가능성이 점점 더 적어질 것이다. 그러니 신중해야 한다. 독서 장애는 뇌의 기능 장애가 원인이므로 고칠 수 없다는 식으로 몰아가는 것은 경계해야 한다. 신체 기관으로서의 두뇌는 우리가 알고 있는 것보다 훨씬 유연하고 회복력이 우수하다. 어떤 방법으로는 이룰 수 없는 일도 다른 방법으로는 이룰 수 있다. 바꾸어 말해 우리가 아이들의 지성을 제대로 쓰지 못하게 만듦으로써 아이들이 자신의 지성을 점점 더 쓸모없게 만들고 있다는 사실을 깨달아야 한다.

## □ 1961년 3월 21일

오늘 앤디와 함께 길고도 고된 수업을 했다. 그 아이는 결국 내가 내준 문제를 풀었다. 하지만 앤디가 과연 무엇을 배웠는지는 의문이다. 거의 아무것도 배우지 못한 게 아닐까. 나에게는 흥미롭기 그지없는 곱셈의 성질에 대해 앤디는 어떤 통찰력도 얻지 못한 것이 분명하다. 앤디가 그 시간에 얻은 것은 실패와 좌절과 불안과 긴장으로 가득 찬 길고 고통스런 경험뿐이리라. 문제를 풀어냈을 때도 그 아이는 만족감보다는 단지 더 이상 그 문제를 생각하지 않아도 된다는 해방감을 맛보는 것 같았다.

앤디는 바보가 아니다. 신경질과 불안증에도 불구하고 대상에 따라 호기심도 많고, 똑똑하고, 열성적이고, 지각 있는 타입이다. 그 아이의 작문을 보면 상상력이 넘친다. 그런데도 앤디는 말 그대로 정신을 잃을 정도로 겁이 많다. 앤디는 한 가지 생각에서 다른 생각으로 넘어가는 속도가 너무 느려서 연결점을 잃어버리기 때문에 수학을 못한다. 앤디의 기억력은 배운 내용을 담아두지 못하는데 스스로 자신의 기억력을 믿지 못하는 게 가장 큰 이유다. 앤디는 날이면 날마다

9+7은 16이 된다는 것을 거듭 확인해야만 했다. 답이 바뀌지 않았다는 사실을 어떻게 믿을 수 있단 말인가? 끝도 없이 실수를 저지르고 있는데 어떻게 또 다른 실수를 저지르지 않았다고 확신할 수 있단 말인가? 그토록 많은 생각이 틀렸다는 게 증명된 지금 어떻게 자기 생각을 신뢰할 수 있단 말인가?

자신을 겹겹이 둘러싸고 있는 실패와 불안과 좌절에서 탈출하지 못하는 한, 그 아이에게 진정한 삶이란 없다. 그 아이가 어떻게 그 함정을 빠져나올지 나는 모르겠다. 그러나 무엇보다 나쁜 것은 우리 어른들이 그 아이가 자신을 옥죄고 있는 감옥에서 벗어나기를 진심으로 원하는지 확신할 수가 없다는 점이다. 이 아이가 겁을 먹고 있는 것은 절대 우연이 아니다. 어른들이 그 아이를 겁에 질리게 했다. 그것도 의식적이고, 고의적으로 그렇게 했다. 아이의 행동을 좀 더 쉽게 통제하고 아이에게서 우리가 원하는 결과를 얻기 위해서.

내가 얼마나 자주 두려움과 불안을 통제의 도구로 사용하는지 알고 나니 소름이 끼친다. 나는 우리 반 아이들이 전에 속했던 학급에서 보다는, 그리고 다른 학급의 아이들보다는 조금이나마 두려움에서 벗어나 있다고 생각한다. 아니 적어도 그랬으면 한다. 나는 할 수 있는 한 압력과 통제를 최소화하려고 애쓴다. 그렇지만 수업은 이루어져야만 한다. 아닐까? 아이들이 교실에서 할 수 있는 일에는 어떤 제한을 두어야 하고, 수업의 결과물을 얻어야 하고, 아이들을 통제해야 하기 때문에 수업에서는 궁극적으로 두려움에 기반을 둔 방법들을 사용한다. 나나, 학교나, 부모들에게 잘못하고 있을지도 모른다는 두려움 말이다.

앤디의 경우를 보자. 두려움은 어떤 식의 건설적인 생각이나 활동도 하지 못하도록 그 아이를 거의 무능하게 만들어버렸다. 나는 한편으로는 그런 두려움들을 없애려고 애쓴다. 하지만 다른 한편으로는 그 아이가 그토록 싫어하는 공부를 하도록 만들기 위해 무슨 일이든 해야만 한다. 내가 하는 일은 결국 일련의 벌로 변해버린다. 그것은 내가 그토록 몰아내려 애썼던 그 두려움을 불러올 뿐이다.

아이들은 너무나 익숙해진 불안의 멍에에서 조금이라도 벗어났다고 느끼면, 풀려난 죄수들이나 혁명의 승리자들, 미국재향군인회 회합에 모인 지방 기업가들처럼 멍에에서 풀려난 사람들과 똑같은 행동을 보인다. 그들은 까불어대고 뻔뻔스럽고 건방지게 군다. 그들은 한동안 지금까지 자기들에게 괴로움을 선사했던 어른들에게 똑같이 괴로운 시간을 주려고 할 것이다. 그러니 그 아이들을 제자리에 잡아두려면, 그 아이들이 학교와 부모들의 기분을 만족시키게 하려면, 나는 다시 그 아이들에게 겁을 주어야 한다. 한 손으로는 아이들에게 두려움으로부터의 자유를 주고, 다른 손으로 그 자유를 빼앗는 것이다.

이것이 말이 되는가?

# 3

## 진정한 배움

□ **1958년 4월 22일**

수학교과위원회 보고용 메모

우리는 아이들에게 자기가 하고 있는 일의 의미에 대해 생각하라고
말한다. 그것이 올바른 해답을 찾는 확실한 길이라는 것이다. 그런데
그것이 오히려 아이들을 초등학교 수학에 가득 차 있는 모순과 역설
의 구렁텅이로 빠뜨리는 경우가 허다하다. 그런 상황이 와도 내가 어
린 시절 그랬듯이 '괜찮아. 선생님이 시키는 대로 하면 되니까 걱정할
필요 없어.'라고 생각하는 학생은 별 어려움 없이 계속 해나갈 수 있
다. 하지만 자기가 현재 뭘 하고 있는지 잘 모르는 아이들은, 스스로
는 물론이고 교사도 구해줄 수 없는 나락으로 떨어질 수 있다.

조별로 진행하는 5학년 수학 시간에 한 조가 분수의 나눗셈을 공부
하는 중이었다. '6을 $\frac{1}{2}$로 나누시오.'라는 문제를 아이들 스스로 해결
하는 게 과제였다. 아이들은 공식화된 나눗셈의 정의를 알고 있다. 이
정의에 따르면 '8 나누기 4는?'은 '8에는 4가 몇 개 포함되어 있는가?'
또는 '8을 네 부분으로 똑같이 쪼개면 각 부분에 들어가는 것은 몇일

까?'라는 뜻이다. 이 조의 아이들 대부분은 첫 번째 의미를 적용시켜 '6에는 $\frac{1}{2}$이 몇 개 포함되어 있는가?'로 받아들였고, 12라는 답을 냈다.

그런데 두 명의 여자아이는 달랐다. 며칠 전 분수의 곱셈을 공부할 때 훌륭한 생각을 해냈던 이 아이들은 나눗셈의 두 번째 의미를 적용시켜보려고 했다. 이런 식이었다. '6을 반($\frac{1}{2}$)으로 나누면 각각의 크기는 얼마인가?' 당연히 답은 3이었다. 답이 틀리긴 했지만 그 아이들로서는 생각을 제대로 했기 때문에 이 점이 아이들을 혼란에 빠뜨렸다. 아이들에게 문제를 제시하면서 나눗셈의 두 번째 정의를 적용시키지 마라, 그것은 분수로 나누기를 할 경우에는 사실상 의미가 없다고 말해주지 않았던 것이다. 내가 주의를 주지 않은 이유는 나 자신도 그 점을 깨닫지 못했기 때문이었다. 그 법칙을 가르쳐준 사람이 교사였기 때문에 아이들은 그것이 이치에 맞아야 한다고 생각했고, 그것을 이치에 맞게 만드는 유일한 길은 뜻을 왜곡시켜서라도 끼워 맞추는 것이었다. 그래서 아이들은 6을 2분의 1로 나누는 것을 6을 반으로 나누는 것이라고 생각했다.

내가 용어를 잘못 쓴 것도 아이들의 오해를 가중시켰다. 흔히 그렇듯 나 역시 '나누기'라는 용어를 수학적 정의와 모순되게 쓸 때가 많았다. '파이를 4등분으로 나눈다.'고 할 때 우리는 실제로는 파이의 중심을 2번 직각으로 자른다. 또 '직선을 2등분한다.'고 할 때는 직선의 중심점을 알아낸다는 뜻으로 그 말을 쓴다. 그리고 뭔가를 둘로 나눈다는 뜻으로 2분의 1로 나눈다고 말할 때도 있다. 이런 온갖 이유로 해서 이 아가씨들은 6 나누기 $\frac{1}{2}$은 6을 반으로 나누는 것, 다시 말해

두 부분으로 나누는 것이라고 자연스럽게 추측했던 것이다.

　여기에 똑똑하기로 소문난 남자아이 하나가 뜻지 않게 이 혼란을 가중시켰다. 문제풀이가 시작되자 이 아이가 칠판에 나와 설명하기를, 이 문제는 6 안에 $\frac{1}{2}$이 몇 개 들어 있는지 묻는 것이라고 쓰고 멋진 그림을 그려 답이 12가 되는 것을 보여주었다. 그러다가 갑자기 어른들도 쉽게 저지르는 실수를 하고 말았다. 아이는 "12개의 무엇이냐구요?"라고 말하고 잠시 생각하더니 "12개의 반쪽들이죠."라고 설명하면서 칠판에 $\frac{12}{2}$라고 썼다. 이 똑똑이는 곧 자기 실수를 깨닫고 답을 고쳤다. 하지만 두 아가씨를 구하기에는 너무 늦었다. 다른 조의 선두 주자가 칠판으로 나가 자기들과는 다른 나눗셈 정의를 써서 6 나누기 $\frac{1}{2}$은 $\frac{12}{2}$, 즉 6이라고 증명하는 것을 봐버린 뒤였다. 이 풀이는 전혀 이치에 맞지 않았기 때문에 두 아이는 더더욱 자기들의 답이 맞는다고 확신하게 되었다.

　다른 아이들이 이 아가씨들이 어디에서 잘못되었는지 보여주겠다고 나섰다. 하지만 소용이 없었다. 숲 속에서 길을 잃은 사람을 구하려면 그 사람이 길을 잃은 지점까지 가야만 한다. 다른 아이들은 이 아가씨들이 어디에 있는지 몰랐고, 어떻게 그런 해답에 도달했는지 알 수 없었기 때문에 도움을 줄 수가 없었다. 아이들이 할 수 있는 일은 교사들이 대부분 그렇게 하듯 자기들이 해답을 구한 방법을 되풀이해서 들려주는 것뿐이었다. 전혀 도움이 되지 않았다. 남자아이 하나가 둘 중 한 아가씨에게 $6 \times \frac{1}{2}$을 칠판에 풀어보라고 했다. 아가씨는 $6 \times \frac{1}{2} = 3$이라고 썼다. 그러자 그 남자아이는 너희들이 $6 \div \frac{1}{2}$도 3이라고 했다고 지적했다. 아가씨는 자기 짝을 보며 말했다.

"우린 지금까지 속았어!"

우리 교사들이 얼마나 자주 아이들을 이런 기분에 빠뜨리는 것일까?

이렇게 되자 한 아가씨가 3이라는 답은 뭔가 이상하다는 생각이 들었는지 자기 짝에게 속삭였다.

"우리가 실수했나 봐."

그러고는 이렇게 말했다.

"6의 반은 곱셈하고 같아요."

이 아가씨는 자기가 나눗셈을 하고 있는 게 아니라 곱셈을 하고 있다는 사실을 아직도 깨닫지 못하고 있었다. 결국 엄청난 논의가 오고 간 끝에 아가씨가 짝에게 말했다.

"우리가 포기하는 게 좋을 것 같아. 6의 반은 12야. 이해가 안 되지만 그래."

이 말은 아이들의 눈에 비친 학교란 어떤 곳인지를 극명하게 보여 준다. 나의 가르침이 아이들에게 얼마나 많이 이런 식으로 받아들여지는 것일까? 어떤 아이에게는 내 말이 자기의 상식, 즉 우리말의 평범한 쓰임새와는 물론 내가 이미 말했던 내용과도 모순되는 것으로 보일 수 있다. 하지만 아이는 자기보다 큰 힘에 굴복하고 그것을 받아들여야 한다. 이치에 맞든 안 맞든 상관없이.

결국 내가 그 아가씨들을 그 구렁텅이에서 구해내긴 했다. 그리고 그들을 혼란에 빠뜨린 책임을 인정했다. 나는 여러 주 동안 내가 가르치는 내용이 모순일 수 있다는 점에 대해 생각하고 이야기를 나누면서 몹시 걱정스러웠다. 이 일을 통해 나는 우리 교사들은 우리가 생각하고 가르치는 것을, 아무것도 모르고 증명되지 않은 것은 받아들일 수 없는, 그래서 일관성 없고 모순된 것을 견디지 못하는 사람의 눈으로 보아야 한다고 생각하게 되었다. 우리는 우리의 가르침이 애매함과 혼란과 자기모순에 빠지지 않도록 애써야 한다. 그러나 '초등' 수학에는 모순과 자가당착이 많기 때문에 교사들로서도 쉽지 않은 일일 것이다.


□ 1958년 6월 28일

몇 년 전 친구들이 '실리콘 퍼티'를 본 적이 있느냐고 물었다. 내가 들은 적도 없다고 하자 친구들은 내게 그 실리콘 퍼티라는 걸 한 덩어리 떼어주었다. 나는 그 덩어리를 주무르고 평평하게 편 다음 길고 가늘게 잡아 늘여서 작은 덩이로 잘게 나누었다. 그러자 친구들이 이렇게 말했다.

"공처럼 둥글게 만들어서 바닥에 던져 봐."

나는 시키는 대로 했다. 내 눈과 내 머리, 내 본능은 이미 어떤 사실을 기대하고 있었다. 퍼티는 바닥에 부딪히는 순간 퍽 하고 들러붙을 것이다. 내 손이 퍼티를 던지는 순간 내 눈은 그것이 마룻바닥에 들러붙기를 기대하면서 마룻바닥을 향했다. 그런데 퍼티는 들러붙기는커녕 내 머리 높이만큼 튀어 올랐다. 짧은 순간이었지만 나를 둘러싼 온 세상이 요동을 치는 것 같았다. 나는 얼마나 놀랐는지 모른다. 그런데 바로 그 순간 마음속에서 무엇인가 울컥하며 말하는 것이었다. '그래,

튀었단 말이지. 웃기는군. 어디 다음엔 어쩌나 두고 보자고.' 그러자 나는 다시 질서와 이성의 세계로 돌아와 있었다.

이런 생각을 하다 보니 생각나는 꼬마 아가씨가 있다. 1학년이었는지, 2학년이었는지 잘 기억이 나지 않지만 이 꼬마는 'once'의 철자가 무엇인지 묻는 교사의 질문에 울음을 터뜨려버렸다. 교사는 그 단어가 너무 어려워서 아이가 운 것으로 추측하는 것 같았다. 하지만 어쩌면 아이는 그 단어가 '제멋대로여서' 운 것인지도 모른다. 그 단어는 그 꼬마가 지금까지 마음속에 애써 쌓아올렸던 철자에 관한 이해를 산산이 부셔버렸기 때문이다. 그 순간 교사가 그 단어는 일반적인 철자 규칙에 맞지 않는다고 지적해주었더라면 그 꼬마도 상식을 벗어나 제멋대로 구성된 단어를 참아줄 수도 있었으리라. 사색가들에게 학교가 힘든 곳이 되는 이유는 교사들이 이치에 닿지 않는 소리를 너무 많이 해서가 아니라, 이치에 맞지도 않는 소리를 이치에 맞는 것을 말할 때와 똑같은 식으로 하기 때문이다. 아이들은 자신이 이해하지 못하면 자기가 틀렸다고 생각해버린다.

우리에게는 너무 간단하고 당연하고 자명해 보이는 것이 아이들에게는 그렇지 않을 수도 있다. 10이라는 숫자를 예로 들어보자. 우리는 이 숫자에 너무 익숙해서, 1과 0이 무슨 뜻인지 알고 있는 아이들이 이 두 개를 합친 것이 두 수보다 훨씬 큰 수를 나타낸다는 말을 들으면 어떤 기분일지 상상하지 못한다. 아이들이 처음으로 이 숫자를 대하면 놀라는 게 당연하다는 사실을 인정해야 한다. 그래야 아이들이 이해할 수 없는 미스터리와 맞닥뜨렸다는 느낌을 갖지 않을 것이다. 그렇지 않으면 10과의 첫 번째 만남은 결코 완전히 회복할 수 없는 충격으로 남을지도 모른다. 그리하여 10에 대해 생각할 때마다 아이들의 마음은 얼어붙게 될지도 모른다.

＿혼자 책읽기를 깨친 아이들은 'once'라는 단어를 보고 울어버리는 일이 없다. 그 아이들은 보이는 대로 소리 나지 않는 단어들을 수없이 만나도 당황하지 않는다. 스스로 배우는 아이들은, 자신들의 흥미와 관심을 끄는 것을 배우기 때문에 평범하지 않거나 이상한 것을 만나도 혼란에 빠지지 않는다. 어린아이들에게는 모든 것이 이상하다. 그리고 자신이 이해하지 못하는 것을 두고 엄청난 생각과 공상에 빠질 수도 있다. 하지만 그 때문에 걱정을 하는 일은 거의 없다. 다만 다른 사람들, 그러니까 어른들이 그 배움을 통제하고 이해를 강요할 때 이해하지 못한다는 것을 걱정하기 시작한다. 이해하지 못하면 머지않아 어른들과 좋지 않은 일이 일어나게 된다는 것을 알기 때문이다.

아이들이 친구를 알게 되듯 10이라는 숫자를 알아가도록, 원하는 만큼만 알고 원할 때만 생각하도록 내버려두기만 한다면 아이들은 숫자 10의 모순에도 충격을 받거나 겁을 먹지 않을 것이다. 그리고 언젠가는 10에 대해 알게 될 것이다. 그렇게 되면 숫자 10은 더 이상 이상하게 생각되지 않을 것이고, 왜 그 숫자를 그토록 이상하게 여겼는지 의아한 생각마저 들 것이다.

내가 어릴 때는 누구도 10에 대해 '설명'해주지 않았다. 나는 아주 구식 학교를 다녔는데 문제를 푸는 방법만 보여줄 뿐 그게 왜 그런 식으로 되는지 설명해주지는 않았다. 더구나 그것이 이치에 맞는지 믿게 할 생각도 아예 없었다. 이런 방식은 잘 외우지 못하는 아이들에게는 힘든 일이었으리라. 하지만 나는 외우는 데 천재적인 소질이 있었고, 이런 체제가 내게 준 이득이라면 10이나 그 밖의 많은 것들을 나만의 시간에 나만의 방식으로 이해할 수 있게 혼자 남겨졌다는 점이었다.

잘못된 설명은 아예 설명이 없는 것보다 훨씬 더 나쁘다.__

□ **1958년 11월 13일**

아이들이 수학 때문에 고생을 하는 이유는 아무런 패턴도, 의미도 없고 흥미도 당기지 않는 수많은 사실들을 기억해야 하기 때문이다. 더구나 이런 사실들을 다루려면 수많은 규칙들을 지켜야 하고, 그 규칙들을 믿어야 하기 때문이다. 나는 내가 계산한 것을 끊임없이 수학의 세계에 비추어서 검산하지 않아도 된다. 왜냐하면 수를 다루는 규칙은 양의 세계에 근거하고 있고, 그 세계에서 실제로 쓰이는 것을 스스로 검증해봤기 때문이다. 나는 24 곱하기 36을 계산하는 전통적인 방법을 안심하고 사용할 수 있다. 이것이 $(20 \times 30) + (4 \times 30) + (20 \times 6) + (4 \times 6)$과 같은 것을 의미한다고 알고 있기 때문이다. 하지만 만약 이것이 참이라는 것을 모른다면 전통적인 곱셈 체계를 어떻게 이해할 수 있겠는가? '딱 떨어지면'이라든가 '다음 줄로 넘긴다'든가 하는 이상한 작업이 어떻게 올바른 답에 도달하게 해줄 거라고 믿을 수 있단 말인가? 무슨 수로 이 답을 실제 세상과 상식에 비추어서 검토해볼 수 있단 말인가?

퀴즈네르 막대*의 유용성은 아이 스스로 계산하는 방법을 찾아낼 수 있게 해줄 뿐만 아니라 그 계산이 실제로 통하고, 실제에서 일어나는 일을 설명한다는 사실을 확인시켜준다는 데 있다.

_지금은 "퀴즈네르 막대의 유용성은……."이라는 말에 회의를 품는다. 빌과 내가 이 막대에 고무되었던 이유는 막대의 세계와 수의 세계 사이에 강한 관계성을 보았기 때문이었다. 그래서 아이들이 막대를 가지고 공부를 하면 수의 세계와 계산이 이루어지는 원리를 알게 될 거라고 생각했었다. 이 이론의 문제점은 빌과 내가 숫자 세계의 작동 원리를 이미 알고 있었다는 데 있었다. 우리는 "아니, 이 막대기는 숫자하고 꼭 같이 놀고 있잖아."라고 감탄할 수 있었다. 하지만 숫자의 성질을 모르는 상태에서도 막대를 보고 그렇게 생각했을까? 그럴 수도 있지만 아닐 수도 있다. 퀴즈네르 막대는 우리 학급의 아이들을 포함한 많은 아이들에게 도움을 주었지만, 다른 많은 아이들에게는 도움이 되지 못했음이 분명하다. 마찬가지로 한두 번 이 막대를 써보려고 시도했던 교사들 중에도 막대의 작동 원리를 이해 못하거나 제대로 사용하지 못한 사람이 있었을 것이다. 이 막대에서 수의 세계나 계

---

* 막대를 고안한 벨기에 수학 교사의 이름을 따서 '퀴즈네르 막대'라 부르는 이 교구는 1cm 폭에, 높이가 1cm인 막대다. 길이는 1cm에서 10cm까지 다양한데 길이마다 고유한 색이 칠해져 있다. (1cm - 흰색, 2cm - 빨간색, 3cm - 연녹색, 4cm - 분홍색, 5cm - 노란색, 6cm - 암녹색, 7cm - 검은색, 8cm - 갈색, 9cm - 푸른색, 10cm - 오렌지색.) 막대를 색 이름으로 부를 경우에는 '노란색 막대(5)' 하는 식으로 그 길이가 얼마인지 괄호 속에 병기할 것이다.
이 막대의 쓰임새를 다양하게 개발한 사람은 영국의 캘럽 가테그노 박사였다. 수학 교수이자 심리학 교수인 그는 미국을 비롯한 여러 나라에 이 막대를 소개했는데, 막대를 이용(아니면 오용)하는 숫자가 급증하고 있다.
아이들의 수학 공부에 관심이 있다면 막대 세트를 구입하는 것도 좋겠다. 그렇게 하면 내가 여기서 묘사하는 아이들이 실제로 어떻게 사용했는지 더 잘 알게 될 것이다.

산 원리를 분명하게 보지 못한 사람들은 역시 아이들에게도 이 막대의 활용법을 제대로 가르치지 못했을 것이다.＿


## □ 1958년 11월 26일

퀴즈네르 막대가 아이들의 수준 낮은 전략을 다루는 데 효과가 있을까? 저 전략가들이 여전히 우리를 속여 넘기는 경우도 있지 않을까? 앞에서 얘기했던 에밀리를 떠올려본다. 내가 이렇게 묻는다 치자.

"3을 4로 나누면 뭐가 될까?"

"4분의 3."

"4를 3으로 나누면?"

"3분의 4."

"4를 5로 나누면?"

"5분의 4."

"5를 4로 나누면?"

"4분의 5."

좋았어! 나는 아이들에게 대답할 때 막대를 보라고 한다. 그렇지만 과연 아이들이 막대를 보고 답을 알아낸 것일까? 아이들이 나를 상대로 단어 끼워 넣기 놀이를 했던 것은 아닐까? 내가 에밀리에게 이렇게 말했다 치자.

"떵을 땅으로 나누면 뭐가 될까?"

"땅분의 떵?"

"땅을 떵으로 나누면?"

"떵분의 땅."

정말 멋진 전략 아닌가? 캐롤라인과 모니카가 딱 이렇게 하지 않았나 의심이 든다. 질이 언젠가 이 비슷한 말을 했던 게 생각난다.

"처음에 한 대로 하면 돼."

아이들에게 막대를 들여다보라고 한다고 이런 전략을 분쇄할 수는 없을 것이다. 이런 전략가들을 다루는 방법 중 하나는 다양한 질문을 던지는 것이다.

노란색 막대(5)를 쥐고 이렇게 말한다.

"이게 만약 1이라면 $\frac{3}{5}$ 은 어느 것일까?"

아니면 이렇게 묻는다.

"이게 2라면 4는 어느 것일까?"

이런 식으로 물어보면 아이들이 실제로 막대를 보고 있는지 또 그 관계를 정말 알고 있는지 좀 더 확실하게 시험할 수 있다.

말이 아닌 방식으로 대답할 수 있는 질문은 없을까? 뭔가를 한다거나 어떤 것을 보여주는 식으로 대답이 가능한 질문 말이다.


_"말이 아닌 방식으로……." 그다지 나쁜 생각은 아니었지만 실제로 해봤을 때는 별 효과가 없었다. 말로 대답하는 게 아니라 뭔가를 해보이라고 요구하는 질문을 던져보았지만 별달리 나아진 것은 없었다. 아이들은 우리가 시킨 일을 해보려고 했기 때문에 여전히 우리에게 의지하지 않고는 자기들이 제대로 했는지 확신하지 못했다. 우리에게 필요한 것은 분명한 목표가 있는 일이다. 얽힌 고리를 푼다거나

구멍 속에 공을 집어넣는 것 같은 그런 문제. 그런 작업을 할 때는 아무도 "선생님, 이 퍼즐 제대로 맞춘 거예요?"라고 묻지 않는다.

여기에 관해서는 나중에 수학 실험에 관해 다룰 때 좀 더 얘기하도록 하자.＿

## □ 1958년 12월 6일

### 빌 헐 선생님께

요전 날 선생님이 두 개의 막대를 들고 하나가 다른 쪽의 몇 등분인가 하는 문제를 풀고 있을 때였습니다. 잠시 수업을 지켜보던 나는 선생님이 언제나 작은 것이 큰 것의 몇 등분인지 묻는다는 것을 알게 되었습니다. 아이들은 작은 숫자가 분자가 되는 분수로 답을 하더군요. 그 다음 알게 된 것은 선생님이 잠시 뜸을 들이거나, 의심스러운 표정을 짓거나, 질문을 되풀이하면 몇몇 아이들이 답을 재빨리 뒤집는다는 것이었습니다. 예를 들어 $\frac{7}{5}$이라고 대답했다가 $\frac{5}{7}$로 바꾼다는 거죠. 레이첼과 남자아이 하나, 그리고 바버라가 그렇게 하더군요.

내가 실로 놀랐던 것은 바버라 때문이었습니다. 그 아이는 보통 때 참으로 사려 깊고 능력 있는 아이였으니까요. 선생님이 검은색 막대(7)와 푸른색 막대(9)를 집어 들고 그때까지와는 반대되는 식으로 질문을 하셨습니다.

"푸른색을 검은색으로 나누면?"

바버라가 답하더군요.

"$\frac{7}{9}$."

선생님은 잠시 머뭇거렸습니다. 그 아이는 얼굴이 붉어지며 선생님을 쳐다보더군요. 막대가 아니라 말이죠. 그리고 잠시 후 이렇게 대답했습니다.

"$\frac{9}{7}$."

그렇게 말하는 표정이나 목소리, 태도로 보아 왜 처음 답은 틀리고 두 번째 답은 맞는지 모르는 것이 분명했고, 두 번째 답이 맞다고 확신하는 것 같지도 않았지요. 바버라가 확신이 없다면 다른 아이들은 말할 필요도 없다고 생각합니다.

우리는 이 막대가 수학의 오리무중을 이치에 맞는 것으로 바꾸어 주기를 원했습니다. 그러나 위험한 것은 그 오리무중이 막대들마저 삼켜버릴 수 있다는 겁니다. 모니카가 막대에 답이 있을 거라고 믿지 않는 한 그 아이에게 막대를 보라고 해봤자 아무 소용이 없습니다. 그 아이로서는 그저 미스터리가 하나 늘었을 뿐이지요.

□ 1958년 12월 7일

하루는 나눗셈이란 숫자를 이용한 속임수가 아니라, 수에 대해 아무것도 모르는 사람도 할 수 있는 계산이라는 사실을 아이들에게 보여주려고 했다. 나는 아이들에게 공깃돌이 가득 든 커다란 가방을 하나 떠올려보라고 했다. 그 공깃돌을 네 사람이 공평하게 나누고 싶다. 그런데 그것을 세는 방법을 모른다면? 아이들 대다수는 공깃돌이 다 없어질 때까지 한 사람에 하나씩 돌려가며 나누어주면 해결할 수 있다는 것을 깨달았다. 그런데 팻과 또 한 아이는 생각이 달랐다. 여기 팻의 풀이가 있다.

가방은 자로 잴 수 있다. 그 가방이 8인치라고 치면 한 사람당 2인치씩 잘라주면 된다. 사람이 4명이고 2×4는 8이니까 2인치짜리 4개를 잰다. 그러면 각각의 2인치짜리를 이런 식으로 자를 수 있다. 그러면 각각의 사람에게 하나의 2인치 안에 든 것만큼 준다.

팻은 공깃돌 가방을 4개의 선으로 공평하게 가른 조그만 그림 하나를 곁들였다. 또 한 아이도 같은 내용을 다른 말로 설명했다. 나는 그 아이들에게 이렇게 설명했다.

"여기 내가 이 손으로 공깃돌이 든 큰 가방을 이렇게 들고 있다고 치자."

커다랗고 무거운 공깃돌 가방이 어떻게 생겼는지 제스처를 써서 보여준 다음 이렇게 말했다.

"자, 이쪽 손에는 가위가 있다. 이 가위로 가방을 자르기 시작한다. 어떻게 될까?"

이 지점에서 팻은 "오!" 하고 신음 소리를 냈고, 다른 아이는 웃어 젖혔다. 그리고 둘 다 공깃돌이 마룻바닥에 죄다 쏟아져버릴 거라고 했다. 설명을 듣고 난 다음에야 두 아이는 자신들의 접근이 이치에 맞지 않는다는 사실을 깨달았다.

＿아마도 이 아이들이 실제 생활에서 가방에 든 공깃돌을 네 사람에게 나눠주어야 했다면 가방을 4등분하는 짓은 절대로 하지 않았을 것이다. 아이들은 오직 학교에서만 이렇게 생각한다.＿

이런 생각을 하다 보니 내가 대학입시를 준비할 때 있었던 일이 떠오른다. 어느 날 한 친구가 화학 시험에 대비해서 공부하는 것을 도와주고 있었다. 그 친구는 염류 목록을 보면서 물에 녹는 것들을 기억해 내려고 애쓰고 있었는데, 탄산칼슘이 수용성이라고 했다. 내가 그럼 탄산칼슘으로 이루어진 물질들을 몇 개 대보라고 하자 그는 자신 있게 석회석, 화강석, 대리석 등을 댔다. 내가 물었다.

"그런데 그런 것들이 빗물에 녹는 거 봤어?"

친구는 한 번도 생각해본 적이 없는 눈치였다. 그가 공부하고 있는 화학과 현실 세계, 즉 감각과 상식의 세계 사이에는 어떤 연관성도 없었다.

## □ 1959년 2월 6일

이런 직감이 든다. 아이들에게 한 선이 다른 선의 $\frac{5}{7}$인 두 개의 선을 그으라고 했다고 하자. 아이들은 아마 5인치짜리와 7인치짜리 선을 그을 것이다. 그런데 한 선이 다른 선의 $\frac{5}{17}$인 두 개의 선을 더 그으라고 시키면 어떨까. 오래지 않아 많은 녀석들이 자기 공책에는 17인치짜리 선을 그을 공간이 없기 때문에 할 수 없다고 할 것이다.

이해라는 것은 '뭔가를 더 잘 이해하면 할수록 더 많은 경우에 적용시킬 수 있다.'는 것이다. 그렇다면 아이들에게 분수를 사용하는 여러 방법들을 생각해보게 하는 것도 분수를 이해시키는 방법이 될 수 있다.

나 자신도 지금에 와서야 양으로서의 분수와 연산부호로서의 분수의 차이를 이해하기 시작한 감이 든다. $\frac{1}{2} + \frac{1}{3} = \frac{5}{6}$이라는 식은 1의 $\frac{1}{2}$ 더하기 1의 $\frac{1}{3}$은 1의 $\frac{5}{6}$와 같다는 의미이다. 또는 이렇게 해도 된다. 뭔가의 $\frac{1}{2}$ 더하기 그것의 $\frac{1}{3}$은 그것의 $\frac{5}{6}$와 같다. 그것이 무엇이든 상관없이.

하지만 여기서 잠깐! 혹시 모든 수가 연산부호인 것은 아닐까? 2+3=5라고 할 때 이것은 2개의 뭔가 더하기 3개의 뭔가는 5개의 그것이 된다는 의미가 아닐까? 간단히 말해 우리는 수 계산을 가르치면서 알게 모르게 언제나 대수를 가르치고 있는 것은 아닐까? 그리하여 우리가 부딪히게 되는 수많은 어려움과 혼란은 이 사실을 모르고 있다는 사실에서 생기는 것이 아닐까? 2+2=4라고 할 때 실제로 의미하는 건 $2x + 2x = 4x$인 셈이다.

우리는 공통분모가 없을 때는 분수를 더할 수 없다는 생각에 익숙하다. 하지만 이것은 분수뿐 아니라 모든 숫자에 다 적용된다. 예를 들어보자. 2마리의 말＋3마리의 말＝5마리의 말이다. 그렇지만 2마리의 말＋3동의 화물열차는 무엇일까? 5개의 물체, 5개의 존재, 그러면 되겠다. 하지만 그러면 말과 화물열차에 물체라는 공통분모를 부여한 셈이다.*

나는 오랫동안 수학을 '이해한다'는 것에는 겉으로 드러나는 이상의 사실이 숨겨져 있는 게 아닌가 의심해왔는데, 이제야 얼마나 많은 것들이 숨겨져 있는지 어렴풋이나마 눈치 채기 시작했다. '간단한' 산수라 해서 특별히 간단한 것은 아니다. 다정하고 인정 있는 여교사라면 누구나, 더 이상 다른 점은 생각해볼 것도 없이, 아이들에게 산수를 '이해하도록' 가르칠 수 있다는 생각은 정말이지 어리석다.

_머지않아 우리는 수학 박사학위를 가진 사람이라면 아이들이 수학을 이해하도록 가르칠 수 있을 거라는 생각 역시 어리석다는 사실을 알게 되었다. 교수 주도의 수학 교수법 혁명이 별 볼일 없는 것이었음이 드러나고 있다. 그것은 수학 교수법을 개선하지도 못했고, 많은 점에서 더 나쁜 결과를 빚어냈을 뿐이다.

뭔가를 이해하는 일을 가르칠 수 있는지 참으로 의심스럽다. 이해란 말하자면 어떤 것의 여러 부분들이 다른 모든 부분과 어떻게 관련되어 있는가를 알고, 자신의 머릿속에 그 구조의 모델을 가지는 일이다. 우리는 다른 사람에게 명칭과 목록은 줄 수 있지만 우리의 정신 구조를 줄 수는 없다. 자신의 정신 구조는 자신이 세워야 한다. 모든 학문과 경험을 일련의 질문과 대답으로 전환할 수 있다고 주장하는 사람들이 있다(프로그램학습법을 말한다.). 1, 2년간 프로그램학습법으로 수학 공부를 해왔던 한 11학년 학생이 나에게 이런 지적을 했다. 프로그램학습 방법론의 허점에 관한 내용이었는데, 그 말에는 자신

---

* 3년 후 1학년 아이들에게 사전 준비를 시키지 않고 칠판에 이렇게 썼다. 2마리의 말＋3마리의 소＝? 많은 아이들이 '5마리의 동물'이라는 답을 냈다.

이 깨달은 것 이상의 통찰이 담겨 있었다.

"어떤 질문에 내가 했던 대답은 대부분 기억이 나요. 그런데 어떤 질문이었는지는 절대로 기억이 안 나요."

정확한 지적이다.＿


## □ 1959년 3월 8일

이 학교는 분수 공부를 할 때 그림을 그려서 설명하면 아이들이 내용을 쉽게 이해하고 실수도 하지 않을 것이라는 신조가 있다. 하루는 이 이론의 재미있는 예가 눈앞에서 벌어졌다.

팻이 $\frac{1}{2} + \frac{1}{3} =$ ?이라는 문제를 받았다. 그 아이는 잠시 문제를 생각하더니 두 개의 직사각형을 그리고 각각을 3등분으로 나누었다. 그리고 한 직사각형의 두 부분을 검게 칠하더니 "이것은 $\frac{1}{2}$ 이다."라고 썼다. 그 다음 다른 사각형의 한 부분을 검게 칠하고 "이것은 $\frac{1}{3}$ 이다."라고 썼다. 그 아이는 그것들을 잠시 쳐다보고 "$\frac{1}{2} + \frac{1}{3} = 1$ 완전체."라고 쓰고는 얼굴 가득 기쁨과 만족의 표정을 담은 채 자리로 돌아가 앉았다.

헤스터가 이렇게 썼다.

"$\frac{1}{2} + \frac{1}{3} = \frac{3}{4}$"

헤스터 옆자리의 바버라가 재빨리 말했다.

"틀렸어! $\frac{1}{3}$ 은 $\frac{1}{4}$ 하고는 틀려."

잠시 후 나는 바버라가 무슨 말을 하는지 알아차렸다.

$\frac{1}{2} + \frac{1}{4} = \frac{3}{4}$ 이므로, $\frac{1}{2} + \frac{1}{3}$ 은 $\frac{3}{4}$ 일 수 없다. 바버라는 자기가 공부하는 것이 이치에 맞는지 여러 각도에서 관찰하는 아이다. 하지만 이런 아이는 드물다. 정말이지 드물다.

하루는 모니카에게 1 완전체 속에는 $\frac{1}{3}$ 이 몇 개 들어 있는지 물었다. 그 아이가 대답했다.

"그 완전체가 얼마나 큰가에 달려 있죠."

아이들의 마음속을 들여다볼 수 있다면 얼마나 많은 아이들이 그렇게 생각하는지 알련만. 아이들은 그 답이 틀렸기 때문에 그렇게 말해서는 안 된다는 걸 잘 알고 있다. 그래서 입은 다물고 있지만 그렇게 생각하는 아이들이 얼마나 많을까?

가끔은 팻도 현실 세계로 돌아온다.

"자, 여기 먹을 게 있다. 3분의 1을 먹겠니, 4분의 1을 먹겠니?"

그 아이는 재빨리 말한다.

"그게 뭔지에 달렸죠."

방학이 끝나고 난 직후 오후반에 참여하는 아이들에게 막대를 나누어주고 $\frac{1}{2} + \frac{1}{3}$ 은 뭔지 알아보라고 했다. 아이들에게 힌트를 준 기억은 없다. 아니 확실히 힌트를 주지 않았다. 수업에 참여한 아이들 대부분은 뒤죽박죽이 된 막대 더미 속에서 6cm, 12cm짜리 막대를 찾거나 만들어서 그것의 $\frac{1}{2}$ 과 $\frac{1}{3}$ 을 알아냈고, 두 개를 더해서 $\frac{5}{6}$ 라는 답을 내놨다. 결과가 어쩌나 좋았는지 다시 한 번 해보라고 하기가 겁이 날 지경이었다. 막대 없이도 이 계산을 해내는 아이도 있지만 대부분은 아닐 것이다.

베티가 말했다.

"$\frac{2}{4}+\frac{3}{5}$은 1보다도 많다. 1을 만들려면 $\frac{1}{5}$이 두 개 더 있어야 한다. 그런데 $\frac{2}{4}$는 $\frac{2}{5}$보다 크다. 따라서 답은 1보다 커야 한다."

놀라운 녀석이다. 하지만 전통적인 학교에서라면 베티는 '이해가 늦은' 학생으로 간주될 수도 있다. 또 어쩌면 그렇게 되어버릴 수도 있다.(실제로 후에 베티를 가르쳤던 교사들 몇은 그 아이를 열등생으로 취급했다.) 베티는 상황을 여러 각도에서 바라보는 걸 좋아하고, 공부를 시작하기 전에 그것의 의미를 생각한다. 그러나 대체로 이런 방식은 학교에서 하는 방식이 아니다.

잠시 후에 베티가 누구에겐가 물었다.

"20의 $\frac{1}{3}$은 뭐지? 반 개짜리 없이 말이야?"

잠시 후 아이들이 $\frac{1}{2}+\frac{1}{4}$을 풀고 있었는데 이런 말들이 들려왔다.

랄프: 답은 $\frac{3}{4}$이야. 왜 그런지 묻지 마.

질: 1에다 1을 더했는데 3이 나온단 말이야?

베티: 나는 그런 식으로 안 해. 난 제대로 된 식으로 한다고.

잠시 후, $\frac{1}{5}+\frac{3}{10}$을 풀고 있는 중.

베티: 답은 $\frac{5}{10}$이거나 $\frac{1}{2}$야.

질: 하지만 5는 10의 반이 아니잖아. 그리고 10은 3의 반이 아니고.

제인은 생각에 잠겨서 혼잣말을 한다.

"8을 3배하면 24가 된다. 3이 24가 되려면 몇 배를 해야 하지?"

제인은 이 답을 알아내는 데 긴 시간이 걸렸다.

우연이겠지만 '……가 된다.'는 말을 쓰지 않는다는 학교의 방침에도 불구하고 모든 아이들이 그 표현을 썼다.

## □ 1959년 4월 24일

아이들이 세상은 이치에 맞지 않는다고 느낀다면, 그것은 우리가 세상을 설명하는 데 쓰는 언어가 이치에 맞지 않기 때문일 수 있다. 아니면 적어도 우리가 경험하는 세상과 말로 설명되는 세상 사이에 모순이 있기 때문인지도 모른다.

학교가 하는 주된 일 중 하나는 아이들에게 언어라는 도구를 주는 것이다. 그 도구를 가지고 자기들이 살고 있는 세상을 배우고, 생각하고, 같이 이야기 나눌 수 있도록 하자는 것이다. 아니 차라리 아이들이 이미 가지고 있는 그 도구를 갈고 다듬는 걸 도와주려 한다는 표현이 낫겠다. 우리는 언어라는 도구는 완벽하며, 아이들은 오로지 이 도구를 정확하게 쓰는 것만 배우면 된다는 식으로 행동한다. 우리가 쓰는 식으로 말이다. 그러나 사실 언어는 여러 면에서 대단히 불완전한 도구이다. 우리가 언어의 불완전성을 인식하고, 그것이 설명하려는 이 세상과 조화되지 않으며 모순과 역설을 내포하고 있다는 사실을 깨닫는다면, 아이들에게 말과 경험이 조화를 이루지 못하는 부분을 알아보도록 주의를 주고 도와줄 수도 있을 것이다. 그리고 어느 정도는 그 한계를 극복할 수 있는 언어 사용법을 보여줄 수 있을 것이다.

형용사의 경우를 보자.

어떤 형용사는 절대적 의미를 지닌다. 둥근, 푸른, 네모진 등등이 그런 경우다. 하지만 긴, 짧은, 얇은, 두꺼운, 무거운, 가벼운, 높은, 낮은, 가까운, 먼, 쉬운, 어려운, 거친, 부드러운, 뜨거운, 차가운 등등의 형용사는 상대적 의미를 지닌다. 이런 형용사들은 어떤 절대적 의미도 지니고 있지 않다. 길다, 짧다는 단지 다른 것에 비해 더 길거나 짧다는 뜻일 뿐이다. 하지만 우리는 이 말들이 마치 절대적인 뜻을 가진 양 쓰고 있다. 실제로 아이들은 특정한 한 물건에 대해 하루는 길다고 했다가 다음 날은 짧다고 하고, 하루는 뜨겁다고 했다가 다음 날은 차갑다고 하는 경우를 수도 없이 경험할 것이다. 우리는 마치 말의 의미가 고정되어 있다는 듯 말을 하지만, 끊임없이 그 의미를 바꾸고 있다. 차갑게 식어가고 있는 수프도 갓난아기에게는 너무 뜨겁다. 오늘 짧은 연필이 내일이면 긴 연필이 된다.

'그 큰 고양이 이름은 미드나이트야. 그래도 그 녀석을 너무 괴롭히지 마라. 너무 작아.'

'말은 큰 동물이지. 저 작은 망아지를 한번 봐라.(사실 어린애의 세 배나 된다.)'

'아유, 크게 자랐구나. 저건 가지면 안 돼. 넌 너무 작아.'

아이들은 이런 혼란에 잘 적응한다. 하지만 이런 것이 지적으로 건강하고 필요한 적응일까? 단지 일종의 정답생산전략이 아닐까? 1학년짜리들에게 어떤 산을 작다고 하고, 어떤 강아지를 크다고 하는 이유를 말해줄 필요가 있지 않을까? 아니면 부질없는 짓일까?

전통적인 문법 교수법이 혼란을 부채질한다. 우리는 명사와 형용사가 아주 다른 것인 양 이야기하고 또 그렇게 쓴다. 하지만 사실상 명사와 형용사는 비슷한 경우가 많다. 녹색 공, 녹색 팽이, 녹색 자전거, 녹색 봉제 인형 같은 것들은 녹색이고(형용사) 장난감(명사)이라는 점에서 닮았다. 그것들을 두고 녹색이라고 할 때는 공통적으로 녹색을 띠고 있는 종류의 하나라는 뜻이고, 장난감이라고 할 때는 아이들이 가지고 논다는 점에서 공통점을 지닌 것들 중 하나라는 뜻이다. 왜 이런 종류에 관해 뭔가 대단한 차이점이 있다고 생각해야만 할까? 공이 공인 것과 공이 녹색인 것이 무슨 차이가 있을까? 나는 그 차이라는 게 잘 느껴지지 않는다. 그것들은 단지 그 물체에 대해 뭔가를 일러주는 두 가지 방법일 따름이다. 우리는 아이들에게 말의 한 부분과 다른 부분이 구별되는 것은 의미의 문제라고 가르친다. 그렇지만 실제로는 그것을 문장 속에 위치시키는 문제와 관계가 있다.

□ 1959년 4월 30일

하루는 냇에게 분수 문제를 어떻게 풀었는지 묻자 이렇게 말했다.

"나는요, 그게 거의 언제나 대각선 형태를 띠고 있다는 걸 알아냈어요."

그 아이는 분수란 실제로 무엇을 나타내는가에 대해서 생각하는 게 아니라, 모든 경우에 다 들어맞는 하나의 법칙을 찾고 있었다. 일레인은 분수 덧셈이 나오면 여전히 위와 아래를 더한다(+는 더하기를 뜻하니까 일단 +가 눈에 띄면 뭐든지 더하고 본다.).

나는 냇이 $\frac{1}{3} + \frac{1}{4} = ?$라는 문제를 푸는 것을 지켜보았다. 그 아이는 $\frac{1}{3}$의 등가 분수를 쓰기 시작했다. 그런데 $\frac{2}{6}$, $\frac{4}{12}$, $\frac{8}{24}$······ 등 분모가 배수로 증가하는 식을 늘어놓았다. 그 다음 $\frac{1}{4}$에 대해서도 같은 식으로 $\frac{2}{8}$, $\frac{4}{16}$, $\frac{8}{32}$······ 등을 나열했다. 그렇게 해서는 도저히 공통분모를 찾을 수 없었지만 냇은 그 이유를 이해하지 못했다. 샘이 냇에게 $\frac{1}{4}$은 $\frac{6}{24}$으로 바꿔 쓸 수 있다는 것을 보여주어야만 했다.

법칙을 따른다! 이런 아이들은 탱크를 타고 광야를 가로지르는 사람과도 같다. 그들은 작은 구멍을 통해서 세상을 내다보고 목표를 정하고는 출발한다. 하지만 뭔가에 부딪혀서 길에서 비껴나면 목표도, 길도 잃어버린다. 그들은 출발점이 어디였는지도 모르고, 얼마만큼 나아갔는지도 모르고, 지금 있는 곳이 어디인지도 모른다.

한 1학년 아이가 익힘 문제를 풀고 있었다. 맞는 답에 ○×표시를 하는 문제였는데 처음 서너 개를 내리 맞는 걸로 표시하더니 다음에는 ×를 쳤다. 어찌나 빨리 풀던지 교사가 그 답이 틀렸는지 어떻게 아느냐고 물었다. 아이가 말했다.

"아, 이쯤 오면 틀린 답이 나오게 돼 있어요."


__아이들의 법칙. 나는 이제 아이들이 분수 계산에서 어떤 법칙을 찾아내려 하는 것을 나쁘게 보지 않는다. 개중에는 참으로 엉뚱한 법칙들도 있지만 말이다. 태양 주위를 도는 행성의 움직임에서 어떤 법칙을 찾아내려 25년 동안이나 노력했던 케플러도 수없이 엉뚱한 추측을 하지 않았는가. 아이들의 곤란은 자신이 발견한 법칙이 맞는지 확

인할 길이 묘연하다는 것이다. 아이들은 그 법칙이 맞는지 검토하기 위해 현실, 내적 논리, 일관성 중 그 어떤 것도 이용할 줄 몰랐다. 대신 자기들의 문제 풀이를 교사에게 가져와서 물을 뿐이다.

"이거 맞아요?"

더군다나 아이들이 고안해낸 규칙들은 너무도 엉뚱하고, 우연하며, 어떤 것하고도 연관성이 없다. 때문에 우연히 작동 가능한 법칙을 발견했다 해도, 다시 말해 교사로부터 "그게 맞아."라는 대답을 들었다 하더라도 소용없는 경우가 많다. 아이들은 대부분 그 법칙을 기억하지 못하거나, 어떤 종류의 문제를 해결할 수 있는 규칙이었는지도 기억하지 못한다.＿

□ 1959년 6월 15일

아이들은 학교에서 상당히 일관성 있는 전략을 구사하는 것 같다. 우수한 학생들조차 전략을 구사할 때가 많고, 열등한 학생들은 거의 언제나 전략을 쓴다. 그리고 압박감을 받으면 어떤 학생이든 전략을 쓰게 된다. 전략은 '문제'보다는 '해답'에 중심을 두는 태도인데, 문제를 다루는 방법을 비교해보면 그 차이점이 확연히 드러난다.

문제 중심적인 사람은 문제를 어떤 상황에 관한 언급이라고 본다. 그 상황 속에는 뭔가가 빠져 있다. 다시 말해 그 상황 속에는 말해지지 않은, 찾아내야만 하는 어떤 관계나 결과가 존재한다. 그는 그 상황을 생각하고, 그 상황 전체를 마음속에 그려봄으로써 문제를 공략

한다. 상황을 전체적으로 그려볼 수 있으면 어떤 부분이 빠져 있는지 알게 되고 해답이 저절로 드러난다. 학교에서 제시되는 문제는 어떤 문제든 그 속에 답이 있다. 단지 일시적으로 숨겨져 있을 뿐이다. 그 답을 찾아내는 것은 조각그림 맞추기에서 빠진 조각 하나를 찾아내는 것과 같다. 그림 속에서 빈 곳을 바라보기만 하면 그곳을 채울 조각의 모양을 알게 된다.

그러나 학교에서는 대부분의 아이들이 해답 중심적으로 대처한다. 아이들은 문제를 일종의 공고문쯤으로 본다. 멀리 신비로운 해답의 나라에 있는 해답을 찾아 떠나야 하는 것이다. 어떤 아이들은 처음부터 교사의 마음속에서 답을 엿보려고 덤벼든다. 어린아이들은 이런 점에서 실력이 뛰어나다. 특히 귀여운 얼굴을 하고 있는 아이일 경우, 당황하고 겁먹은 듯이 보이기만 해도 교사가 자기들이 알아야 하는 것을 이야기해주기 마련이라는 사실을 알고 있다. 이런 아이들에게는 문제란 해답을 얻어내기 위한 처방전, 자신들이 해야 할 일을 말해주는 힌트 세트, 땅에 묻힌 해적의 보물을 찾아내는 설명서와 같다. 커다란 참나무를 찾아라. 교회 첨탑의 꼭대기에서 일직선으로 백 보를 걸어가라 등등. 정답파들은 이렇게 생각한다. '전에 이 비슷한 문제를 풀었을 때 어떻게 했더라?' 이들이 그전의 처방전 몇 개를 기억해내고 혼동을 일으키지 않는다면 해답 찾기 놀이에서 좋은 성적을 거둘 수도 있다. 게다가 이들이 가져온 해답들은 정답일 경우가 많다.

'앤은 메리보다 3살이 많다. 둘의 나이를 합하면 21살이 된다. 각자는 몇 살일까?'라는 문제를 예로 들어보자.

문제 중심의 아이들은 자기 마음속에 이 사람들을 구체화시켜보려고 애쓴다. 두 사람은 어른들일까? 아니야. 어른들이라면 나이를 합하면 아주 큰 수가 되겠지. 둘 다 10살 정도인 게 틀림없어. 그리하여 앤과 메리의 가능 영역은 훨씬 좁아진다. 그리고 적당한 한 쌍이 점점 더 크게 떠오른다. 마침내 그 소녀들은 9살과 12살이 된다.

문제 중심의 아이들은 공식을 이용할 수도 있다. 아주 재빨리 앤과 메리의 나이를 더하면 메리 나이의 두 배 하고도 3이 남는다는 사실을 알게 될 수도 있다. 다음과 비슷한 수식을 쓸지도 모르겠다. $A+M=21$, $2M=18$, 따라서 $M=9$, $A=12$이다. 하지만 요점은 이렇다. 이들은 이 공식, 즉 문제해결 과정을 문제 그 자체에서 얻지 자신의 기억으로부터 가져오는 게 아니라는 점이다.

이와는 반대로 해답 중심의 아이들은 이렇게 생각한다.

'자, 그럼 한번 볼까? 이런 종류의 문제는 어떻게 풀기로 되어 있더라? 언제 이런 걸 풀어봤더라? 오, 그래, 기억이 난다. 일단 이 사람들의 나이에 관해 뭔가를 적는 거야. 그러니까 메리의 나이를 $x$로 놓고, 그 다음에 앤의 나이를 뭔가로 놓아야 하는데. 음, 그러니까 그런 걸 $x+3$으로 놓는 것 같아. 다음은 둘을 합하는 걸 거야. 그래, 그게 맞아. $x+x+3=21$. 그 다음에는 3을 이항해야 해. 어떻게 하더라? 각 항에서 3을 빼는 거야.'

그렇게 답을 얻을 때까지 계속 해나가다가 답을 얻으면 교사에게 가서 묻는다.

"이거 맞나요?"

하지만 이 답은 문제 속에 있는 것이 아니라 다른 데서 가져온 것이다. 때문에 답을 얻는 과정에서 소발에 쥐잡기 식으로 기억을 훑어야만 하는 것이다.

실제로 학교에서 하는 모든 공부는 아이들을 해답 중심으로 만드는 경향이 있다. 그 이유는 이렇다.

첫째, 정답에는 대가가 따른다. 학교는 '정답'을 떠받드는 사원과도 같다. 거기서 성공하는 길은 그 제단에 풍부한 정답을 바치는 것이다.

둘째, 교사들 스스로가 해답 중심적일 경우가 많다. 수학이 특히 그렇지만, 꼭 이 과목에 국한된 건 아니다. 교사들이 그런 성향을 띠는 이유는 그렇게 하도록 지시받기 때문이고, 책에 그렇게 쓰여 있기 때문이며, 항상 그렇게 해왔기 때문이다.

셋째, 여러 해 동안 내가 그랬듯이 해답 중심적이 아닌 교사들도 해답 중심의 사고와 문제 중심의 사고를 구별하지 못한다. 뿐만 아니라 이 두 가지를 구별하는 것이 중요하다는 사실을 전혀 이해하지 못한다. 결국 교사들의 이런 방식과 아이들에게 부과되는 터무니없이 많은 양의 공부거리가 아이들을 해답 지향적인 전략으로 몰아간다. 달리 어떻게 할 시간적 여유가 없다는 이유만으로도 그렇다. 내가 지금까지 관찰한 바로는 공부 양이 가벼울 때는 아이들도 생각을 하려 들고 사물을 이해하는 데 시간을 들인다. 하지만 공부 양이 많아지면 "난…… 모-르-겠-어."라는 신음이 들려오기 시작하면서 생각은 멈추고 교사들이 모든 걸 보여주길 기대한다. 따라서 학교에서 소위 높은 수준을 달성하기 위해 아이들을 몰아댄 결과는 우습게도 아이들이 너무 바빠서 생각할 틈이 없어졌다는 것이다.

초급 물리 때문에 골치를 앓고 있는 열여섯 살짜리 남학생과 공부를 한 적이 있었다. 한번은 그 아이에게 자기 책에 있는 문제 하나를 풀어보라고 시켰다. 그러자 그 아이는 재빨리 공책에 이렇게 적어 나갔다.

주어진 사실:
알아내야 할 것:
쓰임새:

그러더니 빈칸에 글자와 그림으로 범벅된 내용을 아무렇게나 쑤셔 넣기 시작했다. 내가 말했다.

"아이고 얘야, 천천히, 천천히. 문제가 뭔지도 모르고 있잖니. 아무 거나 써넣기 전에 생각을 해봐야 할 거 아니니?"

그 아이가 말했다.

"하지만 우리 선생님이 문제를 풀려면 이런 식으로 해야 한다고 그 러셨어요."

사실 그 교사는 학생들이 문제를 생각해보기를 바라는 마음에서 이런 형식을 가르쳐주고, 아이들이 생각을 하도록 유도했음에 틀림 없다. 하지만 그 교사가 알지 못했고, 앞으로도 결코 알지 못할 사실 은 이렇다. 보다 분명한 사고라는 목적에 도달하기 위해 제시한 수단 이 목적 자체가 되어버렸고, 결국에 가서는 해답 사냥을 위해 통과해 야만 하는 일종의 의례로 변질되었다는 것이다.

아이들은 정답을 찾아내야 한다는, 그것도 빨리 찾아내야 한다는 압박감이 없는 상황에서는 놀라운 일들을 해낼 수 있다. 지난 가을학 기에 오후 수업에 참여한 아이들에게 문제 몇 개를 내주면서 이렇게 말했다.

"이 문제들은 전에는 본 적이 없는 거야. 그러니 너희들은 이 문제를 푸는 법을 모를 거야. 너희들이 제대로 풀든 못 풀든 상관 안 하마. 나는 그저 너희들이 문제를 풀려고 얼마나 노력하는지만 알고 싶다."

앞에 나온 앤과 메리 문제라든가, 합해서 85센트가 되는 잔돈 계산 같은 간단한 문제들이었지만 대수를 막 공부하기 시작한 아이들에게는 어려울 수도 있었다. 이들 5학년짜리들은 온갖 상상력과 온갖 기지, 온갖 상식을 다 동원해, 한마디로 말해 지성적인 태도로 문제에 덤벼들었다. 아이들은 여러 가지 방식으로 문제를 풀었는데 나도 생각지 못했던 것도 몇 개 있었다. 하지만 그때쯤 되자 학교 당국은 내 진도가 너무 느린 게 아닌가 염려하기 시작했고, 마침내 진도를 빨리 나가라고 재촉했다. 부끄럽게도 결국엔 나도 그 말을 따라야 했고, 아이들도 즉시 자신들의 오랜 전략으로 돌아가버렸다. 아마도 그 길로 영원히.

## □ 1959년 10월 1일

그다지 오래전 일은 아니다. 가테그노 박사가 레슬리-엘리스 학교에서 시범 수업을 했던 때의 일이었다. 그 일은 정말 잊을 수 없을 것 같다. 내가 살아오면서 본 가장 놀랍고 감동적인 광경이었으니까.

이 시범 수업을 위해 뽑힌 대상자들은 심한 정신박약증세를 보이는 아이들이었다. 열대여섯 살가량의 아이들이 5, 6명 있었는데, 몇몇 아이들은 보통 이상으로 무표정한 얼굴을 제외하곤 아주 정상으로 보였다. 그중 탁자의 맨 끝에 앉아 있던 한 남자아이가 내 눈길을 끌었다. 그 아이는 키가 컸고 창백한 안색에 검은 머리를 하고 있었는데 아이의 얼굴에 드러난 불안과 긴장이 예사롭지 않았다. 아이의 모습은 마치 겁에 질린 한 마리 새 같았다. 그 아이는 잠시라도 방심하면 어느 구석에서 적들이 튀어나올지 모른다는 태도로 방을 잽싸게 둘러보고 있었다. 아이는 끊임없이 혀를 이리저리 돌려 한쪽 뺨을 튀어 나오게 했다가 다른 쪽 뺨을 튀어 나오게 했다가 했고, 탁자 밑으로 한쪽 손을 내려 다리를 긁고 있었는데 차라리 할퀴고 있다는 편이 맞을 정도였다.

가테그노 박사는 이렇다 할 정식 절차나 예비 단계도 없이, 또 서먹함을 없애려고 흔히들 하는 농담이나 빈말도 없이 곧바로 수업에 들어갔다. 손에 퀴즈네르 막대를 들고 내가 지금부터 설명하려고 하는 계산을 실제로 해볼 수 있다면, 그때 일어났던 일을 훨씬 더 선명하게 그려 보일 수 있을 것이다.

박사는 우선 두 개의 푸른색 막대(9)를 집어 들었다. 그러고는 그 사이에 암녹색 막대(6)를 끼웠다. 두 개의 푸른색 막대 사이에 낀 암녹색 막대 위에는 3cm 길이의 공간이 생겼다. 박사가 아이들을 보며 말했다.

"이렇게 만들어라."

아이들이 그렇게 하자 박사가 다시 말했다.

"자, 이제 이 빈곳에 들어갈 막대를 찾아보자."

나는 그 검은 머리 남자아이를 주시하고 있었으므로 다른 아이들이 어떻게 그 문제를 풀었는지는 모르겠다. 그 아이의 동작은 발작적인 데다가 불안정하기 짝이 없었다. 탁자 중앙에 놓여 있는 더미에서 막대를 하나 집어 들기는 했지만 푸른색 막대 사이에 끼워 넣기도 어려울 지경이었다. 여러 번 시도 끝에 그 아이를 비롯한 모든 아이들이 연녹색 막대(3)가 빈 곳에 들어맞는다는 걸 알았다.

그 다음 가테그노는 자기가 들고 있는 푸른색 막대들의 위쪽 끝을 잡고 흔들었다. 그러자 암녹색 막대가 빠졌다. 가테그노는 막대를 다시 뒤집었고, 암녹색 막대가 있던 자리에 6cm의 공간이 생겼다. 그는 아이들에게 자기와 같이 해보라고 했다. 아이들이 따라하자 가테그노는 그 빈 곳에 맞는 막대를 찾아보라고 했다. 방금 그 자리에서 빠져나온 암녹색 막대를 집어 들면 되는 것이었다. 그러나 그렇게 한 아이는 한 명도 없었다. 앞서보다 더 많은 시행착오가 벌어졌다. 마침내 모두들 필요한 막대는 암녹색 막대라는 걸 알아냈다.

가테그노는 또다시 막대를 흔들어 연녹색 막대를 빠져나오게 한 다음 3cm 공간을 남기고 막대를 다시 뒤집어서 빈 곳이 위쪽으로 가게 만들었다. 그리고 다시 아이들에게 빈 곳을 채워보라고 했다. 아이들은 이번에도 역시 수많은 시행착오를 거친 후에 연녹색 막대를 찾아냈다. 앞서도 그랬듯이 검은 머리의 아이는 제대로 된 막대를 찾아내기 위해 여러 번의 시도를 거쳐야 했는데 그 시도에는 아무런 일관성도 없어 보였다.

믿기 어렵겠지만 가테그노는 누구나 주저하거나 시행착오를 하지 않고 필요한 막대를 집어낼 수 있을 때까지 네댓 번 이 작업을 반복했다. 수업을 보고 있는 동안 이런 생각이 들었다.

'세상이 돌아가는 이치를 모른다는 건 어떤 것일까? 모든 사물에는 규칙과 질서가 있다는 것을 느끼지도 믿지도 못한다는 것은 어떤 기분일까?

우리가 아이들이 매일 경험하고 있는 '아는 것이 거의 없는 세상'을 이해하려면 엄청난 상상력이 필요하다. 그것은 단순히 어떤 사실을 모른다는 그런 문제가 아니다. 아주 어린 시절에 살았던 세계를 떠올려보라. 그 세계란 참으로 변덕스럽고 예측 불가능한 곳, 사물이 서로 아무 관련도 없는 그런 곳이다. 게다가 이 아이들은 대부분의 어린아이들과는 달리 그 세계가 적이라는 느낌을 갖게 되어버렸다.

그런데, 내가 지켜보고 있던 검은 머리 아이가 뭔가를 깨달았다! 처음으로 뭔가가 그 아이의 머릿속에서 찰칵 맞아 들어가자 아이의 손이 흥분으로 떨렸다. 아이는 조금도 망설이지 않고 올바른 막대로 손을 뻗쳤다. 아이는 빈 곳에 그 막대를 끼워 넣었다. 된다! 혀가 입속에서 이리저리 굴렀고, 손은 탁자 밑에서 두 배나 빨리 다리를 할퀴어댔다. 막대를 뒤집어서 반대편의 빈 곳을 채워 넣을 시간이 되자 그 아이는 너무도 흥분한 나머지 자기가 원하는 막대를 집어 들기도 힘들 지경이었다. 어쨌든 아이는 막대를 끼워 넣었다.

"맞다! 맞다!"

아이는 이렇게 외치며 자기가 맞춘 막대를 우리 모두가 볼 수 있도록 들어올렸다. 그것을 보고 있던 많은 사람들이 감동해서 눈물을 흘렸다. 그 아이의 흥분과 기쁨 때문에, 그 아이의 지성이 커다란 도약을 이룬 것을 우리 모두가 깨달았기 때문에.

잠시 후, 가테그노는 같은 문제를 냈다. 분홍색 막대(4)와 노란색 막대(5)를 푸른색 막대 사이에 끼워 넣는 것이었다. 검은 머리 아이는 단번에 필요한 막대가 어떤 것인지 알아냈다. 이번에는 더 침착했고, 더 자신감이 있어 보였다. 그 아이는 이제 알고 있었다.

가테그노는 또다시 막대를 이용해서 하나가 다른 하나의 반이 된다는 것이 무슨 의미인지 보여주었다. 그는 흰색(1)과 빨간색(2), 그리고 빨간색과 분홍색(4)을 써서 '반'의 뜻을 시범으로 보여주었다. 그런 다음 아이들에게 다른 몇 개의 막대를 보여주고 반이 되는 막대를 찾아보라고 했다. 검은 머리 아이는 이 과제를 해냈다. 시범 수업이 끝나기 직전에 가테그노는 갈색 막대(8)를 보여주고 그것의 반의 반 크기의 막대를 찾아보라고 했다. 그 아이는 이것도 역시 해냈다.

그 당시에는 미처 깨닫지 못했지만 지금은 이렇게 생각한다. 그때까지 그 아이의 IQ가 얼마로 간주되었든, 또 자신의 경험에 따라 삶의 조건에 어떤 식으로 반응했든, 그 아이는 적어도 그 시간만큼은 높은 지성을 지닌 사람으로서 높은 수준의 지적 활동을 해냈다. 아이가 수업을 시작했을 때와 끝났을 때의 상태를 생각해보고, 또 그 40분간 아이가 돌파한 어마어마한 넓이의 수학 영역을 생각해보면, 그 아이의 내면에 엄청난 능력이 잠재되어 있다는 사실을 인정하지 않을 수 없다.

그 아이가 다시는 가테그노와 같은 사람을 만날 수 없고, 그래서 자기 자신을 발견할 수도 없을 거라는 사실은 슬픈 일이다. 가테그노의 관심사는 자기가 가르치는 학생의 지성과 접촉하는 것이다. 그 지성의 수준이 어느 정도이고 어떤 영역에 속하느냐는 상관없다. 아이가 접촉을 이룰 만한 충분한 직관과 상상력만 가지고 있으면 가능하다. 이 점을 알고 있는 교사는 거의 없다. 가테그노는 정신지체아들과 많은 작업을 해오지 않았음에도 불구하고 나라면 며칠 혹은 몇 주일이 걸리거나 아니 어쩌면 절대로 알아내지 못할 일을 한순간에 알았다. 그는 이런 아이들의 지성에 가닿기 위해, 그리고 그들이 딛고 서서 앞으로 전진할 수 있는 단단한 토대를 만들어주기 위해 배움과 이해의 최초 단계까지 거슬러 올라가야만 했다. 가테그노가 그 수업에서 보여준 것은 이것만은 아니었다. 그는 이 아이들을 절대적으로 존중하고 있음을 보여주었다. 그것은 제대로 된 환경에 놓이기만 한다면 이 아이들 역시 일급의 사고를 해낼 수 있다는 확신이기도 했다. 그의 태도에는 생색을 내는 투나 동정의 몸짓, 심지어는 별다른 호의조차 없었다. 그는 수업 시간 내내 아이들과 함께 힘든 문제를 해결해보려 애썼고, 그래서 마침내 그 문제를 함께 해결해낸 동료일 뿐이었다.

_이 사례의 요점은 오해의 여지가 있고, 실제로 오해되고 있기도 하다. 이 이야기를 읽은 많은 사람들은 만약 가테그노가 이 아이들과 충분한 시간을 보낼 수만 있었다면 아이들을 똑똑하게 만들 수 있었으리라는 말로 생각할 것이다. 그러나 내 말의 요지는 그런 것이 아니다. 내가 말하고자 한 것은 그 아이들은 이미 똑똑하더라는 것이다. 가테그노가 약 한 시간동안 했던 일은 그 아이들의 힘이 미치는 곳에, 그들이 이미 가지고 있는 지성을 발휘할 수 있는 우주 모형을 제공하는 것이었다. 그리고 아이들은 그 우주에서 실제로 뭔가를 행했고, 그 일이 제대로 이루어졌는지 아닌지를 스스로 알아볼 수 있었다.

넓은 의미에서 인간의 지성이란 고정된 것이 아니라 아주 변화무쌍한 것이란 사실을 깨닫게 되면 사람들은 오히려 엉뚱한 결론을 이

끌어낼 수도 있다. 그동안 수학, 영어, 역사를 '가르치려' 애써왔듯이 이제는 지성을 가르치려 들 수도 있다는 것이다. 그러나 학교 교과나 지성에 공통적으로 해당되는 한 가지 진실이 있다. 그것은 '나는 네가 알아야만 하는 것을 알고 있다. 그러니 네가 그것을 배우도록 만들겠다.'는 식의 가르침은 오히려 배움을 가로막는다는 것이다.

우리는 인간을 똑똑하게 만들 필요가 없다. 인간은 똑똑하게 태어난다. 우리가 해야 할 일이 있다면 인간을 바보로 만드는 것을 그만두는 것이다.

성실한 교사들, 뛰어난 교사들, 새롭고 유용한 교수법을 개발해내는 능력 있는 교사들 역시 학습서나 교사용 지침서를 따라가는 데 만족하는 교사들과 마찬가지로 학생들에게 해를 끼칠 수 있다. 이들 재능 있는 교사들은 가르침을 멈출 수가 없다. 이런 사람들은 차를 출발시키려는 친구를 도와주겠다고 그 차를 밀려는 사람과 같다. 차를 밀려고 끙끙대며 애를 쓴다. 차가 굴러 간다. 시동이 걸리고 차가 달리기 시작한다. 운전자가 말한다.

"이제 됐어. 그만 내버려둬."

그런데 미는 사람이 내버려두지를 않는다.

"안 돼. 안 돼. 나 없인 못 가. 내가 계속 밀지 않으면 차가 안 갈걸."

이제 차는 전속력으로 달릴 수 있지만, 운전자가 브레이크에서 발을 떼고 도와주는 사람을 길바닥에 남겨둔 채 떠나버리지 않는 한 그럴 수가 없다. 불행히도 배우는 사람들, 특히나 아이들은 자기를 가르치는 교사를 버려둔 채 가버리지 못한다.

독창적인 교수법을 창안해내는 사람들은 어떤 아이디어가 몇 가지 학습 효과를 나타내면, 백 개의 훌륭한 아이디어는 백 배 만큼의 효과를 불러올 것이라고 생각하는 경향이 있다. 절대 그렇지 않다. 백 개의 훌륭한 아이디어는 모든 배움을 끝장내버릴 것이다.

나 역시 그 사실을 깨닫는 데 오랜 시간이 걸렸다. 내가 대단한 교수법으로 무장한 채 수업에 들어가는 날은 멋진 일이 일어난 적이 거의 없었다. 아이들은 비상하게도 내게 뭔가 '우스꽝스럽고' 엉터리 같은 기운이 있다는 사실을 눈치 채곤 했다. 그런 때의 나는 열 살짜리 아이들이 가득 앉아 있는 교실 속의 마흔 살짜리 인간이기보다는, 실험동물들로 가득 찬 방 안에 들어간 '과학자'였다. 그런 때의 나는 나나 아이들이 흥미를 느끼는 문제에 대해 이야기하거나 우리가 하고 있는 공부를 즐기는 대신 아이들을 대상으로 뭔가를 시험하려고만 했다. 그러면 아이들은 즉시 방어적이고 회피적인 전략으로 후퇴했고, 힐금거리는 시선을 보내며 힌트를 달라고 요구하기 시작했다.

"모르겠는데요."

나는 바로 내 눈앞에서 아이들이 바보로 변해가는 모습을 볼 수 있었다. 나중에는 나도 알 만큼 알게 되어서 이런 일이 일어나면 거창한 프로젝트를 버리고 정상적이고 자연스럽고 정직한 원래 교실로 돌아갔다. 아이들의 흥미를 끌 만하다고 생각되는 묘안이 있을 때는 그것을 교실 한구석에 놓아두고 누군가 "이게 뭐예요, 뭐 하는 거예요, 어떻게 하는 건데요?"라고 물어올 때까지 아무 말도 하지 않았다. 또 아이들이 '접했으면' 하는 활동이 있으면 아무 말 없이 나 스스로 그걸 했다. 그리고 내 관심을 끌지 못하는 일이 아이들의 관심을 끌 거라고는 믿지 않았으므로 내가 지루하게 생각하는 일을 하라고 아이들을 부추기지도 않았다. 하지만 교실에서 할 만하고, 내가 좋아하기도 하는 일이 있으면 종종 교실에서 그 일을 했다.__

## □ 1960년 2월 14일

오늘 에드워드에게 막대 한 움큼을 건네주며 이렇게 물었다.

"이 만큼을 만들려면 몇 개의 흰 막대가 필요할까?"

그 아이는 10cm 길이로 막대를 배치해서 15줄을 만들고 분홍색 막대(4) 하나를 그 옆에 놓았다. 그런 다음 10단위로 묶어서 줄을 세기 시작했다. 현명한 조처인 셈이었다. 에드워드는 각각의 줄을 건드리면서 이렇게 말했다.

"10, 20, 30······."

그렇게 해서 100까지 셌다. 하지만 다음 순간 어이없는 일이 일어났다. 에드워드가 남은 10cm 줄 5개와 분홍색 막대를 건드리면서 이렇게 세었던 것이다.

"200, 300, 400, 500, 600, 604."

내가 다시 해보라고 했더니 아이는 자기가 실수를 했다고 생각하는 것 같았다. 그런데 100까지는 좀 전처럼 세더니 나머지 줄을 셀 때는 이렇게 했다.

"101, 102, 103, 104, 105, 109."

아무래도 만족스럽지 않은 것 같았다. 에드워드는 다시 줄을 세기 시작했고 이렇게 말했다.

"이 줄 하나를 1이라고 부를래요."

그러나 10번째 줄에 이르자 아이는 그것을 1,000이라고 했다. 그러고는 다음 한 줄씩은 100으로 쳤다. 그리하여 답은 1500대에 이르고 말았다. 에드워드는 이런 식으로 시간을 좀 보내더니 원래의 자기 체계로 돌아가서 여러 번 604라는 답을 얻었고, 마침내 확신에 차서 그 답이 맞다고 말했다.

나는 막대 묶음을 두 부분으로 나누었다. 10줄을 한 묶음으로 묶고 나머지 5줄과 분홍색 막대를 또 다른 묶음으로 묶었다. 그리고 각각의 묶음이 얼마인지 물었다. 두 묶음을 따로 센 에드워드는 큰 묶음에는 100이 있고, 작은 묶음에는 54가 있노라고 했다. 나는 두 묶음을 한데 모으면 전부 얼마냐고 물었다. 그 아이는 다시 좀 전의 방식으로 돌아가서 말했다.

"604."

_이쯤에서 나는 내 질문이 그 아이에게 아무 의미가 없다는 사실을 깨달아야 했다. 나는 그 아이의 수 개념을 테스트하는 데 막대를 이용했다. 그러나 그 아이의 대답으로 미루어보건대 막대와 그 아이의 수 개념(그것이 무엇이든) 사이에는 아무 연관성도 없었다.

에드워드는 아주 뒤떨어진 학생이었다. 그 아이는 모든 과목에서 학년 수준에 훨씬 못 미쳤고 수학은 최악이었다. 그 아이가 학교에서 배우는 수학을 잘했다면 나도 이해를 했든 못했든 쓸데없이 참견하지는 않았을 것이다.

지금 생각하면 에드워드에게 흰 막대를 한 무더기 주고, 내가 앞서

준 막대로 그 아이가 만들었던 줄만큼의 길이를 만들려면 막대가 몇 개 필요한지 알아보라고 하는 게 옳지 않았나 하는 생각이 든다. 그럴 수도 있었는데 말이다.

이런 식으로 할 수도 있었다. 흰 막대가 그렇게 많지 않다면 1미터 짜리 막대자나 미터/센티미터 눈금이 새겨진 줄자를 줄 수도 있었다. 그랬다면 에드워드도 자를 이용해서 자기가 가진 막대 개념을 검토할 수 있었을 것이다.

내가 에드워드와 함께 했던 이 일이 가치가 있는 것이 되려면 이렇게 했어야 했다. 예를 들어 주어진 흰 막대(1)의 수, 예를 들어 흰 막대 6개는 실제로 6cm 길이의 막대 또는 6cm 길이의 줄과 같다는 사실을 발견하도록, 아니 적어도 그렇게 믿는 마음이 생기도록 도움을 주었어야 했다. 그랬더라면 적어도 나름대로는 도움이 되었을 것이다. 퀴즈네르 막대의 장점은 양으로서의 수 개념(6개, 5개)을 길이의 개념 (6cm, 5cm)과 일치시킬 수 있는 구체적인 방법이라는 데 있었다. 그런데 내게는 너무도 분명한 이 사실이 에드워드에게는 분명하지 않던 것이다. 그 아이가 내 질문을 어떻게 이해했는지, 또 내가 하라고 한 일을 어떻게 받아들였는지는 모르겠다. 그 아이는 내 질문에 수를 써서 대답해야 한다는 것을 알고 있었다. 또 어떤 막대들은 수와 연관이 있다는 것을 알고 있었다. 짐작컨대 그 아이가 생각한 것은 이 숫자들을 여러 가지 방식으로 결합시키면 나를 만족시키는 수가 만들어지는지, 내 질문에 대한 '올바른' 답이 될 수 있는지 알아보는 것뿐이었다. 그 아이는 자신이 오감을 통해 지각한 현실을 바탕으로 올바른 답을 찾아내고, 자신이 말한 답이 옳은 것인지 검토할 수 있는 방법을 몰랐다. 1년이 더 지난 후에야 나는 아이들이 현실에 비추어서 자신들의 생각을 검토해볼 수 있는 문제를 생각해낼 수 있었다. 물론 지금은 더 많이 생각해낼 수 있다._

나는 분홍색 막대를 치워버리고 다시 막대들을 100의 묶음과 50의 묶음으로 갈랐다. 그리고 각각의 묶음은 얼마냐고 물었다. 이번에도 그 아이는 큰 묶음은 100이고, 작은 묶음은 50이라고 했다. 그런데 둘을 합치자 600이라고 답했다.

나는 다시 100을 떼어냈다.

"여기에 얼마가 있지?"

"100."

나는 흰 막대 하나를 덧붙였다.

"이제는 얼마지?"

"101."

나는 흰 막대를 또 하나 덧붙이고는 물었다.

"이제는 얼마지?"

"102."

그런 식으로 109까지 이르렀다. 그런데 내가 흰 막대를 하나 더 붙여서 10cm 줄 11개를 만들자 그 아이는 "200."이라고 답했다.

나는 말했다.

"좋아, 오늘은 이만 하자."

전에 에드워드를 가르쳤던 교사들도 특별히 많은 시간을 투자해서 그 아이가 수학을 익힐 수 있도록 개인적인 도움을 주고자 했다. 하지만 그들은 그 아이의 수준에 맞는 문제를 푸는 '비법'을 가르치는 데 주력했다. 그들 중 누구도 그 아이가 수에 대해 아는 바가 무엇인지, 또 수의 세계에 대해 어떤 모델을 갖고 있는지 알아보려 하지 않았다. 나 역시 여러 해 동안 그랬지만. 사실 에드워드도 기분이 좋을 때면 많은 양의 산수 해법을 정확하게 적용시킬 줄 알았다. 아이는 그런 점에서는 결코 학급의 꼴찌가 아니었다. 그러나 분명한 것은 이런 지식은 실제가 아니라는 것이다.

이 구별은 매우 중요하다. 그러나 많은 교사들이 그런 구별이 존재한다는 사실 자체를 모르고 있다. 교사들은 이렇게 한다. 아이가 곱셈을 할 줄 모르면 어떻게 하는지 보여주고 반복 연습을 시킨다. 그래도 계속 실수를 하면 다시 어떻게 하는지 보여주고 더 많은 문제를 내준다. 열 번도 넘게 이런 일을 반복했는데도 실수를 계속하면 그 아이는 재능이 없거나 배울 의지가 없다고 생각한다. 아니면 머리가 모자라거나, 게으르고 부주의하거나, 정서적으로 불안정한 아이로 치부해 버린다.

_학습 성과가 좋으면 학교와 교사들이 찬양을 받고, 성과가 부진하면 학생들이 질책을 당한다. 이것은 학교의 오랜 법칙으로 희망 없는 빈민가의 학교에서부터 가장 유명한 대학의 대학원에 이르기까지 통용되지 않는 곳이 없다. 우리가 사용하는 용어는 '나쁘다', '모자란다'에서 '문화의 혜택을 받지 못했다', '학습 부진이다'로 바뀌었지만 개념은 그대로다. 학교는 오직 결과가 좋을 때만 자기들이 하는 일에 책임을 지려 한다._

우리는 어떤 아이가 배우지 못하는 것은 지금 공부하고 있는 기호들의 기본 성질을 파악하지 못하기 때문이라는 사실을 고려하지 않는다. 숫자 자체가 의미가 없는데 곱셈이 무슨 의미가 있겠는가? 이런 아이들에게 곱셈, 나눗셈을 가르치는 것은 낡은 골판지로 된 상자를 기초로 10층짜리 빌딩을 세우는 것과 같다. 이것은 의지만으로는 안 되는 일이다. 먼저 기초부터 새로 세워야 한다. 에드워드 같은 아이들이 많다. 하지만 교사들이 기초를 천천히 그리고 단단하게 세우는 데 관심을 기울였다면 그 아이들도 지금 같은 상태가 되지는 않았을 것이다. 우리는 그저 아이들이 알기로 되어 있는 모든 내용을 그 아이들이 알고 있는 것처럼 보이게 만들려고 애쓸 뿐이다.

하루는 아이들에게 작은 쪽이 큰 쪽의 $\frac{1}{5}$이 되는 수를 몇 개 짝지어보도록 했다. 에드워드는 (1, 5)를 쓴 다음 (5, 25)라고 썼다. 그러고 나서 (1, 5)를 한참 쳐다보던 에드워드는 갑자기 각각의 수에 1을 더해보려는 생각이 들었는지 (2, 6), (3, 7), (4, 8) 식으로 쓰기 시작했다. 원래의 문제가 다른 것으로 변해버린 것이다. 조종이 안 되는 에드워드의 마음 수레는 정해진 길을 이탈해 새로운 방향으로 굴러가는 중이었다.

이런 아이들이 자신이 하는 공부를 검토하는 데 혼란을 겪는 한 가지 이유는 그 과정이 전혀 다른 두 가지 일을 인식하고 마음에 새겨야 하기 때문이다. 즉 '자기가 하고 있는' 일과 '하기로 되어 있는' 일을 동시에 의식해야 하기 때문이다. 에드워드는 자기가 하기로 되어 있는 일을 의식할 때는 하고 있는 일이 무엇인지 잊어버렸고, 자기가 하고 있는 일을 의식할 때는 하기로 되어 있는 일이 무엇인지 잊어버렸다. 나는 가끔 그 아이가 전화번호를 돌리는 모습을 상상해본다. 그 아이의 앞에 전화번호가 쓰인 쪽지가 있다. 아이는 그것을 보고 다이얼을 돌리기 시작한다. 두세 개째 돌리다가 그만 나머지 번호를 까먹는다. 쪽지를 다시 쳐다본다. 그러고는 숫자를 기억해내려 애쓴다. 그런데 이번에는 이미 돌린 번호를 잊어버린다. 그래서 다시 시작해야만 한다. 물론 전화기를 두고 이러지는 않겠지만 수학 문제를 풀 때는 분명 이렇게 한다. 그 아이가 자주 혼자말로 "어, 어디까지 했더라?"라고 중얼거리는 것을 보면 그렇다.

내가 한 수가 다른 수의 반이 되는 숫자를 짝지어보라고 하자 그 아이는 이렇게 썼다.

"1은 2의 반이다, 2는 4의 반이다, 4는 6의 반이다, 6은 8의 반이다."

또 $\frac{1}{3}$이 되는 숫자에 관해서는 이렇게 썼다.

"3은 6의 $\frac{1}{3}$이다, 1은 6의 $\frac{1}{3}$이다, 6은 12의 $\frac{1}{3}$이다, 12는 18의 $\frac{1}{3}$이다."

그 다음에는 이렇게 썼다.

"1은 4의 $\frac{1}{4}$이다, 10은 40의 $\frac{1}{4}$이다, 40은 70의 $\frac{1}{4}$이다, 70은 100의 $\frac{1}{4}$이다……." 또는 "7은 14의 반이다, 14는 21의 반이다, 21은 28의 반이다……."

그 아이가 두 개의 숫자 사이에서 생각하는 의미 있는 관계는 덧셈뿐이었다. 아마 수를 세는 데 너무 치중해서 그런 것 같은데, 수를 센다는 것이 덧셈의 하나이기 때문이 아닌가 싶다.

에드워드는 수학 시간이면 비지성적인 행동을 하는 습관이 배어 있었다. 실제로 여러 해 동안 자기가 무엇을 하고 있는지 몰랐기 때문이었다. 그 아이의 비지성적인 행동은 이미 고착되어서 바뀌기 어려울 것이다. 하지만 가테그노와 그 정신지체아들을 떠올려보면 변화가 일어날 수도 있다고 생각한다. 지성은 파괴될 수 있다. 하지만 다시 세워질 수도 있다.

## □ 1960년 3월 2일

__이 기록은 에드워드와 막대 수업을 했던 2월 14일의 경험에서 내가 이미 뭔가를 배웠음을 보여준다.__

뭔가를 실제로 배운 아이는 그것을 이용할 수 있고 또 이용한다. 그것은 아이의 마음속에서 실제와 연결되어 있기 때문에 기회가 되면 그것과 실제 사이에 또 다른 연결 고리가 만들어질 수 있다. 비실제적인 배움은 현실의 어떤 것과도 연관이 없고 배우는 이에게 아무런 쓸모도 없다.

우리 학교의 1학년 아이들은 막대를 이용한다. 아이들은 그것을 색깔로도 알고 길이로도 안다. 아이들은 오렌지색 막대를 10막대(우리가 떼어내기 어려운 나쁜 습관이다.)라고 부르는 데 익숙해져 있다. 아이들은 100까지 아니 그 이상까지 셀 줄 안다. 아이들은 '10자리'니 '1자리'니 '단위'니 하는 말들을 들었고, 앵무새처럼 따라할 줄 아는 아이도 많다. 하루는 '38'은 3개의 오렌지색 막대(10)와 한 개의 갈색 막대(8)로 나타낼 수 있다는 사실을 진짜로 알고 이용할 줄 아는지 알아보기로 했다. 한 번에 한 사람씩 물었다.

"흰 막대 38개를 책상 끝에서부터 죽 늘어놓는다면 어디까지 닿을까?"

한 꼬마 아가씨가 재빨리 오렌지색 막대 3개와 갈색 막대 1개를 한 줄로 늘어놓았다. 그 아이는 '그게 뭐 그렇게 어려운가요?'라는 표정을 지어 보였다. 그 반에서 내로라하는 똑똑이들까지 포함해 나머지 일고여덟 명의 아이들은 하나같이 흰 막대를 늘어놓아서 문제를 해결하려고 했는데 도중에 여러 번 숫자를 헤아리는 걸 놓치곤 했다.

이것은 아이들이 암녹색 막대를 6막대라고 부르면서도 그것이 6개의 흰 막대와 같다는 사실은 이해하지 못했다는 걸 말한다. 누군가 물어보면 대답은 그렇게 할 것이다. 그러나 '6'이란 암녹색 막대가 우연히 갖게 된 명칭에 불과할 뿐, 다른 막대와의 관계 속에 설정된 길이와는 아무런 상관이 없었다. 아이들은 막대를 또 다른 종류의 숫자, 색칠한 나무로 만든 기호(종이에 쓰인 부호가 아니라)로 인식했다. 5＋4는 얼마냐고 물어보면 아이들은 5라는 이름이 붙은 막대와 4라는 이름이 붙은 막대를 집어서 맞추고는 그 두 개가 9라는 이름의 막대와 맞아떨어진다는 것을 알아낸다. 하지만 이런 종류의 연산이 따로따로 독립된 물체 5개의 묶음과 4개의 묶음을 합하는 연산과 같다는 것을 이해하지는 못한다.

2학년 아이들 중에는 59＋42＋35 같은 문제가 주어지면, 푸는 중간에 뒤죽박죽이 되어서 1,200이나 그 이상의 대답을 하는 아이들도 더러 있었다. 그렇지만 그 아이들은 완전히 만족스러워 보였다. 그 문제의 답이 되기에는 1,200이라는 숫자가 너무 크다는 의심을 안 하는 이유는 1,200이 실제로 얼마만 한 크기인지 모르기 때문이었다. 아이들이 알지 못하는 엄청난 크기의 수가 포함된 계산을 시키면서 아이들이 현실적 개념에 비추어 자기들이 한 계산을 검토하고, 수를 논리적으로 사용하기를 기대할 수는 없다. 오히려 이런 질문을 좀 더 많이 해야 할 것 같다. 38(또는 50, 75, 100, 200, 500, 1,000)개의 흰 막대를 붙여놓으면 얼마만 한 길이의 줄이 될까? 종이 한 장이나 책상, 방바닥을 덮으려면 흰 막대가 몇 개 있어야 할까? 여러 가지 크기의 상자들을 채우려면 흰 막대가 몇 개나 필요할까?

어떤 날은 아이들에게 내가 너무 귀찮아서 이런저런 말을 길게 쓰지 못하겠다고 할 때가 있다. 그러면 아이들은 내가 쓰는 온갖 종류의 생략 기호를 기꺼이 받아들인다. 첫째는 이 말이 사실이고, 둘째는 교사의 게으름을 놀려줄 좋은 기회이기 때문이다. 아이들은 내가 생략 기호를 사용하는 걸 받아들임으로써 나에게 은혜를 베풀었다고 느낀다. (이것 역시 사실이다.) 아이들은 어떤 기호가 뭔가를 '의미한다'는 말을 듣고 싶어 하지 않는다. 이런 말은 독단적이고 애매하기 때문이다. 하지만 아이들에게 익숙한 말로 수의 관계나 연산을 나타내다 보면 머지않아 그것을 어떤 종류의 기호로 나타내는 일을 완벽하게 받아들인다. 따라서 '두 개의 흰 막대는 한 개의 빨간 막대와 같다.'에서 '2흰색＝1빨간색'으로, 다시 '$2w = r$'로 나아갈 수 있다.

결국 인간은 문제를 길게 쓰는 수고를 덜기 위해 수학 기호를 고안해냈다. 그러니 이렇게 하는 것이 논리적으로도 맞고, 역사적으로도 맞다. 기호는 그것이 '뭔가를 의미하는 것으로 하자.'고 함께 결정하고 동의하지 않는다면 아무런 의미도 갖지 못한다. 그러니 아이들 스스로 이 결정에 동참하고 있다는 느낌을 갖게 하는 게 어떨까?

아이들이 구체적으로 이해하지도 못한 연산을, 기호를 써서 풀라고 하는 것은 잘못이다. 아이가 37묶음과 28묶음 중 어느 것에 흰 막대가 더 많고, 또 얼마나 많은지 알 수 있게 된 다음에 37-28=? 같은 문제를 풀어보라고 해야 되지 않을까? 그리고 이런 종류의 문제를 쉽게 풀 수 있게 된 다음에야 그 풀이법이 온전히 자신의 것이 되는 게 아닐까? 연산에 관한 문제는 모두 다 그렇다. 연산은 아이들이 이미 풀 수 있는 것을 보다 단순하고 빨리 해내는 길로 보여야지, 의미 없는 질문에 정답을 얻어내는 불가사의한 비법 모음이 되어서는 안 된다.

_나는 지금도 앞에서 말한 내용에 찬성한다. 하지만 오늘날에는 계산기를 이용해서 수와 수의 계산을 탐사하도록 만들 수 있다. 덧셈, 뺄셈, 곱셈, 나눗셈이 자동으로 되는 계산기를 가지고 문제를 푸는 방법을 보여주는 것이다.

3+8=?를 풀려면 이렇게 말하면 된다.

"계산기를 켜고, 3키를 누르고, 그 다음 +키를 누르고, 그 다음 8키를 누르고, 그 다음 =키를 누르면 답이 나온다."

4×6을 풀려면, "먼저 4키를 누르고, 그 다음 ×키를, 다음 6키를, 그 다음 =키를 누르면 답이 나온다."

이런 과정이 무엇을 의미하는지 굳이 설명할 필요도 없다. 그냥 내버려두면 아마 많은 아이들이 문제를 마구 지어내서는 계산기를 두드려댈 것이다. 참으로 비체계적인 방식임에 틀림없다. 아이들은 말

196

을 처음 들을 때처럼 많은 양의 무질서하고 의미 없는 데이터를 얻게 될 것이다. 하지만 언어의 경우와 마찬가지로 아이들은 이들 숫자와 계산의 원리를 서서히 직관하고 테스트하기 시작할 것이다. 그리고 조금 지나면 자기들이 원하는 것을 계산기가 하도록 만드는 방법, 더 나아가 계산기가 앞으로 할 일을 예측하는 법을 알고 싶어 하고 또 알아내게 될 것이다.

간단히 말해 아이들은 적어도 부분적으로나마 스스로 이치를 세워서 수의 세계를 깨닫고 자신만의 고유한 모델을 만들어갈 것이다._


□ 1960년 4월 16일

내 수학 수업에는 열여섯 명의 아이들이 들어온다. 그중 네 명은 공부가 모자라고 한 명은 그저 그런 정도지만 나머지는 대단히 똑똑하고 재능이 있다. 수학적 감각이 있는 것은 물론이고 자릿값에 대해서도 알고 있다.

하루는 내가 이렇게 물었다.

"1437.50달러짜리 수표를 가지고 은행에 가서 10달러짜리 현금으로 바꾸어 달라고 한다. 그러면 10달러짜리를 몇 장이나 받게 될까?"

나는 그 숫자를 칠판에 썼다. 아이들은 연필을 찾아 종이 위에 북북 긁고 한참을 허둥대더니 답을 말하기 시작했다. 아무도 맞힌 사람이 없었다. 대다수가 엄청나게 빗나간 답을 댔다. 몇 명은 두세 번 시행착오 끝에 답을 찾았고, 나머지는 끝까지 답을 못 얻었다.

나는 원래의 숫자를 칠판에서 지우고 75.00달러라고 썼다.

"10달러짜리를 몇 개 받게 될까?"

모두 알았다. 그 다음에는 175.00달러라고 썼다.

"이제는 몇 개?"

이번에는 좀 더 어려워했다. 몇 명은 답을 얻었지만 대부분은 아니었다. 잠시 후 내가 175 속의 숫자 7을 가리키며 물었다.

"이 7은 무엇을 말하지?"

아이들은 내가 70달러를, 아니면 10달러짜리 7개를 갖는 것을 의미한다고 말했다. 나는 그것을 칠판에 썼다. 그 다음 이렇게 말했다.

"그러면 이 1이라는 숫자는?"

아이들은 한결같이 100달러라고 말했다. 그러나 10달러짜리 10개를 받는 것과 같은 뜻이라고 말한 아이는 없었다. 내가 말했다.

"그 100에는 10이 몇 개 있지?"

모두들 10개라고 대답했다. 나는 이 10개의 10에 아이들이 앞에 말한 7을 더하면 17개의 10이 될 거라고 지적했다. 그런 다음 처음에 썼던 1437.50달러를 칠판에 썼다. 우리는 각각의 숫자에 10이 몇 개 있는지 알아보았다. 숫자 3은 3개의 10, 숫자 4는 40개의 10, 숫자 1은 100개의 10이다. 따라서 합계 143의 10이 된다. 나는 1437이라는 숫자 속의 143에 동그라미를 그렸다. 이쯤 이르자 모두가 떠들어댔다.

"오우, 예, 알았어. 쉬워, 쉬워. 내 손안에 있소이다."

하지만 나는 의심스러웠다. 더 이상 '훌륭한 설명'이라는 마법의 힘을 믿지 않았으니까.

이틀 후 나는 칠판에 14357.50달러라고 쓰고 이 수표를 100달러짜리 지폐로 바꾸면 몇 개를 받을 수 있는지 물었다. 43, 17, 107, 147, 604, 34, 13100, 22 따위의 대답이 나왔다. 곧바로 답을 맞힌 아이는 한 명밖에 없었다. 어찌어찌해서 네 명이 더 맞혔지만, 나머지 열한 명은 여전히 쩔쩔매고 있었다. 다시 나는 14357이라고 쓰고 숫자 하나하나를 짚어가며 각각의 숫자에 몇 개의 100이 있나 보여주고, 그 결과 전체 숫자에는 100이 몇 개 들어 있는지 보여주었다. 하지만 자릿값에 대한 아이들의 이해가 전보다 나아졌다고는 믿을 수 없었다.

자릿값을 이해하지 못하면 긴 수를 나누기가 힘들다. 260÷5라는 문제를 보자. 우선 100자리 수 2를 5로 공평하게 나누지 못하기 때문에 나눌 수 있는 어떤 것으로 바꾸어야만 한다. 그래서 200을 10자리 수 20으로 바꾼다. 모두 합하면 10자리 수는 26개가 된다. 이 중 25를 5명에게 나누어서, 각자에게 10을 5개씩 준다. 이렇게 하고 나면 10이 1개 남는데 이 10을 10개의 1로 바꾸어서 5명의 사람들에게 나누어준다. 이렇게 하면 한 사람이 5개의 10과 2개의 1을 갖게 된다. 긴 수의 나눗셈 계산 방식은 이 자리 전환이라는 개념에 달려 있다. 따라서 지금하고 있는 작업이 자리 전환이라는 걸 모르거나, 그렇게 하는 이유를 모르는 아이는 긴 수의 나눗셈 계산법을 자기를 괴롭히는 의미 없는 비법쯤으로 생각할 것이다. 대부분의 아이들이 그렇다.

__앞에서 말한 제임스 헌돈의 『당신의 조국에서 살아남는 법』에는 '지진아 학급'이라는 장이 있다. 이 반은 그가 가르치는 중학교에서 가장 열등한 아이들을 모아놓은 학급인데, 그 반 아이들은 어떤 것도 배우지 못하거나 배울 생각이 없었다. 그런데 그 아이들 중에서도 특

히 걱정스러운 아이가 있었다. 그 아이는 열등반에서도 가장 열등한 아이로 어떤 종류의 학교 공부에도 전혀 희망이 없어 보였다.

하루는 짐이 볼링장에 갔다가 그 소년을 만났다. 그런데 그 아이가 볼링장에서 급료를 받으며 일하고 있는 게 아닌가? 그것도 정식 볼링 경기에서 '스코어를 기록하는' 일이었다. 그 아이는 볼링 레인 사이의 높은 의자에 올라 앉아 양쪽에서 벌어지는 경기를 동시에 기록하고 있었다. 짐은 그 일이 정부가 장애자에게 제공하는 일자리 지원 프로그램이 아니었다는 점을 강조한다. 볼링장에서 그 아이를 고용한 이유는 일을 '빠르고 정확하게 처리했기 때문'이었다. 경쟁이 치열한 볼링 경기에 참가한 사람들이 조금의 실수도 묵인하지 않으리라는 것은 분명하다.

그래서 짐은 그 아이에게 볼링에 관한 문제를 내주어야겠다고 생각했다. 그런데 수업에 들어온 아이는 문제를 하나도 풀지 못했다! 볼링 점수를 매기는 문제였는데도 아이는 그저 틀린 정도가 아니라 황당한 답을 냈다. 학교에서는 열등생이지만 세상에서는 우등생일 수 있다. 그러나 교문을 넘어오는 순간 그 아이들은 다시 바보로 바뀐다. 아이들을 넌더리가 나게 하고, 겁먹게 하고, '진짜 경험이나 진지한 목적을 갖지 못하게 해서' 마침내 아이들을 바보로 만드는 것은 학교 그 자체이다.＿

## □ 1960년 6월 20일

아이들이 뭔가를 이해하는지 못하는지 어떻게 알 수 있을까? 학창 시절 나는 대체로 내가 언제 이해하고, 언제 이해하지 못했는지 알았다. 이것은 점수와는 상관이 없었다. 대학에서 마지막으로 수강했던 수학 강좌에서 나는 좋은 성적을 얻었다. 그러나 그해 말 나는 내가 그 강좌가 무엇을 전하려고 하는지조차 모르고 있다는 것을 깨달았다. 콜로라도에서 가르칠 때도 나는 오랫동안 내 학생들이 언제는 이해하고 언제는 이해하지 못했다는 것을 스스로 알고 있으리라고 믿고 있었다. 나는 이해를 못했을 때는 언제든 즉시 말을 하라고 강조했다. 그러면 '멋진' 설명을 해서 모든 것을 명백히 밝혀주겠다는 게 내 뜻이었다. 하지만 아이들은 절대로 자신들이 이해하지 못했다고 말하는 법이 없었다. 나는 뼈아픈 경험을 통해 아이들은 백에 하나도 자신이 이해하는지 못하는지를 모르며, 왜 모르는지 역시 모른다는 사실을 알게 되었다. 자기가 아는지 모르는지 인식하고 있는 아이는 염려할 필요가 없다. 그러면 나머지 아이들이 언제, 무엇을 이해 못하는지 어떻게 확인할 수 있을까?

일단 머리에 떠오르는 것은 형식적인 테스트를 해보는 것이다. 그렇지만 어떤 식의 테스트? 지금까지 여러 번 보아왔지만 아이들은 자기가 무슨 일을 하고 있는지 몰라도 문제의 정답을 기계적으로 찾아낼 수 있다. 아이들은 맹목적인 비법 추종자들이다. 어떤 아이들은 내 설명을 앵무새처럼 따라하는 그 순간에도 자기가 하는 말이 무슨 뜻인지 모른다. 반면에 시험의 공포에 질린 많은 아이들은 알고 있는 것을 드러낼 줄 모른다. 또 어떤 경우에는 자기가 하는 일을 분명히 이해하고 있는 아이들도 그것을 말로 표현해야 하는 순간이 오면 머릿속이 뒤죽박죽이 되어 겁을 먹고 만다.

이 문제를 해결하려면 이번 해에 내가 했던 것과 비슷한 테스트를 해보는 것도 괜찮을 것 같다. 이는 몇몇 문제가 혼합된 것으로, 자동응답장치의 기어를 늦추고 자신이 하고 있는 일이 무엇인지 생각하게 만드는 테스트다. 이 테스트는 특히 문제를 새롭게 보게 하는 데 도움이 된다. 하지만 이 테스트 결과 우리가 가르치려 했던 것을 아무도 제대로 이해하지 못하고 있다는 것을 알게 되면 어떻게 해야 할까?

이해한다는 게 도대체 무엇인지 다시 생각해보는 것이 도움이 될지도 모르겠다. 내 경우 적어도 다음과 같은 일을 할 수 있다면 내가 뭔가를 이해했다고 생각한다.

(1) 그것을 내 식으로 말할 수 있다.
(2) 예를 들 수 있다.
(3) 여러 가지 다른 외양과 환경 속에 놓여 있어도 알아본다.
(4) 다른 사실이나 개념과의 관계를 알아본다.
(5) 여러 가지 방식으로 이용한다.
(6) 결과를 어느 정도 예측한다.
(7) 그것을 반대로 또는 뒤집어서 표현할 수 있다.

앞의 열거는 시작에 불과하다. 하지만 이런 몇 가지 관점을 적용하면 아이들이 알고 있는 것 같은 인상을 주는 것과 실제로 알고 있는 것을 알아내는 데 도움이 될 것이다. 즉 '겉보기에만 아는 것'과 '진짜로 아는 것'을 구별할 수 있다는 말이다.

물론 이런 구별은 존재하지 않는다고 말하는 사람들도 많다. 그러나 그런 태도는 이해라는 어려운 문제를 해결하는 손쉬운 방법일 뿐이다. 그저 '그런 건 없다.'라고 말하면 되니까. 그런데도 이런 견해가 심리학자들 사이에서 유행하고 있다. 많은 심리학자들에 따르면 7×8=56이라고 말할 수 있다면 그것에 대해 알기로 되어 있는 모든 것을 아는 셈이다. 그러니 그렇게 말할 수 있다면 다른 사람들과 같은 정도로 그것에 대해 아는 것이 된다. 수학자나 3학년짜리는 물론, 잘 훈련된 앵무새까지도 이 사실에 관한 한 꼭 같은 정도의 이해를 가지게 되는 셈이다. 수학자와 아이 사이에 차이가 있다면 수학자의 머릿속에는 그런 사실들이 훨씬 많이 돌아다닌다는 점이다. 그러니 아이들을 수학자로 만들려면 아이들이 여러 가지 수학적 사실들을 말할 수 있도록 훈련시키면 된다. 아인슈타인이 알고 있는 모든 것을 말하게 가르치자, 얍! 새 아인슈타인 탄생!

사람들이 그런 말도 안 되는 소리를 믿는다는 게 너무나 놀랍다.

이런 생각은 행동주의 이론에 그대로 들어맞는다. 그러나 행동주의로 설명되지 않는 것이 얼마나 많은가. 물론 이런 생각은 교사들에게는 위로가 된다. 자기들 눈앞에서 학습 조립 라인에 들어가고 있는 저 텅 빈 머리들 속으로 눈곱만 한 정보 쪼가리를 한 번에 하나씩 떨어뜨려서 밀어 넣는 게 자신들의 임무라고 생각할 수밖에 없는 교사들에게는 말이다. 그리하여 결국 이런 생각이 프로그램학습과 기계적 교수법이라는 말도 안 되는 순환 열차를 작동시키고, 모든 사람이 너나없이 그 열차에 편승하려고 여념이 없는 것처럼 보인다.

하지만 $7 \times 8 = 56$ 같은 것은 따로따로 분리된 단편적인 정보 조각들이 아니다. 그것들은 숫자라는 영역, 숫자라는 풍경을 이루는 일부분이다. 수학을 잘 아는 사람은 그것들이 전체 풍경에 어떻게 맞아 들어가는지, 다른 부분과는 어떻게 조화를 이루는지 분명하게 알아보는 사람이다. 수학자는 $7 \times 8 = 56$은 짝수의 곱은 짝수라는 사실의 예중이라는 점을 잘 알고 있다. 또 $7 \times 8$은 $14 \times 4$, $28 \times 2$, $56 \times 1$과도 같다는 사실을 안다. 양의 정수 중에서는 이들 조합만이 곱해서 56이 되며, 또한 $7 \times 8$은 $(8 \times 8) - 8$, 또는 $(7 \times 7) + 7$, 또는$(15 \times 4) - 4$라는 것도 안다. 그는 $7 \times 8 = 56$은 진짜 물건들로 이루어진 세계에서라면 여러 가지 형태로 나타날 수 있는 관계를 기호로 표현하는 방식이라는 것도 안다. 예를 들어 길이 8에 너비 7을 한 직사각형은 넓이가 56이 된다는 사실을 안다는 것이다. 그러나 앵무새처럼 '칠팔은 오십육'이라고 달달 외우기만 한 아이는 그것이 실제 세상이나 수의 세상과 어떤 관계를 맺고 있는지 전혀 알지 못한다. 아이는 그저 맹목적인 기억술 말고는 아무것도 익힌 게 없다. 그러니 기억이 잘못되면 아무렇지도 않게 '$7 \times 8 = 23$.', '$7 \times 8$은 $7 \times 5$보다 작다.', '$7 \times 8$은 $7 \times 10$보다 크다.'라고 말하기 십상이다. $7 \times 8$은 아는데 $8 \times 7$은 모를 수도 있고, 완전히 다른 거라고 생각할 수도 있다. 또 $7 \times 8$을 기억한다 해도 전혀 이용할 줄을 모른다. $7cm \times 8cm$의 직사각형을 주면서 그 사각형을 다 덮으려면 $1cm^2$짜리 조각이 몇 개가 필요한지 물어보면, 아이는 그 직사각형을 작은 조각으로 빼곡하게 채워서 힘들게 세기 시작할 것이고, 자기가 찾아낸 답과 자기가 기억하고 있는 구구단 사이에서 어떤 연관성도 보지 못할 것이다.

　학문, 배움, 이해는 일직선적이지 않다. 그 어떤 것도 한 줄로 세우거나 차곡차곡 쌓아 올릴 수 있는 사실의 조각이 아니다. 학문은 수학이든 영어든 역사든 과학이든 음악이든 하나의 영역이며, 그 분야를 안다는 것은 그 영역에 속한 모든 아이템 하나하나를 아는 문제에 그치는 게 아니라 그것들이 어떤 관계를 맺고, 어떻게 대비되고, 어떻게 조화를 이루는지를 아는 것이다. 그것은 자신의 집에 테이블이 몇 개, 의자가 몇 개, 램프가 몇 개 있는지 말할 수 있는 것과 눈을 감은 채 의자는 여기, 테이블은 저기 있음을 볼 수 있는 것의 차이다. 그것은 어떤 도시의 거리 이름을 다 알고 있는 것과 어떤 장소에서 어떤 길을 따라 어떤 장소로 이동할 수 있는 것의 차이다.

_지금은 그 어느 때보다도 이 사실을 굳게 믿고 있다. 그리고 이것이야말로 이 책에 나오는 생각 중 가장 중요한 것이라 생각한다._

　이 세상과 이 세상에 대한 지식을 마치 일직선적인 구조를 가진 것처럼 말하는 이유는 무엇일까? 그건 언어의 성질 때문이다. 말은 한 번에 하나씩 순서대로 나온다. 이야기를 하거나 글을 쓰는 데 다른 방법은 없다. 그래서 세계에 관해 이야기하려면 절대 나눌 수 없는 실재를 작은 조각들로 나누고, 이 조각들을 말의 가닥으로 만들어야 한다. 마치 목걸이의 구슬을 꿰듯이. 하지만 속아서는 안 된다. 이 말의 가닥은 세계를 있는 그대로 반영한 것이 아니다. 이 말의 가닥을 잡아서 어떤 식으로든 세계와 유사한 것, 즉 우리가 알고 있는 우주에 상응하는 '내적 모델mental model'로 전환시키지 않는 한, 우리의 배움은 참이 아니다. 그것은 완전하지도 정확하지도 않을 뿐더러 무엇보다도 쓸모가 없다. 우리는 그런 모델을 마음속에 만들어낼 때에만, 그리고 그 모델과 실제 사이에 약간의 연관성이라도 있어야만 뭔가를 배웠다고 말할 수 있다.

그러나 학교에서 벌어지는 상황은 이렇다. 아이들은 그저 말의 가닥들을 취해서는 소화시키지도 않고 머릿속에 쌓아둘 뿐이다. 요구가 있을 때 즉시 뱉어낼 수 있도록. 그러나 이런 말들은 어떤 것도 변화시키지 않고, 어떤 것과도 조화되지 않으며, 어떤 것과도 관계가 없다. 앵무새가 사람의 말을 흉내 내기는 하지만 그 말이 앵무새에게 아무 의미가 없는 것처럼 이런 말들은 아무 의미가 없다. 어떻게 하면 학교를 그저 말이나 받아 삼키는 곳이 아니라 참된 배움이 이루어지는 곳으로 만들 수 있을까?


__요즘에 들어서야 아이들이 이해한 것이 무엇인지 알아내려고 하면 할수록, 아이들이 현재 이해하고 있는 것까지 파괴해버릴 가능성이 많다는 사실을 깨닫고 있다. 사람들이 자기가 알고 있는 것에 강한 확신을 가지고 조리 있게 이야기할 수 있을 때까지는 (거의 모든 어린아이들은 이 기회를 박탈당한다.) 그들이 무엇을 알고 있는지 그리고 그것을 안다는 걸 어떻게 아는지 말해보라고 요구하는 것은 별 의미가 없다. 아이들이 실제로 뭘 알고 있는지 알아내는 가장 쉬운 길은 (너무 쉽다고는 못하겠다.) 아이들이 제일 재미있어 하는 일을 마음대로 하고 있을 때 그 하는 양을 가만히 지켜보는 것이다.

이런 방법도 있다. 아이들이 원한다면 스스로 자기가 이해한 것을 점검하거나 자기 생각이 옳은지 확인하는 방법을 가르쳐준다. 하지만 이럴 때도 조심하지 않으면 안 된다. 자기 점검을 위한 어떤 아이디어가 괜찮다고 해서 그런 아이디어를 몇 개씩 안겨주려고 해서는 안 된다는 것이다. 배우는 사람 자신이 스스로의 경험에서 끌어낸 법칙이야말로 최상의 법칙이다.__

□ 1960년 9월 11일

얼마 전 친하게 지내는 한 부부의 집을 방문했다. 그들은 수학 때문에 골치라면서 내게 열 살 난 딸아이의 수학을 봐달라고 했다. 나는 그 아이와 여러 해 동안 친하게 지냈으므로 그 아이가 수학 문제를 사고하는 방식에 관해 뭔가를 알아낼 수도 있겠다 싶어 그러마고 했다. 우선 암산 문제로 시작하는 게 좋을 것 같았다. 그래서 일단 $2 \times 76$을 물어보고 아이가 대답을 하면, $2 \times 77$을 물어보기로 계획을 세웠다. 그 아이가 처음의 답에 2를 더하는 식으로 접근하는지, 아니면 두 번째 문제를 전혀 새로운 것으로 다루는지 알고 싶었던 것이다. 그런데 그 아이가 $2 \times 76$은 432라고 대답하는 게 아닌가! 나는 그만 맥이 빠져버렸다.

  몇 개의 암산 문제를 풀고 난 다음 나는 아이가 머릿속에서 2를 6으로 곱한 다음 7을 6으로 곱한다는 것을 알게 되었다. 다시 말해 $6 \times 72$를 한 셈이다. 만약 그랬다면 어쨌든 답은 맞은 셈이었다. 내가 한 번 더 해보라고 하자 그 아이는 다시 432라고 했다. 우리가 실수를 되풀이하며 이미 만들어놓은 길을 계속 따라가려는 경향이 얼마나 강한지 보여주는 예라 할 수 있겠다.

그래서 그 다음에는 이렇게 물었다.

"2×100은 얼마?"

"200."

나는 2×90의 답을 물었다. 180.

2×80=? (잠시 사이) 160.

2×76=? 432.

2×70=? 140.

2×80=? 160.

2×76=? 432.

2×100=? 200.

2×200=? 400.

2×76=? 432.

여기서 아이는 멈추었다. 그러고는 나를 살피듯이 바라보더니 "잠깐만요."라고 말했다. 그 아이는 연필과 종이를 가지러 뛰어가면서 말했다.

"말도 안 되는 엉터리야. 계산을 해봐야겠어요."

그 아이는 종이 위에다 2×76를 계산해서 152라는 답을 구했다.

아이가 "잠깐만요."라고 말했을 때 뭔가 아주 중요한 일이 일어났다. 그 아이는 아마도 난생처음으로 어떤 문제의 답을 두고 '맞을까? 틀릴까?'가 아니라, '말이 돼?'라는 의문을 던질 수 있다는 것을 안 것 같았다. 더불어 아직 정답을 찾아내지 못한 상태에서도 지금 하고 있는 답이 이치에 맞지 않고, 이미 알고 있는 다른 사실들과도 들어맞지 않는다는 것을 알아볼 수 있다는 것을 알았다.

좀 더 공부를 한 다음 아이는 자기가 해낸 일에 만족하며 자러 갔다. 나중에 나는 그 부모에게 아이들이 일반적으로 숫자가 어떻게 작용하는지는 모르고, 그저 관련 없는 소소한 사실들과 문제 풀이법만 알고 있을 때 빠지게 되는 어려움에 대해 몇 가지를 이야기해주었다. 아빠는 내 말을 들으니 우리가 퀴즈네르 막대로 해보려고 하는 것이 무엇인지 이해가 된다고 말했다. 하지만 아이의 엄마는 화를 내며 자기는 이 새로운 교수법들이 뭘 하려는 것인지 모르겠다, 그러니 지금까지 해오던 식으로 딸애와 공부를 계속하겠다, 날마다 한 페이지씩 문제를 내주고 제대로 못 풀 경우에는 몇 개의 문제를 더 내주겠다고 도전적으로 말했다.

나는 그런 반응이 놀랍기도 하고 섬뜩하기도 했다. 왜 이 엄마는 수학을 아이에게 내리는 벌로 이용하려고 열을 내는 것일까? 이 엄마는 내가 알고 있는 수많은 부모들을 생각나게 했다. 그 사람들은 왜 이런저런 경우에 자기 아이들을 혼내지 않느냐고 나를 닦달해댔다. 그들은 학교를 아이들이 벌을 받을 만한 짓을 했든 안 했든 아이들에게 기분 나쁜 일을 가할 수 있는 곳, 제도화된 벌쯤으로 생각하는 것일까? 이런 어른들이 아이들에게 그토록 화를 내는 이유가 무엇일까?

□ 1960년 10월 16일

새로 맡게 된 5학년 아이들에게 물었다.

"책상 위를 가로지르려면 몇 개의 흰 막대가 필요할까?"

15명의 반 아이들 중 절반가량이 책상의 길이를 재는 데 오렌지색 막대(10)를 사용했다. 나머지 아이들은 한 명만 빼고는 모두 흰 막대들을 늘어놓기 시작했다. 흰 막대가 동이 나면 빨간색 막대(2)를 썼는데, 그 막대를 짧은 쪽으로 붙여 놓아 흰 막대와 같은 구실을 하도록 했다. 빨간색 막대가 다 떨어지면 연녹색 막대(3)를 썼다. 그런 식으로 책상을 가로지르는 줄을 완성시킨 다음 그것을 세기 시작했다.

이 아이들은 3주일 이상 막대를 써왔다. 모두들 막대에 익숙해져서 막대를 길이로 부를 정도다. 아이들은 오렌지색 막대를 10막대라고 부른다. 아이들은 오렌지색 막대는 흰색 막대 10개와 길이가 같다는 것을 알고 있다. 하지만 그 지식을 자기들의 과제를 쉽게 만들어주는 조건으로 바꾸지는 않는다.

그래서 이번에는 이렇게 물었다.

"책받침 한 장(가로 23cm, 세로 15cm)을 가득 메우는 데는 몇 개의 흰 막대가 필요할까?"

열 명가량의 아이들이 막대로 책받침을 빼곡하게 메우기 시작했다. 이들 중 두세 명이 몇 줄을 채우더니 잠시 손을 멈추었다. 각각의 줄 길이가 같다는 사실을 알아차린 것 같았다. 나머지 아이들 중 몇은 전체 면적을 계속 채워나갔는데 나중에는 가로 줄의 길이에 세로 줄의 수를 곱하면 된다는 사실을 알게 되었다. 나머지 아이들은 전체 면

적을 완전히 채운 다음 사용된 막대의 길이를 하나하나 더했다. 그중 특히 두 아이는 책받침을 막대로 덮으면서 막대를 모두 세워서 사용했기 때문에 막대 하나는 단지 1㎠ 면적밖에 덮지 못했다. 당연히 전체 면적을 다 덮기도 전에 막대가 바닥나버렸다. 그러자 그 아이들은 당황해서 어떻게 해야 할지 몰랐다.

도로시는 자기 책받침을 막대로 채우더니 흰 막대 44개면 충분할 것 같다고 말했다. 아무렇게나 해보는 짐작이었다. 내가 물었다.

"오렌지색 막대 하나를 덮으려면 흰 막대가 몇 개 필요하지?"

도로시가 말했다.

"약 8개."

내가 말했다.

"한번 막대로 덮어봐."

도로시는 시키는 대로 해보고는 흰 막대가 10개 필요하다는 걸 알아냈다. 그런데 내가 다시 오렌지색 막대 4개를 덮으려면 흰 막대가 몇 개나 필요하냐고 묻자 멍하니 나를 쳐다볼 뿐이었다.


□ 1960년 10월 30일

하루는 곱셈 구구표를 공부했다. 결과는, 최고로 약하게 표현해서, 놀라웠다. 구구표는 10×10의 격자로 표시되어 있다. 말하자면 100개의 정사각형이 한 줄에 10개씩, 10줄로 늘어서 있다고 생각하면 된다. 첫 번째 가로줄과 왼쪽 세로줄에는 1에서 10까지의 숫자가 불규칙하게 쓰여 있다. 2가 적혀 있는 가로줄과 3이 적혀 있는 세로줄이 만나는 곳에 있는 정사각형에는 2×3의 답, 즉 6을 써넣으면 된다. 5가 적힌 가로줄과 7이 적힌 세로줄에 위치한 사각형이라면 35를 써넣으면 된다.

마조리의 답안은 이렇게 되어 있었다.

$4 \times 6 = 22$, $4 \times 4 = 20$, $4 \times 7 = 32$.

$10 \times 10 = 20$, $10 \times 2 = 22$.

8이 적혀 있는 줄에는 나란히 이렇게 적혀 있었다.

$8 \times 8 = 48$, $8 \times 6 = 59$, $8 \times 4 = 40$, $8 \times 7 = 49$, $8 \times 9 = 42$.

7의 줄에는 $7 \times 5 = 35$, $7 \times 8 = 24$, $7 \times 7 = 47$, $7 \times 9 = 45$.

맹세컨대 내가 멋대로 지어내서 쓰고 있는 게 아니다.

9의 줄에는 이렇게 되어 있었다.

$9 \times 9 = 69$, $9 \times 10 = 40$.

4의 줄에는 $4 \times 8 = 62$, $4 \times 9 = 40$.

이아이를 두고 구구표를 이해 못한다는 정도의 설명으로 충분할까?

## □ 1960년 11월 12일

며칠 전 마조리와 같이 공부를 하고 있을 때였다. 마조리가 하고 있던 공부를 멈추더니 이렇게 물었다.

"뭐 좀 물어봐도 되나요?"

"그렇고말고. 물어봐."

그 아이는 이렇게 말했다. 자기가 손가락으로 (이 부분에서 겸연쩍게 웃었다.) 덧셈을 하면서 10, 11, 12, 13…… 이런 식으로 세는데 어떤 때는 10이라고 하면서 엄지손가락을, 11에는 집게손가락을, 12에는 가운데 손가락을 올린다. 그런데 어떤 때는 엄지손가락을 올릴 때 11 이라고 하고, 집게손가락을 올리면서 12라고 할 때도 있다. 그런데 이 두 개의 방법 중 하나는 항상 답이 틀리게 나오더라. 그런데 그게 왜 그런지 잘 모르겠다. 그러니 선생님이 좀 가르쳐줄 수 없느냐? 그래서 내가 이렇게 물었다.

"어떤 문제를 풀 때 그런 일이 생기는지 예를 하나 들어보겠니?"

하지만 마조리는 예를 들지 못했다. 이런 아이들은 거의 대부분 예를 들지 못하는 것 같다.

그 아이에게 필요한 것은 머릿속을 깨끗하게 쓸어줄 빗자루이다. 그 아이의 머릿속에는 쓰레기가 너무 많은 데다 정리 체계가 뒤죽박 죽이어서 아무것도 찾을 수 없으므로 일단 완전히 비워버려야만 어떤 식으로든 정리가 가능하다. 머릿속을 가득 채운 이런저런 사실들과 규칙들 중 90퍼센트만 완전히 잊어버리면 뭔가를 배우기 시작할 수 있을 것이다.

하루는 반 아이들에게 p로 끝나는 동사를 아는 대로 들어보라고 주 문했다. 내가 그 지시를 되풀이하면서 보니까 마조리의 얼굴이 점점 질려가고 있었다. 그러더니 마침내 거의 히스테리에 가까운 음성으로 입을 열었다.

"모르겠어요."

"뭘 모르겠다는 거니?"

참 쓸데없는 질문이지만 내 입에서 저절로 그런 소리가 튀어나왔다. 예상대로 이런 대답이 흘러나왔다.

"그냥 모르겠어요."

나는 지시 사항을 되풀이 말하고는 그 아이더러 그 말을 따라해보라고 했다. 아이가 따라했다. 그 다음에는 동사가 뭔지 아느냐고 물었다. 모른다는 답이 돌아왔다. (동사의 정의는 이미 여러 번 말해주었다.) 내가 동사의 예를 몇 개 보여주자 마조리는 안도의 한숨을 내쉬더니 할 일을 하기 시작했다. 그때 "왜 동사가 뭔지 모른다고 말하지 않았니?"라고 물어보고 싶다는 생각이 들었다. 그런데 잠시 생각해보니까 그 아이는 내가 물어볼 때까지는 동사가 뭔지 모른다는 사실 자체를 모르고 있었다는 것을 깨달았다. 그 아이가 아는 것이라고는 뭔가를 하라는 소리를 들었다는 것과 무엇을 해야 할지 모른다는 것뿐이었다. 그 아이는 내 지시를 분석할 능력이 없었고, 그중 어떤 부분을 이해하고 어떤 부분을 이해하지 못하는지 구분할 수도 없으며, 자기가 어디까지 알고 어디서부터 모르는지도 몰랐다.

마조리 같은 아이들은 무엇이든 교사가 하는 방법을 보여주길 기다리는 습관에 빠져 있다. 맹목적 모방의 과정이 계속되는 것이다. 그래서 아이들은 언어적 지시에 담겨 있는 정보를 얻는 방법을 배우지 못한다. 사실 그런 아이들은 말로 된 지시 속에 무슨 정보가 들어 있다는 사실조차 믿지 않는 것처럼 보인다. 아이들은 그까짓 말 속에서 누군가 자기들이 하기를 바라는 일이 무엇인지 포착해낼 수 있으리라고 기대하지 않는다. 아이들은 목표와 그 목표에 도달하는 길, 다시 말해 해야 할 일과 그 일을 하는 데 필요한 방법을 분간할 줄 모른다.

그 아이들에게 문제를 내주면 '그것을 하는 방법'을 알거나 모르거나
둘 중 하나다. 만약 그 방법을 모른다면 그들에게는 그 문제 자체가
의미가 없다.

그러니 아이들에게 의미를 명확하게 이해하지 못하는 상징이나 기
호를 다루라고 하는 것은 너무나 위험한 일이다. 얼마 지나지 않아 아
이들은 마조리처럼 모든 상징이나 기호는 의미가 없다고 생각하게
될 것이다. 학교에서의 가르침은 너무 말로 가득 차 있어서 오래지 않
아 그런 현상이 일어난다.


## □ 1961년 1월 26일

앞에서 가테그노 박사가 정신지체아를 대상으로 한 시범 수업에 대해
이야기했었다. 하루는 도로시에게 그때 가테그노가 제시했던 문제를
풀어보라고 했다. 도로시는 내가 가르친 아이들 중에서 가장 뒤떨어
진 아이였다. 지금까지 그 문제를 받은 아이들은 모두 한두 번 만에 그
문제를 풀어냈다. 도로시는 대여섯 번 해보더니 이렇게 말했다.

"선생님이 무슨 꼼수인지 알았어요."

도로시가 주저 없이 빈 곳에 들어갈 막대를 찾을 수 있게 되자 나는
"이제 안 속네."라고 말하고는 다른 게임으로 넘어갔다.

이런 놀이의 요점이 무엇인지 의아하게 생각하는 교사들도 더러 있
을 것이다. 가장 중요한 요점은 이렇다. 이런 게임은 외부의 도움 없
이, 희미하게 기억은 하지만 결코 이해한 적은 없는 공식이나 방책, 비

법에 의지하지 않고 자기 힘으로 풀 수 있는 문제를 제공한다. 둘째, 이 것은 물리적 대상이 작동하는 방식에 관한 한 가지 사실을 이해하게 해 준다. 즉 생명 없는 대상이라고 해서 무작정 변덕스럽고 예측할 수 없는 것은 아니며 그 또한 일관성과 확실성 속에서 작동한다는 사실을.

가끔 이런 아이들은 보통 기준보다 감각이 둔한 게 아닌가 하는 생각이 든다. 꼭 우리가 보는 것을 보지 못하는 것 같기 때문이다. 한번은 도로시에게 흰 막대 6개(물론 여러 가지 다른 숫자도 해보았다.)와 같은 길이의 막대를 찾아보라고 했다. 도로시는 2, 3cm 길거나 짧은 막대를 집기 일쑤였는데 흰 막대들 옆에 대볼 때까지는 들어맞는지 확신하지 못했다. 그때까지는 감각으로부터 아무런 메시지도 받지 못하는 것일까? 아니면 자신의 감각이 보내는 메시지를 믿기가 두려운 것일까?

충분한 시간이 있다면 처음으로 돌아가서 이 아이의 지성을 다시 세우는 게 가능할지도 모르겠다. 수학은 부적절하게 사용하면 지성을 파괴할 수도 있지만, 적절하게 사용한다면 지성을 재건하는 데도 큰 역할을 할 수 있다. 하지만 이런 일은 그 아이가 사물을 이해하는 능력을 익히는 동안 바깥세상이 그 아이를 간섭 없이 내버려두어야 가능하다. 그러나 우리가 아이가 모르는 것을 아는 척하게 만들려고 계속 시도하는 한, 그리고 또 자신이 아는 게 없다는 사실에 기가 죽고 수치심을 느끼도록 만드는 한 이런 일은 이루어질 수 없다.

＿"이 아이의 지성을 다시 세우는……." 운운 하는 말은 틀린 말일 뿐 아니라 나쁜 말이다. 우리가 학교에서 그저 사실만을 가르친다고 생

각할 때도 충분히 해악을 끼치는 마당에 교사들의 임무가 지성을 세우거나 재건하는 일이라고 생각한다면 더 큰 해악을 끼치게 될 것이다. 인간은 본래부터 지성적으로 태어난다. 우리 인간은 천성적으로 질문을 던지고 답을 만들고 문제를 푸는 동물이다. 인간은 그 일을 기가 막히게 잘한다. 어릴 때는 특히. 그러나 어떤 특수한 상황에서는 (이런 상황은 어디에나 존재하며, 특히 학교에서는 거의 언제나 이런 상황이 벌어질 수 있다.) 지적 능력을 쓰기를 멈추고, 더 이상 쓰고 싶어 하지도 않으며, 자신이 그런 능력을 갖고 있다는 믿음마저 던져버린다.

아이들의 지성을 다시 세우려면 '지성 재건'을 위한 묘책을 생각하는 대신 사람들이 어리석은 행동을 하도록 만드는 환경을 없애고, 그들이 다시 지성적으로 행동을 시작할 수 있는 환경을 제공해야 한다. 인간의 마음과 정신은 몸과 마찬가지로 대부분의 상처를 스스로 치유한다. 그 상처가 치유되고 있는지 확인하기 위해 계속 상처를 열어보지만 않는다면.

그 수업은 도로시에게 매우 유익했다. 시험 결과와 평가 기록에 따르면 도로시는 학교에 다니는 6년 동안 매해 학교 공부의 절반 정도밖에 달성하지 못했다. 그런데 이 수업에서는 1년치의 진전을 보았다. 그것은 내가 훌륭한 내용을 가르쳐서도 아니고 그 아이의 지성을 다시 세워서도 아니었다. 나는 도로시에게 가르친 게 거의 없었고, 같이 공부를 하며 지낸 적도 거의 없었다. 도로시는 이번 겨울이 되어서야 비로소 같이 뭔가 해볼 수 있을 정도로 겁을 먹지 않고 편안해했다.

대부분의 학교 교실과 비교해볼 때, 그래도 우리 반이 활기차고 재미있고 협동적인 데다가 대체로 위협이 없는 곳이라는 사실이 그 아이에게 도움이 되었던 것 같다. 도로시는 분쟁에 말려들거나 바보로 취급당할 걱정이 없어지자 비로소 자신이 파놓은 구멍에서 빠져나와 주위를 둘러보고 무엇이 일어나고 있는지 보기 시작했다. 내가 그 학급을 맡고 두 달 남짓 지났을 무렵 도로시의 어머니가 나를 찾아와서는 아이에게 해준 일에 감사드린다며 인사를 했다. 특별히 그 아이와 따로 공부를 한 적도 없었고, 아이의 성적도 여전히 형편없는 수준이어서 나는 그 어머니가 하는 말이 무슨 뜻인지 어리둥절했다. 애들이 흔히 그러듯 나도 단서가 될 만한 말이 나올 때까지 이런저런 걸 물어보았다. 어머니의 말은 이랬다. 도로시는 학교에 입학한 이후 지금까지 집에 돌아오는 길에도, 집에 와서도 통 입을 여는 법이 없었다. 그런데 지금은 학교에서 돌아오는 차 속에서 이야기를 꺼내면 끝이 없을 지경이고, 집에 돌아와서도 내내 이야기꽃을 피운다는 것이다. 무슨 이야기를? 혹시 천재 교사 홀트 선생님 이야기를? 그럴 리가. 도로시는 자기 반 아이들이 말하거나 저지르는 온갖 재미난 일들을 이야깃거리로 삼았다. 도로시는 바로 거기서 생각의 재료를 얻었던 것이다.

어떤 점에서는 이런 일이 일어나는 데 내가 일조를 했다는 것이 기쁘다. 하지만 나는 '도로시의 지성을 재건'하고 있었던 것도 아니고, 나와 함께 공부했던 시간이 그 아이가 학교에서 보낸 가장 의미 있는 시간이었던 것도 아니었다._

## □ 1961년 1월 30일

오늘 앤디에게 흰 막대를 8개씩 쌓아서 5개의 더미를 만들어보라고
했다. 그런 다음 종이컵 8개를 주며 각각의 컵에 흰 막대들을 공평하
게 나누어 담아보라고 했다. 곱셈을 이해하는 아이라면 각각의 컵에
5개의 막대가 들어간다는 사실을 즉시 알아차릴 것이다. 약간 느린
아이라면 '5×8＝40이다. 나는 40개의 막대를 가지고 있다. 8개의 컵
에 그것들을 나누어 담으려면 컵 하나에 5개씩 담으면 된다.'라고 생
각할 수도 있다. 불행하게도 앤디는 어느 쪽도 아니었다.

앤디는 우선 컵 하나에 막대를 8개씩 집어넣더니 막대가 다 없어지
자 이렇게 말했다.

"이건 안 되나 봐요."

그 다음에는 각각의 컵에 4개의 막대를 넣었는데 그렇게 하니까 8
개가 남아버렸다. 나는 앤디가 남은 막대를 각각의 컵에 하나씩 분배
할 거라고 생각했다. 놀랍게도 그 아이는 컵을 몽땅 비우더니 처음부
터 새로 시작하는 게 아닌가? 아이는 각각의 컵에 막대를 6개씩 넣으
려고 했다. 당연히 막대가 모자랄 밖에. 그러자 이번에는 각각의 컵에
5개씩 넣어보려 했고, 이번에는 맞았다.

이런 작업의 장점 중 하나는 아이가 해답을 얻으려고 애쓰면서도
자기가 바보라는 생각을 하지 않는다는 점이다. 서투르긴 해도 앤디
는 일단의 탐색을 하고 있었고, 실패로 끝난 그 모든 시도가 결국 해
답으로 가는 길이었다는 사실을 알았다. 5학년 수준에서 보면 한참
낮은 수준이긴 해도, 이 작업은 아이에게 실패나 수치심을 안겨주는

대신 지금까지 학교에서 맛보지 못했던 뭔가를 얻었다는 생생한 만족감을 안겨주었다.

테드는 나눗셈 문제들을 풀었다. 86을 2로 나누는 문제가 주어졌을 때는 아무 어려움이 없었다. 8÷2＝4, 6÷2＝3, 그래서 답은 43이다. 그런데 96을 2로 나누는 문제에서도 그만 똑같은 식으로 해버렸다. 9÷2＝4, 나머지 1, 6÷2＝3. 테드는 답은 43이라고 썼다. 나머지 1을 처리하는 문제는 아예 생각도 안 하는 것 같았다. 나는 55÷5를 해보라고 했다. 그 아이는 11이라고 답했다. 그 다음에는 65. 같은 답. 다음 75. 같은 답. 그 다음은 85, 95. 역시 같은 답. 그 아이는 계속 같은 답이 나오자 뭔가 꺼림칙한지 자신을 정당화시키려는 양 방어적인 태도를 보였다.

"9를 5로 나누면 1이 되고요. 5를 5로 나누면 1이 돼요."

하지만 한번 빠진 구렁텅이에서 빠져나오는 것은 불가능해 보였다.

우리는 종이컵에 막대를 하나씩 넣는 방식으로 나눗셈을 몇 개 풀었다. 나는 테드에게 5개의 오렌지색 막대(10)와 2개의 흰색 막대(1)를 주면서 4개의 종이컵에 골고루 나누어 넣으라고 했다. 아이는 각각의 컵에 오렌지색 막대를 1개씩 넣더니 남은 오렌지색 막대 하나를 10개의 흰 막대로 바꾸어달라고 했다. 그 다음 12개의 흰 막대를 4개의 종이컵에 분배했다. 그리하여 마침내 올바른 답을 얻었다. 13!

테드는 이런 식으로 문제를 여러 개 풀었는데 컵에 나누어 담을 때마다 오렌지색 막대가 한두 개씩 남았다. 그러면 그 막대들을 흰 막대로 바꾸어달라고 했다. 나는 막대를 바꾸어주면서 가끔 각각의 종이컵에 흰 막대가 몇 개나 들어갈 것 같으냐고 물어보았다. 그럴 때면 테드는 대답을 제대로 했다. 예를 들어 32를 2로 나눌 경우, 그 아이는 각각의 컵에 오렌지색 막대를 하나씩 넣은 다음 남은 오렌지색 막대를 흰색으로 바꾸었다. 그때 내가 질문을 하면, 12개의 흰 막대는 컵 하나에 6개씩 들어가니까 각각의 컵에는 16개의 흰 막대가 들어간다고 대답했다. 그러나 나누는 수가 2를 넘어서면 이런 질문을 거북해했고, 스스로 물어보는 법도 없었다. 그때마다 아이는 남은 것을 모두 흰 막대로 바꾸길 원했고 애써 나누어 넣어본 다음에야 해답을 얻었다.

당연히 이렇게 해야 한다. 아이들이 이렇게 구체적으로 연산을 하면서 느낌이 온다고 생각할 때까지, 다시 말해 자기들이 맞다고 믿을 수 있는 답을 자기 힘으로 찾아낼 때까지, 그 방법이 완전히 안전하다고 느낄 때까지 그 방법을 실컷 쓰도록 내버려두어야 한다. 이건 아무리 말해도 지나치지 않다. 그런 연후에야 좀 더 쉬운 방법이 있을 수도 있다는 가능성을 제시해도 늦지 않다.

흔히 아이들은 문제풀이나 반복 연습 속에서 안정감을 느낀다는 말을 자주 듣는다. 아이에게 스스로 할 자유가 있고, 자기가 다루는 내용에 숙달되어 있고, 자기가 하고 있는 일이 무엇인지 확신하고 있는 상황에서라면 이 말이 옳을지도 모른다. 하지만 학교에서의 반복 연습에는 이런 요소가 전혀 없다. 반복 연습이란 그저 수리수리마수리일 뿐이다. 아이가 의미 없는 말이나 과정을 여러 번 반복하면 의미 있는 것으로 변하게 된다는 생각은, 인간의 말을 오래 따라하다 보면 앵무새도 말하는 법을 알게 될 거라고 생각하는 것만큼이나 어이없다. 이 매우 지적인 소년은 곱셈 구구표와 나눗셈 공식으로 여러 번 반복 연습을 했지만 오히려 처음보다 더 나빠졌을 뿐이다. 그런 방법들은 이치에 맞지 않을 뿐 아니라 아이들을 두렵게 만들 수도 있다. 하지만 아이가 막대나 다른 교구를 이용해서 이 연산을 충분히 반복해본다면, 그래서 이제 막대 없이도 머릿속에서 그 연산을 할 수 있다면, 또 마지막 막대 하나까지 분배해보지 않아도 답을 알아내는 데 도달할 수 있다면, 그때는 연산을 아이가 이해할 수 있는 기호들로 변환시킬 수 있을 것이다.

_시모어 페퍼트Seymour Papert는 아이들이 컴퓨터(지금과는 아주 다른 행태이긴 하지만)를 이용해 수학적 사고의 통찰을 얻는 방법을 다룬 『마인드스톰Mindstorms』이란 책에서 '반복 연습'과 '훈련'의 차이를 분명하게 지적하였다. 자신을 위해 훈련하라. 그러면 하고자 하거나 할 필요가 있는 일을 더 잘하게 될 것이다. 다른 사람을 위해 반복 연습하라. 그러면 그 사람이, 네가 알기로 되어 있는 것을 네가 알고 있는지 확인할 수 있거나 최소한 너를 바쁘게 만들 수는 있을 것이다.

내가 테드와 함께 한 것은 훈련이었을까, 반복 연습이었을까? 사실은 반복 연습이었던 건 아닐까? 나는 테드를 좋아했고, 그 아이도 그것을 알았다. 그리고 그 아이도 나를 좋아하고 믿었다. 테드가 그 어느 학급에서보다 내가 맡았던 학급에서 훨씬 즐거운 시간을 보냈고 성적도 좋았던 것은 분명하다. 하지만 나는 테드가 나와 함께 공부할 때 보여주었던 그런 멋진 일을 혼자서 하는 걸 본 적이 없다. 그러니 나와 함께 공부하면서 익힌 내용이 그 아이에게 남아 있을 리 없었다. 우리가 몇 주 동안 날이면 날마다 같은 문제를 되풀이해야 했던 이유

중 하나가 바로 이것이 아니었을까?

　내가 테드와 함께 했던 것, 테드가 하는 공부를 쉽게 만들어주려 했던 그 일은 일종의 프로그램 교수법이었다. 내가 질문을 던지며 그 자리에 있는 한 그 아이는 몇 번의 시행착오 끝에 내가 바라는 대답을 하는 법을 알아냈다. 하지만 앞에서 말했던 11학년 아이처럼 테드도 내가 한 질문들을 절대로 기억해내지 못했다. 테드는 나를 따라 뭔가 해볼 수는 있었지만 (내가 충분히 천천히 해보이기만 하면) 스스로 뭔가를 시도하는 법은 없었다. 나는 테드에게 막대를 이용해서 수의 세계에 나오는 여러 연산을 해보고, 그것이 맞는지 점검하는 방법을 알려주고 싶었다. 하지만 그 아이는 그 어떤 것도 자기 것으로 소화하지 못했다.

　테드가 나눗셈에 대해 배운 것은 모두 나의 것인 채 그대로 남아 있었다. 그 아이는 나눗셈을 배우기를 원치 않았고, 교실을 벗어나면 그것을 쓸 데도 없었다. 그럼에도 불구하고 그 일을 한 이유는 오직 나를 만족시키고 기쁘게 하기 위해서였을 뿐이다. 그 아이는 아마 예리한 직관으로, 자기가 일단 나눗셈하는 방법을 알아서 나를 만족시키기만 하면 어느 누구도 그 문제로 자기를 괴롭히지 않으리라는 걸 알았는지도 모른다. 그것이 아마도 사건의 진상이었을 것이다.＿


□ 1961년 2월 3일

가엾은 마조리는 학교에서 가르쳐준 것이라면 뭐든지 기억해보려고 최선을 다했다. 무슨 말이든 이해는 고사하고, 그것이 이치에 맞을 거라는 생각조차 못하면서도 말이다. 고통스럽게도 그 아이의 머릿속은 자기 스스로 이용할 수 있는 것은 거의 없고, 주어진 상황에서 어떤 것을 적용해야 하는지도 알 수 없는 여러 가지 사실들과 문제풀이법들로 뒤죽박죽이 되어 있었다.

하루는 마조리가 막대를 가지고 같이 공부를 하고 싶다고 말했다. 우리는 같은 색으로 된 직사각형 만들기를 했다. 내가 먼저 막대 몇 개를 나란히 놓아 직사각형을 만든 다음 그 아이에게 같은 크기의 직사각형을 만들어보라고 했다. 색은 통일하되 내가 썼던 색은 쓰지 말라고 했다. 아이는 흰 막대를 쓰면 될 거라는 걸 재빨리 알아차렸고 이윽고 다른 색을 써서도 잘 해내게 되었다.

＿"막대 몇 개를 나란히 놓아⋯⋯." 나는 지금도 이것이 막대를 가지고 할 만한 좋은 게임이라고 생각한다. 막대를 이용해서 공부를 한다는 가정하에서 그렇다.

다음 해에 나는 세탁소에서 셔츠가 구겨지지 않도록 끼워주는 두꺼운 판지로 여러 개의 얇은 상자를 만들었다. 높이는 모두 1cm로 통일하고 길이와 넓이는 3cm×5cm, 4cm×7cm 등등 다양하게 했다. 그런 다음 아이들에게 상자를 나누어주고 여러 가지 방식으로 상자를 채워보라고 했다. 같은 색의 막대만으로, 여러 가지 색의 막대를 이용해서, 두 가지 색으로 하되 각각의 색이 같은 숫자가 되도록 등등 여러 가지 놀이를 했는데 어린아이들은 그런 문제를 아주 재미있어 했다. 막대를 만드는 사람들은 똑똑하니까 플라스틱 주형을 떠서 이

런 상자를 만들 수도 있을 것이다. 하지만 마분지나 판지를 이용해도 쉽게 만들 수 있다.＿

막대 놀이를 하는 동안 마조리는 즐거운 듯 소리를 치곤 했는데 나중에 나와 같이 공부를 할 때도 여러 번 같은 소리를 되풀이했다. 그 목소리에 담긴 기쁨과 흥분을 글로 전달할 수 없는 것이 안타까울 따름이다.

"정말 멋져요! 선생님이 이걸로 요술을 부리니까 너무 재미있어요."

이틀 후 우리는 내기를 했다. 일단 마조리가 한 가지 색의 막대로 사각형을 만들면 내가 다른 색으로 된 막대들(흰색 제외)을 써서 그 사각형을 덮는다. 마조리가 내가 덮을 수 없는 사각형을 만들면 그 아이가 이기는 놀이였다. 마조리는 여러 번의 시행착오 끝에 3, 5, 7cm짜리 정사각형을 만들어 나를 이겼다. 그 아이는 9cm짜리 정사각형도 마찬가지일 거라고 유추했는데, 내가 연녹색 막대(3)로 그 위를 덮자 깜짝 놀랐다. 그 아이는 소수의 필요조건이 뭔지 몰랐다. 여러 주 동안 소수에 관해 공부를 했는데도 소수에 대한 개념이 서지 않은 것 같았다.

마조리는 스스로 뭔가를 해냈거나 자기가 한 일을 이해했을 때의 느낌을 '요술을 부리는 게 너무 근사하다.'는 말로 표현했다. 그런 느낌은 아이들이 학교와는 아무런 상관도 없다고 생각할 정도로 매우 독특한 경험이다.

다음에는 종이컵을 써서 나눗셈 놀이를 했다. 다른 아이들처럼 마조리도 오렌지색과 흰색 막대를 각 컵에 공평하게 넣은 다음 나머지는 교환했다. 마조리는 이 놀이를 너무 좋아했는데 오늘은 안나와 경쟁을 하기도 했다. 안나는 수학이라면 언제나 머리가 잘 돌아가는 아이이다.

이런 아이들은 누가 물어보면 나눗셈을 하고 있는 중이라고 의심 없이 말할 것이다. 하지만 혼자서는 그런 식으로 생각하지 않으며, 자기들이 알고 있는 얼마 안 되는 나눗셈에 관한 사실들을 응용하지도 않는다. 그리고 매번 교환이라는 번거로운 과정을 거친다. 이런 사실은 다음과 같은 것을 암시한다. 즉 아이들이 실물을 가지고 구체적인 방법으로 수학 연산을 해본 다음 기호를 이용하게 할 경우에도 (학교나 교사들이 이렇게 하는 것도 쉬운 일은 아니지만) 아이들이 지금까지 해왔던 일을 너무 빨리 일반화하도록 강요하지 말아야 한다는 것이다. 그보다는 마조리와 안나가 나눗셈 경주를 한 것처럼 아이들이 구체적인 연산을 하면서 좀 더 나은 방법을 찾고 싶어 하도록 상황을 만들어주어야 한다. 그렇게 되면 더 나은 방법을 찾는 과정에서 자기들만의 법칙을 만들 것이다.

예를 들어 42 나누기 3은 14라는 사실을 모르고, 그 답을 알아내는 풀이법도 모른다고 치자. 그 아이에게 오렌지색 막대(10) 4개와 흰색 막대(1) 2개를 주고 3개의 컵에 공평하게 나누어 담도록 한다. 그 아이는 오렌지색 막대를 각각의 컵에 하나씩 담고 나머지 하나를 10개의 흰 막대와 바꾼 다음, 12개의 흰 막대를 3개의 컵에 나누어 담는다. 그러면 각각의 컵에는 14가 들어 있다는 걸 발견하게 된다. 이 과정을 여러 번 반복하면 나머지 오렌지색 막대 하나와 흰 막대 2개를 3개의 컵에 나누어야 할 때 막대를 바꾸는 수고를 하지 않고도 머릿속에서 나머지 계산을 할 수 있게 된다.

하루는 이 과정을 강제할 수 있다는 생각이 들었다. 어떤 아이가 오렌지색 막대를 흰색으로 바꾸어달라고 했을 때 막대를 바꾸어주는 대신 이렇게 물었다.

"막대를 바꾸어 담아보지 않고도 각각의 컵에 흰 막대가 몇 개 들어갈지 말해줄 수 있겠니?"

그 아이는 자기가 외우고 있는 구구단에 그 인수가 속해 있을 때는 답을 할 줄 알았다. 하지만 내가 물어보지 않으면 스스로는 그렇게 해볼 생각이 들지 않는 것 같았다. 그냥 내버려두면 아이는 다시 낡은 체계로 되돌아갔고, 그 체계 안에서만 자기가 하는 일의 의미를 알았다.

이것은 아주 중요한 사실이다. 흰 막대가 아니라 머릿속에서 나누기를 한다는 생각이 아이들 마음에 자리 잡지 못했던 것은, 그것이 내 생각이지 아이들의 생각이 아니었기 때문이었다. 아이들의 머릿속에는 그런 생각이 끼어들 여지가 없었다. 그 아이디어는 절실한 지적 필요와 만나지 못했던 것이다.

우리는 스스로를 속여서는 안 된다. 나는 여러 해 동안, 조심스럽게 선택한 길잡이 질문으로 아이들의 대답을 유도하는 것은 단번에 답을 말해주는 것과는 다르다고 나 자신을 속여 왔다. 교사가 던지는 질문에 유도되어 해답을 찾는 데 익숙해진 아이들은 나중에 그 질문을 기억해내거나 스스로 비슷한 질문을 해내지 못하는 한 속수무책이 된다. 그리고 분명한 것은 아이들은 그것을 기억 못한다는 것이다. 아이의 마음속에 뿌리를 내리는 해답은 단 하나, 자신이 스스로 던지는 질문에 대한 해답이다.

어제 우리는 다른 게임을 했다. 나는 마조리에게 2개의 흰 막대를 주고 그것들을 붙여서 사각형을 몇 가지나 만들 수 있는지 물었다. 그 아이는 오직 한 가지밖에 없다는 걸 알게 되었다. 나는 막대기 하나를 더 주고 3개의 경우는 어떤지 물어보았다. 이번에도 한 가지밖에 없었다. 막대가 4개가 되니까 두 가지 직사각형이 가능했다. $1 \times 4$와 $2 \times 2$의 직사각형이 그것이었다. 그런 식으로 수마다 인수들을 찾고 어떤 수가 소수가 되는지 주의해가면서 20개까지 해보았다. 20에 이를 때까지 마조리는 말할 것도 없고 수학에는 도사인 안나도 자기들이 알고 있는 인수의 개념을 이용해서 문제를 풀 수 있으리라고는 생각하지 못하는 것 같았다. 10이 주어졌을 때 '한 변이 막대 5개고 다른 변이 막대 2개인 직사각형을 만들 수 있을 거야.'라는 생각은 하지 못했던 것이다. 아이들은 매번 시행착오를 거듭했다. 하지만 어떤 조합이 가능하고 어떤 조합이 불가능한지를 구별하는 데 걸리는 시간은 점점 짧아졌다.

나는 한참 후까지도 속도와 기술의 발달이 법칙성의 이해를 위한 시작이며 싹이란 사실을 몰랐다. 한 예가 머리에 떠오른다. 다른 곳에서도 몇 번 말했던 예다. 마조리와 안나에게 12개의 막대를 주었더니 $6 \times 2$의 직사각형을 만들었다. 그런 다음 두 아이 모두 그 직사각형을 두 부분으로 나누어 나란히 옆으로 붙였다. $4 \times 3$의 직사각형이 만들어진 것이다. 이 일을 하는 동안 문제를 공략하는 아이들의 태도가 훨씬 경제적이고 유기적이 되었다. 자기들의 통찰과 이해를 언어화하기에는 부족했지만 어쨌든 그 길에 들어서 있었다. 여기서 꼭 알아야 할 점은 이런 식의 과정을 재촉할 수는 없다는 것이다.

이 일로 퀴즈네르 막대 같은 학습 교재를 이용하는 방법에 관한 생각이 아주 많이 바뀌었다. 처음에는 나도 연산 방법을 빨리 습득하는 도구로 막대를 이용할 수 있을 거라고 생각했고, 많은 교사들도 이런 용도로 막대를 사용하고 있는 걸로 안다. 하지만 이것은 커다란 잘못이다. 우리는 아이들이 자신의 경험과 발견을 통해 수와 연산이 작동하는 방법을 점차 확실하게 이해해나가도록 하기 위해 이런 교재들을 이용해야 한다. 우리는 목적을 건전하게 이루어야 한다. 이 말은 좀 더 천천히 해나가야 한다는 뜻이다. 지금까지 해오던 것보다 훨씬 빨리 해낼 수 있는 부분도 더러 있는데 분수가 좋은 예다. 단위가 높은 나눗셈 같은 다른 것들은 한참 뒤로 미루어야 한다. 아이들이 스스로 해가는 걸 보면 저절로 알게 될 것이다.

_내가 《그로잉 위다웃 스쿨링》 4호와 6호에서 썼고, 요 근래 4, 5년간 교사들에게 계속 하는 얘기가 있다. 만일 우리가 아이들에게 3+4=7이나 5×4=20과 같은 '기본적인 수학적 사실들'을 '가르쳐야' 한다면, 아이들 스스로 실험을 통해 숫자의 몇몇 기본적 속성을 발견하도록 해야 한다는 것이다. 마조리와 안나가 하고 있었던 일이 바로 그것이다. '3+2=5'라는 말은 누군가가 고안해서 단지 기억할 요량으로 배우는 덧셈이 아니라, 5라는 숫자가 가진 한 가지 속성에 관한 말이라고 해야 적합한 설명이다. 어떤 물건 5개로 이루어진 뭉치는 그 물건 3개로 된 뭉치와 2개로 된 뭉치로 가를 수 있다는 이 속성은 인간이 만들어낸 것이 아니라 자연의 이치다. 3+2=5라는 말은 이 자연의 이치를 쓰고 이야기하는 여러 가지 방법 중 하나이다.

여러 가지 중 하나라고? 이 말은 다른 식으로 해도 된다는 뜻이다. $2+3=5$, $5-2=3$, $5-3=2$ 같은 식으로. 학교에서는 보통 이 네 가지를 분리된 사실로 가르치고 있지만, 이는 하나의 사실을 이야기하는 다양한 방법으로 이해해야 한다. 다시 말해 일단의 물건 다섯은 물건 둘과 물건 셋으로 만들 수 있다는 것이다.

이런 이치는 아이들 자신의 힘으로 얼마든지 발견할 수 있다. 아이들은 그 사실을 신조처럼 모시거나 맹목적으로 기억하지 않는다. 아이들은 현실 세계에서 자신의 감각을 통해 그 사실을 알아내고 점검하고 필요한 만큼 여러 번 반복함으로써 그 사실을 거듭 확인할 수 있다.

하지만 "만약 우리가 아이들에게 가르쳐야 한다면……." 이라는 문장의 '만약'이라는 가정에 다시 한 번 주목해보자. 우선 '만약' 우리가 이 사실을 가르치지 않는다면 어떤 아이도 그 사실을 배우지 못할 거라고 추측해선 안 된다. 더불어 '만약' 우리가 숫자 5가 가진 이 기본적인 속성을 알아내는 방법을 아이들에게 보여주기만 하면 자기들이 알아서 다른 수들의 속성을 알아내려 할 거라고 추측해서도 안 된다. 대개의 아이들은 이런 일을 재미없어한다. 수학을 이해한다는 관점에서 볼 때 가장 중요한 것은 $4+3=7$이나 $9\times5=45$와 같은 말은 확인이 필요할 때 실생활에서 이용할 수 있는 현실 세계에 관한 진술이라는 생각이다. 그것이 가능하다는 것에 일단 만족하게 되면 아이들이(물론 우리들도) 그 일을 하는 데 괜한 시간을 투자할 이유가 없다.__

□ 1961년 3월 11일

하루는 도로시와 함께 따로 공부를 하고 있는 중이었다. 나는 도로시가 숫자의 세계를 이해하지 못하는 원인을 알아내서 기초를 단단히 세워주고 싶었다. 그런데 우리가 그 원인을 알아가고 있기는 하지만, 그 원인은 참으로 깊은 곳에 도사리고 있다는 생각이 들었다.

나는 탁자 위에 5개씩 2줄의 흰 막대를 늘어놓았다.

"여기 줄이 2개 있어. 각각의 줄에는 같은 수의 막대가 있고."

내가 말하자 도로시가 동의했다. 나는 이 2개의 줄을 만드는 데 사용한 막대의 수가 몇 개인지 물었다. 그 아이는 10이라고 답했다. 나는 종이에 10이라고 쓰고 그 옆에 체크 표시를 했다. 그 다음 나는 7개의 막대로 된 줄을 2개 만들었다. 도로시는 두 줄이 같다는 데 동의했고, 그 줄들을 만드는 데 14개의 막대를 사용했다고 말했다. 물론 일일이 세어보아야 했다. 나는 14라고 쓰고 그 옆에 체크 표시를 했다.

다음에는 도로시에게 만들어보도록 했다. 아이는 내가 만든 줄을 막대 무더기 속에 밀어 넣고 다른 막대 몇 개를 끄집어내더니 6개짜리 줄 2개를 만들었다. 내가 몇 개를 사용했는지 물어보자 아이는 일일이 12개를 세었다. 나는 이것을 적고 그 옆에 체크 표시를 했다. 그 다음 나는 11개의 막대를 써서 길이가 똑같은 줄 2개를 만들 수 있는지 알아보라고 했다. 그 아이는 방금 전에 사용한 막대들을 더미 속에 밀어 넣고 다시 11개를 세어서 꺼내더니 그걸로 같은 길이의 줄 2개를 만들어보려고 했다. 잠시 후 그 아이가 말했다.

"이건 안 돼요."

나는 그것이 안 된다는 데 동의하고는 11이라고 쓰고 그 옆에 커다랗게 ×표시를 했다. 그런 다음 이렇게 말했다.

"10이나 14 같은 숫자는 되지만 11 같은 숫자는 안 돼. 그러면 6부터 시작해서 어떤 숫자가 되고 어떤 숫자는 안 되는지 말해보겠니?"

지금까지 우리가 해온 걸로 봐서 내 지시의 의미는 분명했다. 도로시는 막대 6개를 세어 꺼내더니 3개로 이루어진 줄 2개를 만들었다. 나는 6이라고 쓰고 체크 표시를 했다. 그 다음에 그 아이가 보인 행동은 나를 놀라게 했다. 7이라는 숫자를 채우기 위해 막대를 한 개 더 꺼내는 대신 막대를 더미 속에 도로 밀어 넣고 다시 7개를 세어서 그걸로 두 개의 동일한 줄을 만들려고 애를 썼던 것이다. 잠시 후 그 아이가 말했다.

"이건 안 돼요."

나는 7이라고 쓰고 그 옆에 ×표시를 했다. 도로시는 다시 모든 막대를 더미 속에 밀어 넣고 8개를 세어서 4개로 된 줄 2개를 만들었다.

"8은 돼요."

다시 모든 막대를 더미 속에 밀어 넣었다가 9를 세어 꺼낸 도로시는 2줄을 만들지 못하자 안 된다고 말했다. 이런 과정을 14가 될 때까지 반복했다.

그런데 그 다음 도로시는 큰 발자국을 내디뎠다. 14를 끝낸 다음 15를 만들기 위해 막대 하나를 가져다 붙인 것이다. 게다가 줄 하나에 막대 하나를 덧붙여보는 것만으로 15는 안 된다고 말했다. 다시 그 아이는 줄을 그대로 둔 채 막대 하나를 짧은 줄에 갖다 붙이더니 16은 된다고 말했다. 사뭇 효과적인 과정이 이십 몇까지 계속되었다. 24였던가. 그런데 24가 된다는 걸 알아낸 난 다음 도로시가 말했다.

"25는 안 될 거예요."

막대를 꺼내지도 않은 채였다. 그 아이는 점점 더 빨리, 점점 더 확신을 가지고 36에 이를 때까지 계속해나갔다. 36에 이르자 도로시는 홀수는 더 이상 입에 올리지 않고 이렇게 말했다.

"36은 돼요. 38은 돼요. 40은 돼요……."

우리는 그렇게 50까지 해나갔다.

우리는 잠시 쉬면서 막대로 쌓기 놀이를 하다가 다음 문제로 넘어갔다. 이번에는 같은 길이의 줄 3개를 만들어보는 과제를 제시했다. 그리고 도로시에게 어떤 수가 이 문제에 들어맞는지 알아보라고 했다. 6부터 시작했다. 어처구니없게도 그 아이는 같은 크기의 줄 3개를 만들지 못하고 3-2-1 패턴으로 늘어놓았다. 할 수 없이 내가 도와주자 아이는 해나가기 시작했다. 이번에는 2줄짜리 문제를 풀 때보다 한 단계 나아간 데서 시작했다. 내가 6개의 막대로 2개짜리 막대 3줄을 만들어 보이고 6은 된다고 적자, 도로시는 막대 하나를 그중 한 줄에 덧붙이더니 7은 안 된다고 했다. 그리고 또 다른 줄에 막대 하나를 덧붙이고는 8도 안 될 거라고 했다. 그리고 나머지 줄에 하나를 덧붙이더니 9는 된다고 했다. 이런 식으로 15인지 18인지까지 나아갔다. 여기서 아이는 막대를 더 이상 쓰지 않고 이렇게 말했다.

"19는 안 돼요. 20도 안 돼요. 21은 돼요……."

27에 이르자 그 아이는 30, 33, 36, 39 등 되는 숫자만 불러주었다.

4줄짜리 문제는 8에서 시작했다. 그 아이는 막대를 써서 9, 10, 11은 안 되고 12는 된다고 말했다. 그 다음은 막대를 쓰지 않고 13, 14,

15는 안 되고 16은 된다고 말했다. 이 지점에서 아이는 4씩 더해서 세기 시작했다. 20, 24, 28, 32 등등.

　5줄짜리 문제는 10부터 시작했다. 도로시는 15까지 막대를 쓰더니 그 다음부터는 5씩 더해서 세어나갔다.

　이 아이가 해낸 일을 얘기해주면 모두들 믿기 어렵다는 반응을 보인다. 사람들은 도무지 상상을 못하는 것 같다. 아무리 형편없이 뒤떨어졌기로서니 그렇게까지 수학적 통찰력이 없을 수가 있는지, 그렇게 간단한 문제를 푸는 데 그토록 힘들고 비효율적인 방법을 쓰는지 말이다. 하지만 그게 사실이다. 우리 교사들은 이런 아이들은 더 알아야 한다느니, 더 이해를 잘해야 한다느니, 더 효율적으로 공부할 수 있어야 한다느니 하면서 아무짝에도 쓸모없는 말을 해댄다. 중요한 것은 그 아이가 그렇다는 사실이다. 이 가엾은 아이가 6년 동안 학교에 다니면서 거의 아무것도 배우지 못한 이유는 아무도 아이가 현재 처한 위치에서 시작하도록 배려하지 않았다는 데 있다. 반면에 이 시간에 그토록 놀라운 효율성과 이해력을 보일 수 있었던 이유는 아이가 처한 현 위치에서 공부를 시작했기 때문이다. 그래서 아이는 자신의 힘으로 진정으로 배워나갈 수 있었던 것이다.


_5학년 아이들을 가르치는 동안 수많은 일들이 있었지만 도로시와 함께했던 그날은 아직도 큰 기쁨으로 남아 있다. 나는 어떤 것을 자기 것으로 받아들여 소화해내는 능력에서는 도로시가 테드보다 뒤진다고 생각한다. 그러나 적어도 도로시는 스스로 문제를 이해하고 해결하는 경험을 했고, 자신의 감각을 통해 그것을 풀었다는 것을 알고 있

었다. 그리고 자신의 머리가 어떤 힘을 가졌다는 걸 느끼고 있었다. 즉, 내가 낸 그 문제는 별 의미가 없고 우스꽝스러울 수도 있지만 그 것을 해결한 과정은 온전히 그 아이의 것이었다.

모든 아이들에게 이런 문제를 내주고 복잡한 과정을 겪게 하는 것 은 시간 낭비일 뿐 아니라 해로울 경우가 더 많다. 하지만 간단한 수 학 문제에도 엄청나게 겁을 먹는 사람들이 어느 정도라도 이해하게 돕는 데는 아주 효과적이다. 그리고 당장은 그 의미를 모를지라도 수 학이란 근본적으로 이해 가능하다는 사실을 깨닫게 해준다는 점에서 도 중요하다.

기본적인 수학 문제 때문에 골치를 썩고 겁을 먹는 어른이 있다면, 여기서 내가 말한 연습 문제를 풀어보라. 빠른 시간 내에 어떤 이치를 발견하고 홀가분해질 것이다. 그런 사람들 역시 마조리처럼 '요술을 부리게 되면' 수학을 좋아하게 될지도 모른다.

굳이 퀴즈네르 막대 같은 값비싼 교구가 없어도 된다. 작은 물건이 면 뭐든지 괜찮다. 성냥개비도 좋고(못 쓰게 된 것도 좋고), 이쑤시개도 좋고, 종이나 판지 쪼가리도 상관없다.＿

□ 1961년 3월 20일

한 무리의 아이들이 함께 다음과 같은 문제를 풀고 있었다.

"너비가 정사각형 두 개 이상인 직사각형 안에는 몇 개의 정사각형 이 들어갈 수 있을지 알아보자."

소수를 제외한 모든 수가 이 문제의 답이 될 수 있다.

하루는 이 문제를 약간 미묘하게 바꾸었다. 그 사각형의 중심에는 정사각형 하나가 들어갈 수 있는 구멍이 있어야 한다. 테드같이 명민한 아이는 문제를 체계적으로 공략한다. 테드는 일단 중앙에 구멍이 뚫린 사각형 중 가장 작은 것을 만들어보려고 했다. 간단히 말하자면 정사각형들이 구멍을 한 겹으로 둘러싸도록 배치하는 것이다. 이렇게 하는데 8개의 정사각형이 들었다. 그런 다음 중앙의 구멍을 그대로 둔 채 이 사각형을 어떻게 늘려갈 것인가 구상했다. 이윽고 테드는 이런 사각형은 3×5라든지 7×3이라든지 하는 식으로 한 면의 길이가 홀수가 될 수밖에 없다는 것을 알아냈다. 다음 순간 그 아이는 더 이상 손으로 조작해보지 않고도 어떤 숫자는 통하고 어떤 숫자는 통하지 않는지 말할 수 있게 되었다.

이해가 느린 앤디는 전혀 다른 식으로 문제를 대했다. 그 아이는 16개의 막대를 끄집어내더니 4×4의 정사각형을 만들었다. 그 다음 막대 하나를 빼내서 중앙에 구멍을 만들려고 긴 시간을 보냈다. 하지만 아무리 막대를 움직여보아도 구멍은 중앙에 오는 법이 없었다. 앤디가 이 문제로 씨름하는 모습을 지켜보는 게 재미있었다. 앤디는 자기가 바라는 위치에 구멍을 만들려는 시도가 실패를 거듭하자 약이 올랐지만 겁을 먹지는 않았다. 앤디로서는 드문 경우였다. 그 아이는 대담하고 결단력 있게 행동했고, 마침내 홀수인 사각형을 만들어야 한다는 사실을 알아냈다. 그래도 어떤 사각형이 된다고 꼭 집어서 말하지는 못했다. 테드가 문제를 다루는 방식에 비하면 앤디의 방식은 서투르고 비효율적이라 할 수 있다. 하지만 중요한 점은 그것이 그 아이의 방식이라는 점이다. 자신이 수학을 배우고 이해하는 데 꼭 들어맞는 자기만의 방식 말이다. 그것이 자기의 방식이기 때문에 아이는 그걸 통해 배우고 있었던 것이다.

물론 운도 따라야겠지만 여러 가지 방법으로 생각도 해보고 실습도 해서 아이들이 자신에게 맞는 방식으로 해결할 수 있는 문제를 고안해야 하지 않을까. 이런 유의 문제들은 일종의 '자기조절 학습장치 self-adjusting learning machine'가 되기 때문에 이런 문제에 숙련이 되면 아이 스스로 고난도의 프로그램을 만들어낸다. 다른 방식도 마찬가지겠지만 수학에서 이런 접근 방식을 쓰려면, 교사들은 문제를 푸는 '유일한' 또는 '가장 좋은' 길을 포기할 필요가 있다. 문제를 아주 원시적이고 경험적이고 비효율적인 수준에서 다루는 아이들 역시 공부 잘하는 아이들의 세련된 발견만큼이나 훌륭하고, 흥미롭고, 가치 있고, 격려를 받아 마땅한 발견을 해내고 있다는 사실을 명심해야만 한다. 도로시가 길고도 고통스런 노력 끝에 모든 2의 배수는 같은 길이의 줄 2개로 나눌 수 있고, 모든 3의 배수는 같은 길이의 줄 3개로 나눌 수 있다는 걸 발견했을 때 그 아이는 놀라운 지적 도약을 이루었다. 이것은 자신의 힘으로 지수의 법칙 같은 것을 알아낸 아이들의 지적 도약에 조금도 떨어지지 않는다.

바퀴의 발명도 비행기의 발명 못지않은 커다란 진보다. 사실로 말하자면 훨씬 큰 한 걸음이지만. 우리 교사들은 수학 공부를 하는 아이들이 언제 바퀴를 발명 중이고, 언제 비행기를 발명 중인지 알아보는 법을 익혀야 한다. 그리하여 비행기 발명자들뿐만 아니라 바퀴 발명자들 때문에도 진심으로 흥분하고 기뻐하는 법을 배워야만 한다. 그러나 무엇보다 중요한 것은 느린 아이들에게 바퀴를 보여줌으로써 좀 더 빨리 비행기 발명에 돌입하도록 만들고 싶은 유혹을 이겨내야만 한다는 것이다. 모든 과목이 그렇겠지만, 수학에서 가장 분명한 것은 아이들이 실제로 발견해내지 않은 지식은 아무 소용도 없을 뿐 아니라 쉽게 잊혀져버리기 십상이라는 것이다.


## □ 1961년 5월 6일

이른바 새수학*에 대해 교묘한 홍보 활동이 전개되어 왔다. 모든 사람들이 새수학을 이야기하고, 새수학을 채택하지 않는 학교나 교사들은 형편없는 구식으로 취급될 판이다. 실제로 새수학의 어떤 내용은 매우 훌륭하다. 여기저기서 수학 교수법에 실로 혁명적이고 건설적인 변화가 일어나고 있다. 아이들은 해답을 듣거나 유도 질문을 통해 힌트를 얻으려 하는 대신 자기 힘으로 문제를 해결하고 있다. 하지만 이런 곳은 극히 적다.

  새수학이라는 것도 대부분은 질 나쁜 낡은 수학과 다를 바가 없다. 참고서 수준이라고 할까. 다른 점이 있다면 더 새롭고 최신 유행이라는 것 뿐. 참고서를 원한다면 그것도 괜찮겠다. 새롭고 좋은 내용을 담은 참고서가 아주 없는 것은 아니지만 극찬을 받고, 널리 애용되는

---

*1960년대 초 미국에서 일어난 새수학 운동은 수학의 중요성을 강조하며 의무교육 과정에 수학의 어려운 개념을 늘렸다. 하지만 학생들 사이에 거부감이 높아져 기본에 충실하자는 운동이 일어났고, '기본에 충실한' 수학이 미국 수학 교육의 근본 개념이 되었다.

것까지 포함해서 대부분의 참고서는 이렇다 할 내용을 담고 있지 않다. 내가 조사한 몇몇 책은 애매모호한 부분이 수두룩할 뿐 아니라 엉뚱한 예를 들기 일쑤고, 아이들의 이해력을 지나치게 넘겨짚는다. 그리고 기지수나 실수, 미지수나 기호를 연결하는 다리를 튼튼하게 놓는 데 전혀 효과적이지 않다. 또 다루는 내용이 너무 많고 내용들끼리 연관성이 없으며 답 찾기 위주다. 한마디로 말해 그렇게 엄청난 칭찬을 받을 만한 가치가 없는 책들이다. 그런 책으로 공부하는 아이들 중 내가 아는 몇몇은 전과 다름없이 뭐가 뭔지 모르고 허둥대며 겁을 먹고 있다.

__MIT대학에서 수학과 교육학을 가르치는 시모어 페퍼트 교수는 그의 책 『마인드스톰』에서 새수학에 관해 이렇게 썼다.

60년대 새수학 운동은 학교 수학의 내용을 바꾸려는 몇 가지 시도를 했지만 오래 지속되지 못했다. 그것은 방식만 다를 뿐 여전히 계산에만 매달려 있었다. 새로운 수학은 숫자 대신 집합을 다루고, 십진법 대신에 이진법을 기초로 했다는 것 외에는 그다지 중요할 것도 없었다. 더군다나 그 운동은 창조적인 수학자들의 창의력을 키우는 데 자극이 되지 못했고, 새로운 사고의 산물이 불러일으키기 마련인 열광적인 반응도 얻어내지 못했다. '새수학The New Math'이라는 이름 자체가 잘못된 것이었다. 수학적 의미에서 새로운 내용이라곤 거의 없다시피 했으니까. 그것은 어린이용 수학의 발명 과정에서 도출된 것이 아니라 수학자의 수학을 시시하게 만드는 과정에서 나온 것이었다.

하지만 새수학이 훌륭한 것이었다 해도 학교에서 수학을 가르치는 방식에 근본적인 변화를 일으키지는 못했을 것이다. 늘 그렇듯이 교사들이 자신의 호불호와는 상관없이 수업 시간에 새수학을 가르쳐야 한다는 식의 말을 들어야 하는 한 그렇다. 새로운 아이디어와 교수법을 교실로 끌어들이는 유일한 길은 교사들에게 이렇게 말하는 것이다.

"여기 선생님이 좋아하실 만한 아이디어가 있습니다. 생각이 있으시다면 아이들과 공부를 할 때 써보셔도 좋을 것 같은데요."

빌 헐과 내가 퀴즈네르 막대를 접하게 된 것은 바로 이런 분위기 속에서였다. 그 학교에서 우리에게 막대를 쓰라고 강요한 사람은 없었다. 아니 그것을 연구해보라고 말하는 사람조차 없었다. 가테그노가 막대를 소개하는 모임에 가기로 한 것은 순전히 나와 빌 헐의 생각이었다. 학급에서 써볼 요량으로 막대를 주문한 것도 우리였고, 그것을 이용하는 좋은 방법을 알아내려한 것도 우리였다.

이런 교육적 연구만이 실제로 교육을 개선시킬 수 있다. 그것은 교사들에 의해, 자신들이 직접 가르치는 교실에서, 스스로 문제라고 인식하게 된 것을 해결하는 것이다. 지금 상태로는 그런 연구를 해서 아이들을 가르치는 데 이용하려는 교사들은 어려움에 봉착한다. 그들의 새로운 방법이 더 나은 결과를 가져온다 해도 마찬가지다. 교사들에게 그런 연구를 강제할 길은 없다. 그리고 많은 교사들은 그런 연구를 하고 싶어 하지도 않을 것이다. 그들은 오히려 다른 사람들이 할 일을 말해주면 그에 따르고, 실패할 경우 책임을 전가시키길 원한다. 반면 자신이 맡고 있는 교실을 통해 더 나은 교수법을 찾아내려는 교사들에게는 격려가 필요하다. 1958년 이후 내가 근무했던 학교들은 보다 나은 교수법을 찾고자하는 내 노력에 별다른 격려도, 지원도 해주지 않았다. 그 결과가 분명히 훌륭하고 획기적일 경우에도 그랬다.__

아이들은 참고서에서 많은 것을 배우지 못한다. 가장 훌륭한 참고서라 해도 마찬가지다. 아이들은 어떤 경우든 교사들이 최고로 여기는 순서가 아니라, 자기가 최고라고 여기는 순서에 따라서 배운다. 아이들은 자신의 생각과 관계성의 체계에 맞추어서, 실제에 대한 자신의 모델을 따라서, 우리가 생각하는 순서가 아니라 자기가 생각하는 순서에 맞추어 이해한다. 교사들은 이런 사실을 받아들이기가 어렵다. 특히 분명한 의견을 가지고 있으며 '재능과 실력이 있다.'고 평가받는 교사들은 더 그렇다. 우리가 사고의 체계를 파악하게 되면 될수록 이 체계 전체를 아이들 머릿속에 이식하고 싶은 유혹을 느낀다. 하지만 그건 불가능하다. 아이들은 자기들의 힘으로 체계화 과정을 이루어야 한다. 내가 A라는 사실과 B라는 사실이 C라는 관계로 연결되어 있다는 걸 안다고 치자. 그러나 그 사실을 어떤 아이에게 말해준다고 해서 그 연관성까지 깨닫게 해줄 수는 없다. 아이는 그 사실과 그들 사이의 관계에 대해 내가 말해준 것을 기억할지는 모르지만 내 말을 A, B, C라는 전혀 관계없는 세 가지 사실로 바꾸어버릴 것이다.

$2 \times 9 = 18$과 $2 \times 10 = 20$를 예로 들어보자. 대부분의 아이들과 많은 교사들은 이것들을 서로 관계없는 사실로 본다. 학교나 교과서에서는 곱셈에 대해 100가지 사실을 이야기하는 게 관습처럼 되어 있다. 그러나 이 사실들은 10개의 2는 9개의 2보다 2가 많다는 관계성에 의해 결합되어 있다. 이것을 알면 $1,000 \times 2$는 $999 \times 2$보다 2만큼 클 수밖에

없다는 사실을 알게 되고, 따라서 곱셈을 할 필요도 없이 999×2는 2,000−2나 1,998이라는 사실을 알게 된다. 그러나 거듭 발견하는 일이지만 내가 이러한 관계를 지적해주면 많은 아이들은 그것을 제3의 복잡한 사실로 받아들일 뿐이었다. 그러니 2×75＝150이라면, 2×74는 150−2나 148과 같을 수밖에 없다는 사실은 아이 스스로 발견해야만 한다. 아이 스스로 터득할 때까지는 아무리 많은 설명을 쏟아 부어도 아이를 그 단계로 데려갈 수 없으며, 때문에 그 이해를 바탕으로 3×50＝150이므로 3×49＝150−3 또는 147과 같다는 사실을 알게 만들기는 더더욱 힘들다.

아이들은 귀납적 추론에는 아주 강하지만 하나하나의 특정한 경우에서 법칙을 도출해내는 연역적 추론에는 약하다. 아무리 뛰어난 학생이라 해도 자신이 우연히 발견한 어떤 법칙에 예를 들 줄 아는 경우는 거의 없다. 아이들이 학교에서 배운 법칙들을 활용하지 못하는 이유는 그 법칙들이 자기 것이 아니기 때문이며, 무엇보다 현실과 관계가 없기 때문이다. 내가 지금까지 기술한 실제적인 수학 문제들은 아이들에게 일반적인 법칙을 도출해낼 기회를 준다. 이런 법칙들은 조야하긴 하지만 진짜 자기 것이기에 유용하다. 즉 아이들이 의지할 토대가 된다. 하지만 내가 원인 분석을 목적으로 이용한 이런 문제들을 기존의 수학 과정을 가르치는 데 적용시키는 방법을 발견하기가 처음에는 어려웠다.

그러던 차에 Z. P. 딘즈Dienes 교수의 연구 작업을 알게 되었다. 딘즈는 영국 출신의 수학자이며 교사였는데 그 당시 하버드에서 연구를 하고 있었다. 그의 작업에서 나는 새로운 가능성을 보았다. 딘즈 교수는 자신이 '수학 실험Math Laboratory'이라고 명명한 수학 교수법을 개발했다. 이 교수법은 영국 레스터셔 지방의 여러 학교에서 널리 이용되었고, 내가 접했을 당시에는 다른 곳에서도 많이 쓰이고 있었다.

수학 실험은 아이들에게 여러 종류의 교재를 주고, 어떤 모양을 만들려면 몇 개의 조각이 필요한가, 어떤 모양의 조각 몇 개를 모아야 다른 모양을 만들 수 있겠는가 등등 다양한 실험을 하게 하는 것이다. 물론 아이들에게 실험 방법을 가르쳐주지 않고 스스로 알아내게 한다. 아이들은 실험이 너무 어려우면 좀 더 쉬운 것에 도전하고, 답을 얻으면 그것을 써둔다. 머지않아 아이들은 지금 하고 있는 일이 언젠가 했던 일과 비슷하다는 사실을 알기 시작한다. 그리고 유사성을 발견하기 시작하면 어떤 법칙을 세운다. 결국 아이들은 교재를 전혀 이용하지 않고도 어떤 문제들을 풀 수 있게 된다. 그렇게 되면 아이들이 그 문제에 담겨 있는 원리를 터득했다고 말할 수 있다.

이런 교재나 실험은 굉장히 다양하고 독창적이다. 아이들은 이런 식의 공부를 아주 재미있어한다. 레스터셔의 학교에서는 교실을 꽉 메운 40명 정도의 어린아이들이 모두 자신의 실험에 열중해 있는 모습을 볼 수 있다. 그중에는 일곱 살 정도의 어린아이도 있는데 교실에 교사가 아예 없는 경우도 있다. 어떤 교재는 자릿수로 표시되는 수 체계에서의 진법과 수자리의 의미, 쓰임새 등 우리 학교 아이들은 거의가 모르고 있는 사실을 알게 해준다. (우리가 쓰는 수 체계는 10진법을 기초로 하고 있다.) 이 밖에도 완전히 다른 문제를 다루는 교재들도 많은데 아이들에게는 너무 어렵다고 생각할 만한 것도 더러 있지만 아이들은 의외로 쉽고 즐겁게 다룬다.

이런 교재와 퀴즈네르 막대, 그리고 수학자들과 교사들이 고안해 낼 수 있는 여러 보조 자료들을 써서 실험적인 방법으로 수학을 가르치지 못할 이유는 없다. 어떤 종류의 교재가 아이들의 흥미를 가장 많이 끌지, 그리고 어떤 실험이 가장 즐거우면서도 교사의 지도나 간섭, 교정 따위를 최소화할 수 있을지 알려면 시간이 걸릴 것이다. 그러나 그런 세부 사항이나 실천에 관한 문제는, 일반적인 방법과 그 이면에 있는 원칙들을 이해하는 학교나 교사라면 쉽게 해결할 수 있다. 그런 교사라면 아이들이 시험에서 좋은 점수를 얻게 하는 것보다는 뭔가 실제적인 것을 배우게 하는 데 더 관심을 가질 것이다. 그리고 그런 학교에서라면 수학이 가장 인기 있고 건설적인 과목이 될 것이다. 아이들이 제일 싫어하는 과목이 아니라 말이다. 그리고 결국에는 겉치레의 배움이 아니라 실제적이고 유용한 배움의 근원이 되고, 사고와 지성을 파괴시키는 주범이 아닌, 그것들을 키우는 자양분으로 그 모습을 드러내게 될 것이다.

_나는 딘즈 교수가 고안한 수학 실험의 아이디어와 교재에 실로 흥분했다. 우리가 아이들에게 적절한 교재를 제시하고 그걸로 뭔가를 해보라고 제안하면 아이들이 수학을 제대로 배울 수 있을 뿐 아니라 좋아하게 될 수도 있다는 가능성 때문에도 흥분했다. 다시 말해 나는 그런 교재를 이용해서 『마인드스톰』에서 시모어 페퍼트가 말했던 그런 일을 할 수 있을지도 모른다고 희망했다.

영국의 공립 초등학교나 미국의 초등학교에서 아이들이 배웠으면

하고 바라 마지않는 것 가운데 하나는 수의 진법과 자릿수가 갖는 의미이다. 아이들이 이것을 완전히 이해한다면 많은 아이들이 수학에서 저지르는 수많은 우스꽝스런 실수를 하지 않게 될 뿐 아니라, 수학 교과 과정에 나오는 모든 연산 논리를 알고 기억할 거라는 게 그들의 생각이었다.

아이들이 이러한 것들을 배우도록 돕기 위해 딘즈는 다진법 블록이라는 것을 고안했다. 이 블록 세트는 2, 3, 4, 5진법과 10진법용이 나와 있다. 10진법용 세트는 한 변이 1cm인 작은 나무 입방체, 1cm 넓이에 10배의 길이를 가진 여러 개의 나뭇조각(숫자 10을 나타낸다.), 1cm 높이에 가로 세로가 각각 그 10배인 여러 개의 정사각형(숫자 100을 나타낸다.), 각 변의 길이가 10단위로 된 몇 개의 입방체(숫자 1,000을 나타낸다.)로 구성되어 있다.

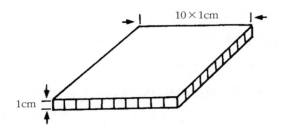

2진법용 세트는 각 변이 1cm인 단위 입방체, 2단위 길이의 긴 나무 조각들, 1단위 높이에 가로 세로가 2단위인 정사각형, 각 변이 2단위 길이인 입방체로 구성되어 있다. 3, 4, 5진법용 세트도 마찬가지다.

다진법 블록의 기본 개념은 이런 것이었다. 아이들은 '실험'을 할 것이고, 그 실험은 사실상 수학 문제이다. 아이들은 스스로 해답을 찾고 또 그 해답을 점검하는 데 이 교재를 이용할 것이다. 간단히 말해 아이들은 이 교재를 가지고 수학을 배울 것이다. 나는 이런 가능성에 너무 흥분한 나머지 자비를 들여 이 다진법 블록과 거기 딸린 실험 목록을 주문했다. 마침내 그 물건이 도착하자 나는 그것들을 교실에 비치해놓고는 아이들에게 실험에 관해 얘기해주었다. 그리고 어떤 실험을 할지 스스로 정할 수 있다고도 말해주었다.

아이들은 적어도 처음에는 이 새 교재를 좋아하는 것처럼 보였다. 그리하여 나는 멋진 자발적 수학 학습이 시작되기를 기다렸다. 하지만 얼마 안 가 나는 큰 충격을 받았다. 내가 최초의 '실험 결과', 말하자면 답을 보았을 때 거의 예외 없이 그 해답이 틀렸을 뿐 아니라 터무니없다는 사실을 알았던 것이다. 이 값비싸고 그럴듯한 자기 학습 교재는 사실상 아이들에게 아무것도 가르쳐준 게 없었다. 나는 도로 시나 에드워드 같은 아이들과 함께 애를 먹었던 그 자리로 다시 돌아와 있었다.

게다가 아이들은 이런 실험에 흥미를 보이지 않았다. 아이들은 내가 고안해낸 문제나 퍼즐을 풀 때보다 훨씬 더 재미없어했다. 이 말은 과장이 아니다.

나는 사태가 개선되기를 기다렸다. 아이들이 다진법 블록을 어느 정도 써보면 배우는 법을 더 잘 익힐 수 있으리라는 생각에서였다. 하지만 개선의 기미는 전혀 없었다. 진법과 자릿수를 이미 알고 있는 아이들은 직관적으로라도 기호로 된 수와, 그 수로 이루어지는 연산과, 블록과의 관계성을 알아보았다. 블록을 쓰지 않고도 2진법에서의 101 또는 4진법에서의 322 같은 수들을 10진법의 등가적인 수로 전환할 줄 아는 아이들은 같은 문제를 해결하거나 그렇게 해서 나온 답을 검증하는 데 블록을 활용했다. 그러나 그 문제를 해결할 줄 모르는 아이들은 블록을 어떻게 이용해야 하는지 전혀 실마리를 찾지 못했다.

따라서 2진법의 입방체는 단위체 8개와 동일하다, 4진법의 입방체는 단위체 64개와 동일하다는 것을 아는 아이들은 블록을 가지고 쉽게 검증할 수 있었다. 그러나 그것을 모르는 아이들은 4진법의 입방체는 211단위체라는 둥, 83단위체라는 둥, 마음속에 떠오르는 엉뚱한 숫자를 주워섬기기 일쑤였다. 그런 아이들은 에드워드가 퀴즈네르 막대를 그렇게 생각했듯이, 블록을 현실과는 아무 상관없는 추상적인 것으로 보았고, 이들 블록이 생기를 불어넣어줄 거라고 상정된 숫자들과 마찬가지로 알 수 없고, 제멋대로고, 변덕스럽다고 생각했다.

그리하여 나는 다진법 블록을 치워버리기로 결정했다. 쉬운 일이었다. 아이들에게 블록을 사용하라고 종용하지 않자, 아이들은 더 이상 블록을 쓰지 않았다. 나는 원하는 사람은 언제든지 사용할 수 있도록 손에 닿는 곳에 블록을 놓아두었지만 아무도 쓰지 않았다. 다행히 나는 대부분의 교사들과는 달리 안 되는 일을 그만둘 자유가 있었다. 내가 원하든 원하지 않든 이런 교재를 써야 한다고 지시를 내리는 사람은 아무도 없었다는 뜻이다.

나는 나만의 수학 교재를 개발하기로 결심했다. 빌 헐과 나, 그리고 내가 아는 많은 사람들이 영국 레스터셔의 '열린' 초등학교에서 알게 된 사실에 감명을 받았다. 우리는 그런 변화가 그 지역 자문위원과 연구원들이 노력한 결과라고 생각했다. 연구원들의 주된 임무는 교사들이 손쉽게 받아들일 수 있는 새로운 아이디어와 교재를 개발하고, 그것을 이용하려는 교사들에게 도움을 주는 것이었다.

나는 학교의 수학 자문위원이 될 수 있다면 단지 우리 학급만이 아니라 학교 전체의 수학 교수법에 영향을 미칠 수 있을 것 같다는 생각이 들었다. 그래서 이런 내용을 내가 근무하던 학교에 제안했다. 학교에서는 좋다고 했지만 그 일을 할 경우 급료는 반밖에 지불할 수 없다고 했다.

지금 생각해보면 학교 당국은 내가 그 일을 계기로 수업 일선에서 물러나는 것에 약간 안도를 했던 것일 뿐 연구 자체에는 별 관심이 없었던 것 같다. 1년이 지나자 학교 당국은 그 일을 계속해도 좋지만 필요 경비는 내가 조달해야 하며 급료도 지불할 수 없노라고 했다. 그래서 나는 1년 동안 무보수로 일했다. 지금이나 그때나 학교에는 내가 했던 것 같은 소규모 연구, 게다가 어떤 면에서 학교의 방침과 상충되는 연구를 지원할 만한 돈이 없다. 다음 해에는 나도 돈이 필요했으므로 5학년 담임을 다시 맡겠다는 의사를 밝혔지만 거절당했다.

하지만 학교가 기꺼이 연구비를 지원하겠다고 나섰다 해도 학교의 자문위원이나 연구위원이 되려고 한 것은 실수였다고 생각한다. 내가 가르쳤던 학급을 그래도 나은 곳으로 만들었던 것은 반짝하는 교재도, 퍼즐도, 독창적인 교수법도 아니었다. 아이들이 이전의 학급에서보다 더 많이 배운 것은 사실이지만, 그것은 전혀 다른 종류의 인간적 조건이 그 이유였다. 내가 그 아이들에게 영향을 주었던 것은 반짝하는 교재의 고안자로서가 아니라 한 사람의 인간으로서였다. 살아가면서 재미있는 일 몇 가지는 할 줄 알고, 이것저것 관심사도 많고, 책도 즐겨 읽고, 글도 쓰고, 운동도 하고, 게다가 음악도 할 줄 아는 인간. 대체로 아이들에게 친절하고 잘 참아주지만 가끔씩 불같이 화를 낼 줄도 아는 인간. 자신을 포장하지 않고 자신의 생각과 느낌을 있는 그대로 드러내는 인간. 그리고 무엇보다도 아이들을 좋아하고 믿고 존중하는 그런 인간이 나였다. 하지만 그때의 나처럼 생각하고 행동하는 어른이라면 거의 모두 그렇게 하지 않았을까.

나는 이제 더 이상 그런 종류의 교재에 열광하지 않는다. 내가 학교 수업을 맡고 있거나, 집에서 아이들을 가르치거나, 어린이를 위한 연구소를 운영한다면 기꺼이 퀴즈네르 막대를 비치해놓겠다. 단 공짜로 준다면 말이다. 하지만 돈을 들여서 사야 한다면 그것보다 먼저 사야 할 게 많다.

그렇다면 수의 세계와 수학을 쉽게 접근할 수 있고 재미있고 이해할 만한 과목으로 만들려면 어떻게 해야 할까?

몇 가지 바람직한 원칙이 있다.


(1) 아이들은 배우기 위해 '가르침'을 받을 필요가 없다. 아이들은 가르침을 받지 않고도 잘 배울 것이고, 어쩌면 그래야 최고로 배울 것이다.

(2) 아이들은 어른들의 세계와 어른들이 하는 일에 엄청난 흥미를

갖고 있다.

(3) 아이들은 자신들이 배우는 것이 현실의 맥락 속에 자리 잡고 있을 때, 조지 데니슨George Dennison이 『아이들의 삶The Lives of Children』에서 '경험의 연속체'라 불렀던 것 속에 자리 잡고 있을 때 가장 잘 배운다.

(4) 아이들은 자기들의 배움이 현실적이고 진지한 목적에 닿아 있을 때 가장 잘 배운다.


이것을 숫자와 수학 분야에 적용시키면 이렇다. 아이들이 수학을 훨씬 더 잘 배우게 하려면 우리 어른들이 숫자를 어떻게 사용하는지 알려주고, 우리가 현실에서 수를 사용하는 식으로 수를 사용하게 하면 된다.

그렇다면 어른들은 숫자로 무엇을 하는가? 우리는 수를 이용해 실생활에서 만나는 다양한 것들을 측정한다. 왜? 그렇게 하면 그것들에 대해 더 잘 알 수 있고, 더 잘 쓸 수 있기 때문이다. 우리가 이런저런 것을 측정하는 데는 여러 가지 이유가 있다. 우리는 몸 상태를 확인하기 위해, 지금 하고 있는 일이 전보다 잘 진행되고 있는지 알기 위해, 건물을 얼마나 튼튼하게 세워야 하는지 알기 위해, 현재 위치가 어디며 어디를 향해 가고 있는지 알기 위해, 지금 하고 있는 일의 결과를 예측하기 위해 측정한다. 어른들은 단순한 호기심 때문에 심심풀이로 뭔가를 측정하지는 않는다. 우리는 측정하는 대상을 정확하게 판단하고 뭔가를 할 분명한 목적으로 측정한다.

이런 일들이 우리 어른들에게 흥미롭고 중요하다면, 아이들에게도 역시 그러할 것이다.

　그러니 아이들에게 가능한 한 많은 측정 도구를 쥐어주고 쉽게 이용할 수 있는 방식으로 수를 소개해야 한다. 주변에서 쉽게 볼 수 있는 측정 도구로는 줄자, 축척자, 시계, 스톱워치, 온도계, 메트로놈, 기압계, 광량계, 음량 측정기, 저울 등이 있다. 일상생활에서나 일 속에서 무엇을 잴 때는 아이들이 우리가 작업하는 것을 지켜보고, 아이들도 재볼 수 있도록 해야 한다. 그리고 우리가 측정하는 것들에 관해 어떻게 생각하고 있는지 알려주어야 한다.

　아이들은 자기 자신에게 관심이 많다. 자신의 몸, 자신의 성장 속도, 자신이 얼마나 빠르고, 힘은 얼마나 센가 같은 것을 알고 싶어 한다. 『월요일에는 무얼 하지?What Do I Do Monday?』에서 나는 아이들이 해봄직한 실험들을 제안해보았다. 자신의 키와 몸무게, 힘, 빠르기를 측정하고 이 수치가 시간의 흐름에 따라 얼마나 변하며, 조건에 따라서는 또 어떻게 달라지는지 알아보자는 것이다.

　예를 들면 이런 식이다. 우선 자신의 평상시 호흡수와 맥박을 측정한다. 그리고 잠시 동안 격렬하게 운동을 한 다음 호흡과 맥박을 측정한다. 이것을 일정한 간격을 두고 여러 번 측정해서 정상으로 돌아올 때까지 걸리는 시간을 알아본다. 빠르기와 힘을 측정해볼 수도 있다. 일정 거리를 달려서 빠르기를 측정하고, 역기 들기나 다른 운동을 통해 힘을 측정한다. 그리고 이것을 다시 한 번 더 해보면 어떻게 되는지 알아본다. 그리고 충분한 휴식을 취한 후에는 결과가 어떻게 달라지는지 알아본다. 이것을 주 단위나 월 단위로 측정해서 빠르기나 힘, 그리고 회복에 걸리는 시간이 어떻게 달라지는지 알아볼 수도 있다.

비단 수와의 상관관계를 고려하지 않는다 해도 이 모든 작업들은 진짜 과학이다. 과학자들이 발견한 경이로운 일들을 전해 듣고 마는 학교 식의 수동적인 과학이 아닌 것이다. 이미 잘 알려진 사실을 발견하거나 교사가 '맞다'나 '틀리다'를 매기는 해답을 찾기 위해 '실험'을 하는, 그런 가짜 과학이 아니다.

아이들은 돈에 관심이 많다. 자기들의 삶이나 어른들의 삶에서 돈으로 해결하는 일들이 많기 때문이다. 그리고 무엇보다도 어른들이 돈을 아주 소중하게 생각하는 것처럼 보이기 때문이다. 열 살쯤 된 아이라면 어른들이 늘 돈을 생각하고, 돈에 대해 이야기하고, 돈 때문에 다투고, 돈 때문에 걱정한다는 걸 알고 있다.

만약 내가 저 5학년 아이들에게 다시 돌아간다면, 돈을 어떻게 벌고, 어떻게 쓰고, 어떻게 모으는가 등등 이 세상의 돈에 관해 할 수 있는 한 많은 것을 말해주리라. 그리고 내 생활과 관계된 돈에 대해서도 모든 이야기를 해주리라. 아이들에게 내가 투자하고 있는 회사의 회계 보고서나 거래 은행에서 발행하는 월별 잔고 통지서, 수표책, 영수증, 청구서, 세금 계산서 등도 보여주리라. 지금은 이런 일을 하기가 더 쉽다. 어디에나 복사기가 있지 않은가?

이 모든 일에는 수학 교과 과정이 뿌리내리고 있을 뿐 아니라 정치, 사회, 경제에 관심을 갖게 만드는 흥미로운 자양분이 스며들어 있다.

만약 내가 집에서 아이들을 가르친다면 우리 가족의 재정 문제에 관한 모든 정보를 아이들에게 공개하겠다. 그리고 아이들이 원한다면 장부 정리, 가계부 기록, 수표 처리, 청구서 지불 등 가계와 관련된 일에 적극적으로 참여하게 하겠다. 이런 일에 관심이 없는 아이들도 있겠지만, 많은 아이들이 이런 일에 매력을 느낄 거라는 게 내 생각이며, 이미 이런 일을 하고 있는 아이들도 알고 있다.

이와 더불어 아이들에게 복식 부기의 기본 개념도 알려주겠다. 요즘 생각해보면 복식 부기는 인간이 만들어낸 멋진 발명 품목에 그치는 게 아니라, 타자 실력만 뒷받침된다면 젊은이들이 일을 하면서 살아가는 데 가장 쓸 만한 기술 중 하나가 아닌가 싶다.

한 가족이 소규모 회사나 가게를 경영하는 것처럼 집에서 회계 장부를 기록해보는 것도 괜찮은 생각인 것 같다. 많은 아이들이 틀림없이 자기들도 뭔가 중요한 역할을 맡고 싶어 할 것이다.

몇 년 전 방문했던 덴마크의 니 릴레 스꼴레Ny Lille Skole(지금의 프리 스꼴레Fri Skole)처럼 내가 가르쳤던 학교에서도 아이들이 학교의 재정 문제를 논할 수 있었다면 더 낫지 않았을까? 돈이 어디서 어떻게 들어오며 어디에 돈을 쓰는가, 어떤 종류의 장부를 기입하고 어떤 판단을 내려야 하는가 등 니 릴레 스꼴레처럼 아이들이 이런 결정을 내리는 데 일정 부분 참여할 수 있다면 좋았으리라.

어떤 경우든 아이들을 수의 세계에 입문시키는 가장 바람직한 길은 숫자라는 것이 어른들의 생활에 실제로 쓰이고 있다는 것을 알게 해주는 것이다._

학교가 실패하는 이유

## □ 1958년 2월 27일

며칠 전 넬이 내 책상으로 다가와 언제나처럼 말없이 나를 바라보며 작문 숙제를 책상 위에 내려놓았다. 우리는 잉크로 쓴 원고에는 한 쪽에 3개 이상의 실수가 있어서는 안 되고, 만약 그 이상의 실수가 있을 경우는 그 쪽을 다시 정리하기로 규칙을 정했었다. 넬의 숙제를 검토해보니 첫 쪽에서만 5개의 실수가 나왔다. 나는 넬에게 원고를 돌려주며 최대한 친절하게 좀 더 정성을 들여서 다시 베끼라고 일렀다. 전형적인 교사의 충고였다. 아이는 나를 쳐다보고 한숨을 쉬더니 자기 자리로 돌아갔다.

넬은 왼손잡이인데 펜글씨를 그다지 잘 쓰지 못한다. 그 아이가 글씨를 쓰거나 잘 해보려고 애를 쓸 때면 집중을 하느라 얼굴을 한껏 찌푸리고 있는 모습을 볼 수 있다. 잠시 후 넬이 다시 쓴 원고를 들고 왔다. 이번에는 실수가 7개로 늘었고 글씨체도 눈에 띄게 나빠져 있었다. 내가 다시 정리하라고 말하자 넬은 더 크게 한숨을 쉬고는 자기 자리로 돌아갔다. 세 번째 원고가 내 손에 들어왔을 때는 두 번째보다 더 나빠 보였고 실수도 훨씬 많아졌다.

그때 빌 헐이 내게 물었다. 그건 나 스스로 던졌어야 했고, 누구나 마음속에 간직해야 하는 질문이었다.

"뭘 하려고 그러시나요? 그렇게 해서 될 것 같아요?"

그 질문은 바늘처럼 내 마음을 찔렀다. 학교에서는 (그렇지 않은 곳이 어디 있겠는가 마는) 이런 함정에 빠지기가 너무 쉽다. 어떤 목표에 도달하기 위한 수단이 목표 자체가 되어버리는 것이다. 나는 깔끔하고 정성스럽게 작문을 쓰게 할 목적으로 '3개 이상 실수하면 안 됨'이라는 규칙을 정했다. 그 규칙을 엄격하게 적용하면 맞춤법도 틀리지 않고 깔끔하게 작문 숙제를 하게 할 수 있을까? 그렇지 않다. 오히려 숙제를 다시 베낄 일이 걱정된 나머지 집중을 못해서 점점 더 형편없는 원고를 쓰게 만들었을 뿐이다. 더 이상 계속했어도 결과는 뻔했으리라.

학교에서 하는 모든 일들에 대해 좀 더 자주 이런 질문을 던져야 한다. 무엇 때문에 이렇게 애를 쓰는가? 이 일이 목표에 이르는 데 도움이 되는가? 우리는 정말 아이들을 돕고 싶어서 뭔가를 하는 것일까? 우리가 하고 있는 일이 과연 아이들을 돕는 일일까? 혹시 그렇게 하면 돈이 덜 들고 학교나 교사, 행정 직원들이 편리하기 때문이 아닐까? 아니면 다른 사람들도 다 그렇게 하니까 그냥 그렇게 하는 게 아닐까? 우리는 어쩔 수 없이 한 일을 가지고 대단한 일을 한 것처럼 우기거나, 경제적이고 행정적인 이유 때문에 한 일을 엄청난 교육적 이유가 있는 것처럼 꾸미는 걸 경계해야 한다. 하지만 그보다 더 위험한 일은 그럴 만한 이유가 있어 시작한 일이라 해도, 그날의 나처럼 고집스럽고 맹목적으로 밀고 나가는 통에 오히려 일을 그르치고 있다는 사실을 보지 못하거나 보려고 하지 않는 것이다.

_동료 교사 빌 헐은 처음 그 학교에 부임했을 때 수학 주임 교사 밑에서 부주임으로 학교생활을 시작했다. 그 주임 교사는 평생 수학을 가르친 노교사였는데 높은 IQ를 자랑하는 아이들이 다니는 그 명문 학교에서 여러 해 동안 수학을 가르치고 있었다. 어느 날 수업이 끝난 뒤 그 노교사가 빌에게 자신의 교직 생활을 이렇게 요약해주었다.

"나는 가르치지. 하지만 아이들은 배우지를 않아요."

자신의 일을 정직하게 바라보는 교사라면 대부분 이런 사실을 안다. 나 역시 콜로라도에서 교직을 다시 시작하면서 그런 사실을 알게 되었다. 나는 가르쳤지만 아이들은 배우지 않았다. 나를 알기 전부터 잘 해나가고 있던 소수의 우등생들은 여전히 공부를 잘했다. 하지만 원래 못하던 아이들은 좋아지지 않았고, 대개는 더 나빠졌다. 만약 '명문' 학교들의 성적 기록부를 뒤져서 C나 D를 받은 학생들 중 학교 덕분에 A급 학생이 된 아이가 몇이나 되나 조사해보면 그 숫자는 틀림없이 참담할 것이다.

나는 여러 해 동안 아이들은 '왜' 우리가 가르치는 걸 배우지 않는지 자문했고, 그 답을 찾으려 애써왔다. 내가 속을 끓이고 끓여서 얻어낸 해답은 이것이다. 그건 우리가 가르치기 때문이다. 즉, 우리가 아이들의 머릿속에 있는 내용을 통제하려 들기 때문이다._

## □ 1958년 10월 30일

주위 사람들의 이야기를 들어보면, 그들은 정말 가망 없는 몇몇 아이들을 제외한 대부분의 아이들이 수학에 관해 알기로 되어 있는 것을 다 안다고 생각하는 것 같다. 그러나 사실은 그렇지 않다. 한 반에 있는 20명의 아이들 중에서 적어도 6명은 간단한 '덧셈 원리'조차 알지 못하며, 그보다 더 많은 아이들은 개념을 알든 모르든 습관적으로 손가락을 헤아려서 덧셈을 하면서 그 사실을 숨긴다. 곱셈과 나눗셈을 이해 못하고 풀지 못하는 아이들은 훨씬 더 많다. 아이들이 자릿값을 얼마나 이해하고 있는지는 알고 싶지도 않다. 문제를 어렵게 꼬지 않고 아이들이 알 만한 것만 골라서 시험을 봐도 5학년 아이들 대부분을 쩔쩔매게 만들 수 있다. 학년을 따질 것도 없다. 내가 전에 가르쳤던 9학년 아이들은 높은 수학 성적을 자랑하며 내가 맡은 학급으로 모여들었다. 하지만 그 아이들은 나눗셈에 관해 거의 아는 게 없었고, 분수는 더더욱 몰랐고, 소수에 관해서라면 아는 게 전무하다시피 했다.

시험을 보고 성적을 매기는 일이 엄청난 사기처럼 보이기 시작한다. 이 사기의 목적은 학생들과 교사들, 그리고 학교 모두를 하나의 속임수에 동참하게 만드는 것인데, 내용인즉슨 학생들은 알기로 되어 있는 것을 모두 알고 있다는 것이다. 사실 학생들이 아는 건 그중 극히 일부밖에 없는데도 말이다. 왜 항상 시험을 보기 전에 미리 예고를 하는가? 학생들에게 벼락치기 공부를 할 기회를 주자는 것 아닌가? 왜 선생들은, 심지어 대학원 과정에서조차 출제 경향을 그렇게 정확하게 짚어주는 걸까? 문제의 유형까지 가르쳐주지 않는가? 그렇게 하지 않으면 너무 많은 학생들이 탈락하기 때문이다. 하버드나 예일 대학교에서 어떤 교수가 10월에 다 끝낸 내용을 다음 3월에 기습적으로 시험을 본다면 어떤 일이 일어날까? 글쎄, 어떤 일이 일어날지 모두들 알고 있는 것 아닐까? 그래서 그렇게 하지 않는 것 아닐까?

_그때나 지금이나 학생들은 어떤 시험을 보느냐와 상관없이 학교에서 가르치는 것 중 극히 일부분만을 배운다. 그리고 배운 것 중 극히 일부분만을 기억한다. 그리고 기억하는 것 중 극히 일부분만을 쓴다. 우리가 배우고, 기억하고, 쓰는 것은 학교와는 상관없이 우리가 살아가면서 나날이, 진지하게 만나거나 찾게 되는 일들이다._


□ 1959년 3월 20일

제인은 평소에는 늘 다루기 힘들고 성가신 행동을 하는 아이인데, 오늘은 사뭇 다른 모습을 보였다. 나이를 불문하고 내가 지금껏 보아왔던 가장 훌륭하고 매력적인 사람들과 견주어도 조금도 손색이 없는 태도였다. 나는 칠판 앞에 서서 긴 수를 나눗셈할 때의 요점을 설명하려 애쓰고 있었다. 그때 제인이 아주 방어적인 태도로 말했다.

"……하지만 W 선생님(4학년 때의 담임교사였다.)은 첫수를 취해야 된다고 했는데요……."

여기까지 말한 제인은 내 얼굴에 스친 의심의 기미를 알아보았다. 아이는 즉시 자기가 말한 법칙을 내가 인정하지 않는다는 사실을 눈치 채고는 이렇게 말하는 것이었다.

"……W 선생님이 아니었던가. 아니, 다른 사람이었던 것 같아요……"

그러고는 말을 바꾸어 나눗셈에 대한 말을 이어나갔다.

나는 가슴이 뭉클했다. 자기가 W 선생의 교수법에 대해 한 말 때문에 내가 그 선생을 낮게 평가할 수도 있다는 것을 그토록 예민하게 알아차릴 어른이 몇이나 될까? 더 나아가, 그 자리에 없는 W 선생에게 자기 잘못을 떠넘길 수 있는 기회를 버리고, 선생이 욕먹는 것을 막기 위해 즉시 이야기를 돌리는 어른이 과연 몇이나 될까? 이 어린 소녀가 친하게 지내던 옛날 선생님에게 보인 이런 의리를 보일 수 있는 어른은 천에 하나도 없을 것이다. 신의에 관해서 그토록 볼멘소리를 해대면서도 말이다. 제인은 특별히 무슨 의식이 있어서 그렇게 한 것은 아니었다. 그 아이에게는 친한 사람이 해를 입거나, 욕을 듣거나, 심지어 단순한 비난이라도 받지 않도록 막는 것은 숨 쉬는 것만큼이나 당연한 일이었다.

학교나 교사들은 태도가 좋은 것과 성품이 좋은 것을 혼동하는 경향이 있다. 학교 사람들은 무엇보다도 유순하고 암시가 잘 통하는 타입을 최고로 친다. 즉 말 잘 듣는 아이, 더 나아가 말 안 해도 어른들이 원하는 걸 알아서 척척 하는 아이를 좋게 평가한다는 것이다. 학교에 있는 사람들은 아이들이 가장 무가치하게 여기는 것을 가장 가치있게 평가한다. 그러니 아이들에게 좋은 품성을 키워주겠다는 그들의 노력이 완전한 실패로 판명된다 한들 하나도 놀라울 게 없다. 사람들은 좋은 품성을 보고도 알아보지 못한다. 제인이 좋은 예다. 제인은 자기를 가르쳤던 모든 교사들에게 하나의 시련이었다. 관대하기로 정평이 난 이 학교에서도 제인을 힘들어할 정도니 대부분의 학교는 그 아이를 참아내지 못할 것이다. 제인을 알고 있는 다른 어른들 중에도 그 아이의 비상한 점을 알아보고, 그 가치를 인정하는 사람은 거의 없는 것 같다. 그들은 아마 제인이 나쁜 품성을 가졌다고 평가할 것이다. 그러나 비록 말썽꾸러기이긴 하지만 나는 제인 같은 아이들이 이 세상에 더 많았으면 한다.

_누군가 용기를 일러 '사랑스러운 미덕'이라고 했다. 그렇다. 용기는 사랑스럽다. 특히 그것이 어린아이들에게서 발견될 때는. 아이들이란 너무나 약하고 상처 받기 쉬우며 겁에 질릴 이유가 너무 많기 때문이다.

학교와 관계된 사람들은 대부분 아이들 속에 있는 용기에 가치를 두지 않는다. 그들은 진정한 용기가 무엇인지 모르고, 자신들 내면에 용기라고는 거의 없기 때문에 용기를 두려워하고 그 싹을 짓밟아버린다. 용감한 아이들은 다루기 힘들고 반항적이며 대들기 일쑤지만, 겁 많은 아이들은 통제하기 쉽다고 생각하는 것이다. 완전히 거꾸로 생각하고 있는 셈이다. 우리 학교와 도시와 나라를 가득 메운 파괴적이며 폭력적인 아이들은 '용감하지 않다.' 그런 유형의 아이들이 자기 또래의 변덕과 편견을 이 세상 전부인 양 여기며, 자기 패거리의 눈에 좋아 보이는 일이라면 뭐든지 하는 것은 바로 용기가 없기 때문이다.

만약 학교가 아이들 내면의 용기를 알아보고, 그것을 소중히 여기고 키울 줄 안다면 공부만이 아니라 훈육까지 포함해서 학교가 안고 있는 심각한 문제들을 대부분 해결할 수 있을 것이다. 하지만 그런 일이 일어날 가능성은 거의 없어 보인다.＿


□ 1959년 4월 11일

아이들이 수업 시간에 토론하는 내용은 시시한 것일 때가 많다. 특히 전적으로 자기들끼리 토론하도록 내버려둘 경우는 더 그렇다. 그러니 토론 수업이 끝날 무렵 아이들의 진짜 삶에 다가갔다는 느낌이 드는 경우는 어쩌다 한 번 있을까 말까이다. 그런데 은신처를 주제로 삼았던 토론과 며칠 전 이름을 주제로 한 토론에서 그런 느낌을 받았다.

로마의 역사를 이야기하던 중에 토론이 벌어졌다. 로마 역사에서 군중이 정치권력을 갖게 되자, 군중을 선동하는 능력이 높은 지위에 오르는 열쇠가 되었다는 이야기를 하던 중이었다. 아이들은 어떻게 그런 일이 일어났는지 알고 싶어 했다. 나는 그런 일은 대개 그럴듯한 호칭 때문에 생긴다고 했다. 정적에 맞서서 군중을 선동하는 길은 그 정적에게 욕이 되는 호칭, 대중이 가장 싫어하는 종류의 명칭이나 싫어하는 방향으로 발전할 수 있는 명칭을 붙이는 것이었다. 몇 년 후면 좀 달라지지만 이 나이대의 아이들은 군중 심리가 덜하기 때문에 내 말이 믿기지 않는 모양이었다. 아이들은 어떤 종류의 이름을 붙이면 군중을 선동할 수 있는지 알고 싶어 했다.

"글쎄, 너희를 뭐라고 부르면 기분이 상할까?"

나는 답을 찾아보라는 뜻에서 아이들에게 이렇게 묻고는 그 문제에서 손을 뗐다. 토론이 끝날 무렵에 이르자 칠판은 여러 가지 욕이 될 만한 이름으로 가득 찼다. 반쯤은 보통 열 살짜리들이 흔히 쓰는 욕들, 예를 들면 바보, 천치, 밥통, 멍청이, 얼뜨기, 닭대가리, 겁쟁이 등이었다. 이 정도는 나도 예상했지만 나머지 이름들은 전혀 뜻밖이었다. 흔히 말하는 '애칭'이 전부 망라되어 있었던 것이다.

정말 대단했다. 아이들은 생기에 넘쳐서 눈을 반짝반짝 빛내며 누가누가 더 센가를 가늠하느라 여념이 없었다. 그것은 어른들이 아이들이 좋아할 거라고 생각하는 애칭에 대해 집단적인 경멸과 혐오의 감정을 표현하는 내기였다. 한 녀석이 이렇게 말했다.

"허니, 우웩!"

한결같은 찬동의 소리.

이번에는 다른 녀석이 "슈가, 이힉!"

더 대단한 찬동의 함성.

상상할 수 있는 온갖 애정 표현과 애칭들이 등장했다. 어떤 애칭도 정당한 것으로 인정되거나 받아들여지지 않았다. 누구도 "그건 그런대로 괜찮아."라고 말하는 법이 없었다. 어느 정도는 흥분이 지나쳐 옆길로 새기도 했지만 아이들의 표정과 목소리로 미루어 보아 마음에 진짜 품고 있는 바를 이야기하고 있다는 확신이 들었다. 어른들이 흔히 사용하는 애칭에 대한 아이들의 혐오감은 진심이었고 마음에 사무치는 바가 있었다.

왜 이런 일이 일어나는 것일까? 물론 그것은 열 살이라는 나이가 대부분의 아이들에게 있어 영웅의 시기이기 때문이다. 열 살배기들은 많은 점에서 호머가 그린 그리스 시대를 생각나게 한다. 이 시기의 아이들은 매사에 시비조고 투쟁적이며 강렬하고 감동적인 명예심을 가지고 있다. 그들은 모욕이란 모욕은 이자까지 붙여서 갚아주어야 한다고 믿지만 친구들에게는 무서울 정도로 신의를 지킨다. 친구를 자주 바꾸긴 하지만 말이다. 페어플레이 정신은 도통 없고 교활함과 책략을 숭앙한다. 엄청나게 자기 것을 챙기다가도 한없이 관대해진다. 땡전 한 닢 뺏기지 않지만 마음이 동하면 뭐든지 흔쾌히 내놓는다. 자신을 아이라고 생각하지 않으며 아이 취급당하는 걸 싫어한다.

하지만 더 큰 이유는 따로 있다. 가식적인 어른들로부터 그런 애칭을 너무 많이 들어왔기 때문에 애칭 자체를 의심하고 불쾌하게 느끼는 것이다. 오늘날 아이들을 다루는 사람이라면 누구나 아이들은 사랑이 필요하다느니, 사랑받아야 한다느니 하는 금언을 듣는다. 하지만 아이들을 정말 좋아하는 사람이라도 아이들과 함께 있는 것이 항상 기쁘고 즐거운 것은 아니다. 아이들도 나이 든 사람들과 다르지 않을 때가 많고, 사람 분통을 터뜨리고 성가시게 할 때도 많다. 아이들을 좋아하지 않는 어른이 많은 것도 당연하다. 그런데도 대개의 어른들은 아이들을 좋아해야 한다고 생각하고, 좋아해야 할 의무를 느끼며, 이 의무를 행동으로 보여주려 한다. 특히 말을 할 때 이런 경향이 심한데 마치 아이들을 굉장히 좋아한다는 듯이 군다. 그리하여 허니, 스위트하트, 귀염둥이 따위의 말들이 빈번히 쓰인다. 그토록 많은 어른들이 아이들에게 저 불쾌하고 들큰한 말투를 쓰는 것은 이런 연유다. 그러니 아이들은 벌써 열 살 정도만 되면 이 가식적인 애정에 물릴 대로 물려서 어른들은 자기들이 믿지도 않는 말을 하거나 의미도 없는 말을 한다고 생각하기 시작한다.

저 다루기 힘든 제인을 잘 알게 될수록, 그 아이에게는 진정으로 사랑받는다는 느낌이 절실히 필요하다는 생각이 점점 더 커진다. 하지만 제인은 싹싹하고 공부 잘하고 말 잘 듣는다는 이유로 사랑받는 것은 전혀 중요하지 않다고 생각한다. 사랑받는다는 말에는 사실, 뭔가 속임수가 있는 것 같다. 어쩌면 사랑이라는 말보다는 칭찬이나 평가, 존중이나 존경 같은 말이 더 맞지 않을까. 제인은 시라노* 같다. 그 아이는 다른 사람의 인정과 사랑을 받기 위해 자신을 버리고 그들이 원하는 말과 행동을 하며 그들이 원하는 존재가 되려는 것보다 더 경멸스러운 것은 없다고 생각한다.

이런 점은 충분히 칭찬할 만하지 않은가? 언젠가는 제인도 자기가 좋아하는 사람들을 친절하게 대하고 도울 수 있게 될 것이다. 그렇게 해서 얻을 수 있는 이익을 계산하지 않고도 말이다. 그러나 지금 당장은 다른 아이들처럼 그저 다정하게 구는 것만으로는 자신의 자연스런 애정을 보여주기 어렵다고 느낀다. 그 아이는 말썽을 부려서라도 자기를 향한 다른 사람들의 애정을 시험해야 한다고 생각한다. 그러다 때로는 계산을 잘못한 나머지 너무 심한 벌을 스스로 불러와서 자기도 감당하기 힘든 격렬한 반항의 사이클 속으로 빠져든다.

요즘 제인은 나와 한 식탁에서 점심을 먹는다. 참으로 매력적인 식

---

* 17세기 프랑스의 풍자 작가. 따뜻하고 낭만적인 마음을 가졌지만 생김새가 추해서 사랑하는 여인에게 그 사랑을 고백하지 못한 인물이다.

사 파트너다. 어떤 때는 뭔가 멋들어진 식탁 예절을 보여주고 싶다는 듯 애매한 몸짓까지 취한다. 그 모습을 보고 있노라면, 날이면 날마다 우리의 애정을 쓰라린 시험에 들게 할 필요는 없지 않느냐고 설득하고 싶어질 정도다. 하지만 그건 오직 시간이 해결할 문제다. 하루는 점심을 먹으면서 제인이 이렇게 말했다.

"난 선생들이 싫어!"

그러더니 눈 깜짝할 짧은 사이에 미소를 지어보이며 내 팔을 툭 건드렸다. 만약 우리 교사들이 제인에게 어른들의 인정과 자신의 자존심 사이에서 끊임없는 선택을 강요하지 않았더라면 그 아이는 훨씬 지내기가 쉽지 않았을까?

_나는 학기가 끝나고 나서 한여름이 될 때까지 제인을 만나지 못했다. 그러던 차에 몇몇 친구들과 함께 그 아이가 사는 곳에 있는 호숫가에 가게 되었다. 우리가 막 거리의 한 모퉁이를 도는데 제인이 두어 명의 친구들과 함께 맞은편 거리에 있는 게 보였다. 그 아이는 거리를 가로질러 뛰어오더니 내 앞에 우뚝 섰다.

"선생님, 여기서 뭐하세요?"

내가 대답했다.

"그냥 호숫가로 가던 참이야. 같이 갈래?"

제인은 잠시 나를 쳐다보더니 이렇게 말했다.

"선생들하고?!"

그러고는 선생들이라는 말과 떼려야 뗄 수 없는 무슨 말인가를 했다. 그런 분위기에서 헤어졌지만 나는 그 아이를 만난 것이 몹시 기

뺐다.

　그해 가을 내가 다른 학교로 전근을 가는 바람에 학기가 마치는 11월까지 그 아이를 만나지 못했다. 하루는 캠브리지의 거리를 걷고 있는데 제인의 모습이 눈에 들어왔다. 그 아이도 나를 보고는 내 쪽으로 달려왔다. 나는 제인이 내 앞에 멈춰 서서 여기서 뭘 하냐고 묻기를 기다렸다. 그런데 그 아이는 멈춰 서지 않고 계속 달려 와서는 내 품으로 뛰어드는 게 아닌가. 나는 놀랍기도 하고 기쁘기도 해서 어쩔 줄 모르는 심정이었다. 이 애가 아는구나! 내가 자기를 사랑하고 인정한다는 것을. 잠시 후 나는 제인을 인도에 내려놓았다. 우리는 잠깐 동안 그곳에 서서 기쁨에 넘쳐 서로를 바라보았다. 이렇다 하게 할 말은 없었다. 학교는 어때? 괜찮아요. 새로 가신 학교는 어때요? 좋아. 그러고는 작별 인사를 나누고 서로 다른 길을 갔다.

　다음번에 제인을 다시 만났을 때는 앞서와 같은 감정을 겉으로 드러내기에는 그 애도 너무 나이를 먹었다. 그런 감정을 계속 갖고 있었다 해도 말이다.

　바로 지난여름 다시 그 아이를 만났다. 제인은 서른한 살의 어엿한 기혼녀가 되어 있었다. 이야기를 나누다가 그때 그 학급에서 내가 가장 좋아했던 아이가 너였다고 하자 제인은 몹시 놀라는 표정이었다. 어른이 되어버린 그 여성은 한때 그 열 살짜리가 알고 있던 사실을 까마득히 잊어버렸던 모양이다.＿

## □ 1959년 6월 3일

이제 막 학기말 고사 채점을 끝냈다. 결과는 지난주만큼 참담하지는 않다. 대부분은 성적이 약간 나아졌다. 하지만 예외도 있어서, 사람들 생각처럼 반복 연습이 항상 도움이 되는 것은 아니라는 사실을 보여주었다. 캐롤라인은 두 주간이나 결석을 한 직후에 1차 시험을 봐야 했다. 그 아이는 복습이 많이 모자란 상태였는데도 25문제 중 15개를 맞혀서 나를 놀라게 했다. 그리고 일주일 후 또 한 번 시험을 봤다. 그동안 복습을 더 많이 했는데도 그 아이는 7개밖에 맞히지를 못했다. 그 아이는 학교에 나올 때보다 결석할 때 배우는 게 더 많은 것처럼 보인다.

_그때는 이 사실이 놀라웠지만 지금은 그렇지 않다. 대부분의 아이들은 학교에 나올 때보다 학교를 떠나 있을 때 더 많이 배운다. 학교 공부도 예외가 아니다. 내가 『당신의 아이는 당신이 가르쳐라』에서 지적했듯이, 정상적으로 학교를 다니는 아이들이 아프거나 다쳐서 결석을 할 경우 학교에서 개인교사를 파견한다. 개인교사는 보통 주당 2, 3시간 정도 아이들 공부를 도와주는데 그걸로 충분하다. 그 아이들은 반 아이들을 따라잡을 뿐 아니라 앞지르기도 한다. 아마 자기들이 읽고 싶은 것을 실컷 읽는 데다가 독서든 공부든 시간 낭비에 불과한 학교생활 때문에 방해받는 일이 없기 때문일 것이다._

풀이 죽은 녀석들을 바라보고 있자니 이따위 시험을 내준 나 자신에게 화가 치밀어 오르고 혐오감까지 든다. 잘하는 학생에게는 시험이 필요 없었다. 못하는 학생들은 한 달 내내 시험 준비를 해왔지만 그 시험으로 인해서 1년 동안 쌓아온 자신감과 상식이 송두리째 무너져버리고 말았다. 오늘, 문제를 풀 엄두도 못 내고 금방이라도 울음을 터뜨릴 듯한 표정으로 우두커니 앉아 있는 모니카를 보고 있자니 말 그대로 내가 그 아이에게 상처를 주었다는 생각이 들었다.

작년 가을, 내가 이끌던 상당히 느슨한 수업에는 개선의 여지가 많았다. 하지만 아이들은 뭔가 진짜로 생각을 했고, 진짜로 배웠고, 자신들의 능력에 자신감을 얻고 있었다. 맹목적인 정답파였던 벤은 나름대로 아주 건실하고 상상력 넘치는 사색파의 길을 가고 있었다. 그런데 지금 그 아이는 가장 형편없는 비결 좇기 정답생산전략으로 다시 후퇴하고 말았다. 이 무슨 어처구니없는 시험이란 말인가? 사람들이 평생 수학 시험을 치르기라도 한단 말인가. 그것도 빨리하라는 재촉을 받아가면서? 우리는 과연 지적인 인간을 기르자는 것인가, 시험 치르기 전문가를 양산하자는 것인가?

_이 질문에 답하는 것은 조금도 어렵지 않다. 학교가 원하는 것은 훌륭한 시험 기계다. 그것만큼 중요한 건 없다.

키웨스트에서 일할 때 만났던 늙은 기관 준위가 생각난다. 우리는 낡은 훈련용 잠수함에 근무하고 있었다. 어느 날 정기 점검에 맞추어 몇 시간 동안 낡아빠진 엔진을 윤이 나도록 닦은 그 준위가 이러는 것이었다.

"반짝반짝하지, 안 그라? 움직이고 말고야 누가 상관하겠어?"_

아이들 속에 존재하는 저 위대한 인간적 품성을 계발할 수 있는 교육법이 반드시 있을 것이다. 하지만 시험에 사로잡혀 있는 한 결코 그목표에 이를 수 없다. 교사들은 회의 시간이면 사색파들에게 상을 주는 방법이 없을까 논의한다. 누구를 놀리자는 건가? 모니카가 작은 그룹으로 나누어 진행되는 수업에서 얻었던 보상과 만족이 오늘 느껴야 했던 좌절감을 보상해주지는 못할 것이다. 마지막 시험을 보면서 그 아이는 자신이 무능하다는 걸, 그래서 실패할 거라는 걸 알았다. 즐거운 경험 몇 가지가 쓰라린 상처를 보상해주진 못한다. 제아무리 상으로 부추김을 받는다 해도 한번 심하게 데였는데 다시 데고 싶은 아이는 없을 것이다. 우리가 벌이는 온갖 토론과 좋은 의도에도 불구하고 학교에는 당근보다는 채찍이 많다. 이런 상황이 계속되는 한 아이들은 말썽을 피하는 데 목표를 둔 전략을 채택하게 되어 있다. 학교교육이 '정답' 얻기라는 절대불가침의 신성한 목표에 매달리고 있는데 어떻게 아이들에게 즐겁게 온 마음을 다해 삶에 참여하라고 북돋울 수 있단 말인가?

## □ 1960년 3월 8일

지난겨울, 한 교사가 완전한 학교 체계가 왜 나쁜지 극명하게 보여주었다. 지난 겨울방학에 나는 그때까지도 수업을 하고 있는 한 학교를 방문했다. 그 학교는 '수준 높은 명문 학교'라는 평판을 듣고 있었다. 그 학교의 여교장은 아주 매력적인 분이었는데 내가 가르치는 학교가 어딘지 궁금해했다. 내가 학교 이름을 대자 그분은 겸손한 척하며 이렇게 말했다.

"선생님 눈에 우리 학교가 너무 구식으로 보이지 않을지 모르겠군요."

어쨌든 그 교장은 반갑다는 태도로 한 여교사가 맡고 있는 4학년 수학 수업을 참관하라고 권했다. 그 학교에 오랫동안 근무했다는 그 교사는 보석 같은 존재요, 학교의 자랑으로 여겨지는 사람이었다. 내가 교실에 들어가고 얼마 안 있어 수업이 시작되었다. 아이들은 전 시간에 곱셈 문제를 몇 개 푼 모양으로 점수가 매겨진 시험지를 보며 차례로 정답을 읽고 있는 중이었다. 모든 일이 매끄럽게 돌아갔다. 그런데 어떤 아이가 정답을 읽고 난 직후 다른 아이 하나가 손을 들었다.

"왜 그러니, 지미?"

그 교사가 물었다. 교사의 음성에는 그렇게 끼어드는 건 잘못이라는 느낌이 살짝 배어 있었다.

"저…… 그런데요. 저는 답이 틀렸는데요."

지미가 말했다

"제 답은요……."

그런데 아이가 말을 마치기도 전에 교사가 말했다.

"자, 지미, 틀린 답 따위는 듣고 싶지 않구나."

지미는 더 이상 아무 말도 하지 않았다.

그 교사는 지성으로 보나 교육 경험으로 보나 대부분의 교사들보다 앞선 사람이었다. 똑똑하고 교양 있고 좋은 학교 교육을 받은 데다 남편은 대학 교수였다. 그런데 교직에 20년 넘게 종사하면서도, 가끔은 지미처럼 공부 못하는 아이들이 자기가 틀린 답에 관해 하는 얘기에 귀를 기울이는 게 가치가 있을지도 모른다는 생각은 한 번도 해보지 않은 것이 분명했다. 그 아이들의 이야기를 통해 아이들이 무슨 생각을 하는지, 왜 틀린 답이 나오게 되는지 알아볼 기회였는데도 말이다. 그런데도 모두들 한결같이 그 사람을 훌륭한 교사로 부르는 이유가 뭘까? 내가 보기에 그건 그 교사가 아이들을 힘들이지 않고 다루는 능력을 가졌기 때문인 것 같다. 아마 그 교사에게 무시당한 지미 같은 아이들까지도 그녀가 좋은 교사라 생각할 것이다. 그 아이들은 자기들이 수학을 이해 못하는 이유가 그 똑똑한 여선생님 때문이라고는 결코 생각하지 않을 것이다. 그래, 그건 우리 잘못인 게 틀림없어. 우리는 바보니까.

_이 교사야말로 전형적인 교사의 상징이라는 사실을 아는 데 수년간의 뼈아픈 시간이 걸렸다.

이 문제를 한 번 더 살펴보자. 우리가 조금만 마음을 써서 들여다보면 그 수많은 '틀린 답'이 전혀 틀리지 않았으며, 실제로는 맞다는 사실을 알게 될지도 모른다. 버몬트 주에 사는 한 젊은 교사가 얼마 전에 내게 편지를 보냈다. 그 교사의 글에 의하면 수학 교과서에 이런 문제가 있다고 한다. 어떤 집의 창틀을 칠하는 데 페인트 1과 $\frac{1}{2}$ 깡통이 든다. 그렇다면 반 깡통짜리 페인트는 몇 개가 들까? 한 학생이 '하나'라고 대답하기에 어떻게 그런 답이 나왔느냐고 묻자 그 학생이 이렇게 대답하더라는 것이다.

"한 깡통짜리가 하나고, 반 깡통짜리가 하나잖아요."

맞는 말이다. 우리가 실제로 현실에서 만나게 되는 상황은 그렇다. 그러나 많은 교사들은, 그리고 뭐든 기계적으로 점수를 매기는 시험에서는 이 답을 그저 틀린 것으로 처리할 것이다.＿

## □ 1960년 4월 17일

아주 쓸 만하다는 평가를 받고 있는 길링햄Gilingham 방식으로 읽기를 배우는 1학년 아이들이 있다. 이 방식은 문자를 기능적으로(어떤 문자는 자음이고 어떤 문자는 모음이라는 식으로) 구별하는 대신 정의를 통해 차이점을 가르치도록 되어 있다. 이런 방식은 거의 항상 좋지 않다. 정의가 훌륭하다 해도 마찬가지다. 교사는 '자음은 성대를 쓰지 않고 내는 닿소리다.'라고 가르친다. 그러면 아이들은 이 정의를 익히고, 기억해서 말할 수 있어야 하고, 예를 들 수 있어야 한다. 이런 식으로 배운 아이들은 혼란을 겪는데, 이런 혼란은 이제 시작일 뿐이다. 그 까닭은 이 정의가 대다수의 자음들에는 맞지만 몇몇 자음에는 맞지 않기 때문이다. 예를 들어 z나 George의 g, 그리고 l, r, m, n, v 등에는 맞지 않고 s, f, sh, ch 등에는 반쯤만 맞다. 결국 아이들도 어떤 문자를 모음이라 부르는 이유는 그렇게 부르도록 정했기 때문이라는 사실을 알게 되겠지만 한동안은 잘못된 정의 때문에 심한 곤란을 겪는다.

1분만 생각해봐도 틀렸다는 게 뻔한 일을 아이들에게 가르치는 이유가 뭘까? 아마도 우리에겐 모음이 뭔가를 알기 위해 정의가 필요하지 않고, 따라서 그 정의가 모순된다 해도 문제가 없기 때문일 수 있다. 나는 '개'가 뭔지 안다. 또 '모음'이 뭔지도 안다. 내가 이미 그것을 알고 있는 한 어떻게 정의한들 무슨 상관인가.

아이들이 대개 그렇듯 우리도 사실에 비추어서 생각해보거나 검토해보지 않고 맹목적으로 규칙에 따르는 경향이 있다. 그러나 우리가 아이들에게 가르치는 내용에 주의를 기울이지 않는 보다 근본적인 이유는 그것을 그다지 중요하게 생각하지 않기 때문이다. 우리는 아이들의 지적 능력을 과소평가한다. 아이들은 적어도 처음에는 자기가 들은 내용을 생각하고 이치에 맞도록 만들려고 노력하기 때문에 그것이 이치에 맞지 않을 때는 좌절하고, 당황하고, 두려워한다.

이런 식으로 배운 아이들은 아주 엉뚱한 짓을 한다. 아주 똑똑한 남자아이가 '6개의 항아리가 있다. 각각의 항아리에 $\frac{2}{3}$L의 레모네이드를 넣고 싶다. 얼마만큼의 레모네이드가 필요할까?'라는 문제를 풀고 있었다.

그 아이의 대답은 18L였다. 내가 말했다.

"각각의 항아리에 얼마가 들어가지?"

"3분의 2L."

"그건 1L보다 많으니? 적으니?"

"적어요."

"항아리는 몇 개지?"

"6개."

"그러면 그건 말이 안 되지 않니?"

아이는 어깨를 움찔하더니 이렇게 말했다.

"글쎄요, 체계대로 하면 그렇게 나오거든요."

정확한 답이다. 이 아이는 오래전에 학교가 이치에 맞을 수 있다는 기대를 버렸던 것이다. 학교에서 이러저러한 사실과 규칙을 가르쳐주면 학생의 할 일은 그것들을 종이 위에 적는 것이다. 학교가 시키는 대로, 그 내용이 뭘 의미하든 신경 쓸 필요 없다.

그러니까 생각나는 일이 있다. 1학년 교실을 가보면 벽에 이런 표어가 붙어 있는 걸 흔히 볼 수 있다. '두 개의 모음이 산책을 나가면, 앞에 가는 모음이 말을 한대요.(When two vowels go out walking, the first one does the talking.)' 참 멋진 말이다. 그런데 조금만 더 살펴보면 바로 이 문장 안에 복모음이 두 개 들어 있고, 그 두 개는 모두 규칙에 어긋난다는 사실을 알게 된다. 자, 그러니 어떻게 아이들이 이게 이치에 맞을 거라고 기대하겠는가?

＿교사들이 전해준 말에 따르면 20년이 지난 지금도 이 '규칙'이 붙어 있는 교실이 많다고 한다.＿

친하게 지내는 한 부부에게 레모네이드 소년 이야기를 해주면서 내가 왜 기존의 학교가 아이들을 가르치는 방법에 그토록 반대하는지 설명하려고 했다. 그들은 대부분의 아이들은 학교는 이치에 맞고 실생활과 연결되어 있다고 느낀다면서 그 아이가 좀 유별난 아이가 아니냐고 했다. 10분쯤 후에 뒷마당에서 그 부부의 딸과 이야기를 나누게 되었다. 당시 아이는 2학년이었다.

"요즘 학교생활은 어떠니?"

"좋아요."

"학교에서는 뭘 가르치니?" (요즘은 이런 질문을 거의 하지 않는다.)

잠시 사이.

"음, 'gone'과 'went'의 차이점 같은 거요."

"알았다. 그럼 두 문장 중 어떤 게 맞는지 한번 맞혀보겠니? 'I have gone to the movies.'가 맞을까, 아니면 'I have went to the movies.'가 맞을까?"

생각에 잠긴 긴 사이.

"모르겠는데요. 칠판에 쓰기 전에는 모르겠어요."

이 말이 끝나자 우린 둘 다 웃었다.

나중에 비밀을 지키라고 맹세를 시킨 다음 (그분들은 믿을 만하다고 생각한다.) 그 부부에게 이 이야기를 해주었다. 두 사람은 그제야 내가 하는 말을 알아듣겠노라고 서글프게 시인했다.

길링햄 방식으로 '발음법'을 배웠다고 추정되는 2학년 아이들에게 선생님이 물었다.

"Potomac이라는 단어는 무슨 글자로 시작되지?"

P, V, T 등 온갖 추측이 난무했다. 아이들은 교사와 서로로부터 답이 될 만한 단서를 얻어보려고 애를 썼다. 답을 알고 있는 아이들은 단지 몇 명뿐이었는데 그 아이들의 확신과 공부를 잘한다는 평판까지 더해져 그 아이들의 의견이 받아들여졌고, 모두들 P라고 대답하게 되었다. 그러자 교사는 즐겁고 만족스런 표정을 짓는 게 아닌가!

그 다음 교사가 벽에 걸린 지도를 가리키면서 물었다.

"동쪽으로 날아가려면 어느 쪽으로 가야 할까?"

팔들이 사방을 마구 가리키기 시작했다. 아이들은 또다시 교사가 보이는 격려의 표정에 힘입어 잘하는 학생의 생각을 답으로 정했다.

그 다음은 음악 시간이었다. 교사가 아이들에게 C음이 나오면 발에 손을 대라고 한 다음 짤막한 행진곡을 연주했다. 아이들은 그 행진곡에 맞춰 주위를 돌았다. 교사는 C음이 나올 때마다 음을 길게 끌었다. 당연히 아이들은 그때마다 발끝에 손을 댔다. 역시 당연한 일이겠지만 아이들은 C가 아닌 다른 음이 연주되더라도 길게 끌기만 하면 발에 손을 댔고, C음이라 해도 끌지 않고 지나가면 구별하지 못했다. 그런데도 그 교사는 자기가 C음을 가르치고 있다고 생각했다. 이런 방식으로 10년, 20년 동안 아이들을 가르치고 있는 것이다. 그것도 소위 '명문' 학교에서.

_이것은 또 다른 관점에서 학교의 생각이 무엇인지 보여주는 전형적인 예다. 교사들은 아이들이 배움을 좋아한다는 것을 이해하지 못하며, 배움을 고통스럽게 생각한다고 믿기 때문에(자기들에게 고통스럽기 때문에) 수업을 '재미있게' 만들려고 애를 쓴다. 앞에서 예로 든 청음 수업처럼 공부할 내용을 놀이의 중심에 놓는 것이다. 교사용 잡지는 그런 내용으로 가득 차 있다. 이런 놀이를 꾸미고 진행하는 데는 엄청난 시간이 든다. 그리하여 수업 시간은 잘도 흘러가서 기다리던 마침종이 좀 더 빨리 들리게는 해준다. 하지만 이런 놀이들은 배움의 상황을 복잡하고 어리둥절하게 만들기도 한다. 전자공학 용어를 써서 말해보자면 잡음이 너무 많아 신호음이 묻혀버리는 것이다(교사가 전달하려는 것이 무엇이든 상관없다.). 이 음악 수업에 참가한 아이들에

게 이 활동의 목적은 무엇이었을까? 교실을 행진해서 도는 것? 발에 손을 대는 것? 음악에 귀를 기울이는 것? 아이들이 목적도 잘 모르는 일에 마음을 쏟을 수 있을까?_

맞다—틀리다의 이분법 상황에 놓인 아이들은 어떻게든 쓸 만한 실마리를 붙잡으려 할 것이다. 우리 교사들은 타당하지 않은 단서가 온당한 성과를 거두는 일이 자주 일어나지 않도록 문제를 내는 법을 익혀야 한다. 교사들은 아이들이 우리의 표정과 생각을 읽고 있을 때 그것을 알아야 하며, 그에 따라 적절한 표정과 태도를 지을 줄 알아야 한다. 어쩌면 아이들 자신이 무슨 전략을 구사하고 있는지 깨닫게 하는 것이 더 중요할 수도 있다. 아이들은 여러 가지 전략을 구사해서 교사가 자기들이 생각하는 대로 행동하게 만든다. 나는 가끔 자기들 딴에는 문제를 풀고 있다고 생각하는 아이들에게 이렇게 말한다.

"왜 나를 쳐다보고 있지? 내 이마에 답이 쓰인 것도 아닌데."

자기들이 무엇을 하고 있는지 알아차리게 해주면 아이들은 보통 웃는다. 다시 생각해보니 아이들이 내 얼굴을 못 보게 아예 고개를 돌려버리는 게 나을지도 모르겠다.

어떤 아이가 정당하지 못한 수단으로 답을 알아내서 자기가 알지도 못하는 것을 안다는 명예를 얻었다고 치자. 그런데 그 아이가 자신이 모른다는 것을 안다면 그 폐해는 더욱 배가 된다. 첫째, 그 아이는 배우지 않는다. 그 아이의 혼란된 머리는 맑아지지가 않는다. 둘째, 허세, 추측, 표정 읽기, 단서 찾기 등을 동원해서 다른 사람으로부터 답을 얻는 것이 학교에서 하는 일이며, 학교가 가르치는 일이라고 믿게 된다. 학교에서는 그런 일 말고 더 이상 다른 것은 없다고 믿게 된다.

## □ 1960년 4월 22일

트루디는 20＋7이라는 문제가 주어지자 손가락을 세서 풀었다. 참으로 어이없다는 생각이 들었다. 나는 아이들의 무지의 원인을 파악하고 있다고 생각해왔지만 언제나 틀린 생각이었다. 나는 깨끗한 종이에 10＋3＝이라고 썼다. 그 아이는 손가락을 세서 13이라는 답을 얻었다. 나는 답을 적고 그 문제 바로 밑에 10＋9＝이라고 썼다. 트루디는 19라고 대답했고 내가 그 답을 적었다. 그리고 계속해서 10＋4, 10＋5, 10＋3, 10＋6, 10＋2를 풀게 했다. 그때마다 트루디는 손가락으로 문제를 풀었다. 나는 다시 10＋6을 내주었다. 그 아이는 손가락을 세서 16이라고 말하고는 종이를 잠시 동안 바라보았다. 그러더니 이렇게 말하는 것이었다.

"홀트 선생님, 보니까 항상 1이 있고 그 다음에 선생님이 더하라는 숫자가 있네요."

발견! 나는 너무 즐거워서 이렇게 말했다.

"그래, 네 말이 맞다."

그런 다음 비슷한 문제 몇 개를 더 내주고 잇달아 20＋5, 20＋9, 20＋6, 40＋3 등등의 문제를 내주었다. 아이는 손가락을 세지 않고 모든 문제를 풀었다.

하지만 즐거움이 일단 가라앉자 다른 생각이 들었다. 이 아이가 지금 배운 것을 다른 상황에서도 쓸 수 있을까? 이런 식의 숫자 운용이 타당하다고 생각했을까? 아니면 이것 또한 신비한 우연의 일치가 아니었을까? 아이가 그 원리를 이해했을까, 아니면 그저 또 다른 해법이나, 기억해두어야 할 다른 일, 잊어버리면 걸려 넘어지는 묘책에 불과한 것일까? 만약 그렇다면 그 아이는 필경 손가락 세기로 다시 돌아갈 것이다. 적어도 그것만은 믿을 수 있으니까. 트루디는 결국 일주일도 지나지 않아 손가락으로 돌아갔다.

아마 트루디는 10에다 어떤 수를 더할 때는 1을 쓴 다음 더하는 수를 쓰면 답을 얻을 수 있다는 말을 수천 번도 더 들었으리라. 하지만 그날 그 아이는 전에는 그것을 한 번도 본 일이 없는 듯 행동했다. 그러니 다시 한 번 더 이야기해준다는 게 무슨 소용이 있을까? 어떤 아이에게 뭔가를 하는 방법을 10번 넘게 보여주었는데도 소용이 없다면 그만두는 편이 낫지 않을까? 그 아이의 머릿속에 있는 것이 무엇이든 어떤 연결점도 찾지 못했다는 뜻이 아니겠는가? 그 문제에 관한 한 다른 길을 찾는 것이 좋지 않을까?

하루는 트루디에게 구구셈의 7단을 써보라고 했다. 그 아이는 손가락을 세서 각각의 답을 구했다. 7×2까지는 그렇게 했다. 7×2＝14라는 말을 수없이 들었고 수없이 써보았는데도 말이다. 내가 "7 곱하기 2는?" 하고 물어보면, "14." 라고 대답한다는 의미에서는 그 사실을 안다고도 할 수 있다. 하지만 그것은 그 아이가 위험할 때 의지할 만한 지식은 아니다. 손가락을 세는 편이 더 안전하다. 트루디는 손가락을 세어서 6×7＝42까지 풀어냈다. 그 다음 아이들이 싫증이 났을 때 흔히 저지르기 쉬운 잘못을 했다. 8×7＝49라고 썼던 것이다. 그 아이에게는 당연히 "어, 잠깐만 틀린 것 같은데."라고 말해주는 자기 점검자 같은 건 없었다. 그 다음 아이는 9×7=56이라고 썼다. 그런데 여기서 6자를 좀 잘못 쓰는 바람에 0처럼 보이게 되었고 스스로도 그렇게 읽게 되었다. 그 바람에 10×7=57, 11×7=64, 12×7=71이 되어버렸다. 이렇게 쓰면서도 아이는 눈곱만큼도 의심하거나 주저하지 않았다. 아이는 손가락을 세었다, 그것도 조심조심해서. 그러니 어떻게 잘못될 수 있단 말인가?

나는 그 종이를 치우고 아이에게 다시 7단을 써보라고 했다. 이번에는 이렇게 되었다. 7, 14, 21, 28, 36, 43, 50, 57, 64, 71, 78, 85.

이 종이도 치워버리고 다시 해보라고 했다. 이번에는 실수가 일어나는 즉시 내가 지적을 했기 때문에 아이가 그걸 고쳤고 제대로 된 해답 세트를 내놓았다.

그러자 그때 대단히 근사하게 보이는 아이디어가 떠올랐다. 그 아이에게 자기가 쓴 답들을 비교하게 하자는 것이었다. 그러면 자기가 낸 답 중에서 더 이치에 맞는 것이 있다는 걸 알아볼 테니까 잘못을 알아차리고, 모순을 없애는 방책이 뿌리를 내리기 시작할거라고 생각했다. 나는 트루디에게 세 장의 종이를 모두 주면서 답이 다 틀리니까 비교해보고 맞다고 생각되는 것에는 √ 표시를, 틀렸다고 생각되는 것에는 ×표시를, 확실하지 않은 것에는 ?표시를 하라고 했다.

잠시 후 나는 교사 생활을 시작한 후 가장 즐겁지 못한 놀라움을 맛보게 되었다. 그 아이가 건네준 답안지에는 7×1만 맞다고 표시되었을 뿐 나머지 답은 모두 틀렸다고 표시되어 있었다.

이 가엾은 아이는 학교 때문에 꺾이고 부서져버렸다. 수년에 걸친 반복 연습, 익힘 문제, 설명, 시험 등 우리가 교육이라 부르는 전 과정이 이 아이에게 해준 건 아무것도 없었다. 단지 아이가 처음에는 가지고 있었을지도 모르는 상식마저 와해시키는 데 일조를 한 것 외에는 말이다. 수학으로 인한 5년간의 번민과 고통 말고 그 아이에게 해준게 뭐가 더 있는가. 이 아이는 커서 어떤 어른이 될까? 자신이 살아가야 할 이 세상에 대해 어떤 이치를 발견해낼 수 있을까? 아니면 또 어떤 망상과 엉터리 보호망을 지어내서 자신을 보호하려 할까?

여러 가지 면에서 그 아이는 수학 같은 건 공부하지 않는 편이 훨씬 나았다는 생각이 든다. 그 모든 실패는 학교를 고통과 위험의 장소로 만들어버렸다. 그 아이는 학교에서 도피와 안전을 생각하느라 정신이 없어서 거의 아무것도 배울 수 없었고, 배운 것이 있다 해도 활용할 수 없는 상태가 되어버렸다.


　이 글을 처음 쓴 지 21년이 지났지만 학교나 일반 대중이 이런 이야기로부터 조금도 깨달은 것이 없다는 사실은 참으로 서글프고 화나는 일이다. 이 나라의 교실 수를 생각해보면 이런 이야기는 수도 없이 많을 것이다. 사실 이 아이는 학교 때문에 꺾이고 부서졌다. 꼭 학교만이 그 이유라거나, 학교가 첫 번째 이유라고 할 수는 없다고 해도 말이다. 그러나 아무리 학교 밖에서 나쁜 일이 일어났다고 쳐도 학교가 가장 나빴다는 사실을 부인할 수는 없다.

내가 그 아이에게 이렇게 말했다 치자.

"아무 때나 네가 하고 싶은 대로 해라. 내가 원하는 건 네가 $7 \times 2$가 뭔지 아는 것이고, 그 다음 네가 옳다는 걸 절대적으로 확신하는 거란다."

  그 아이가 그렇게 할 수 있었을까? 아마 그럴 수 없었을 것이다. 그 아이는 숫자에 충분한 믿음을 갖고 있지 못했고, 물리적 세계나 자기 자신이나 학교에 대해서도 마찬가지였다. 물론 나에 대해서도. 어떻게 그 아이가 믿을 수 있겠는가? 내 말대로 자기가 실제로 7×2＝14 임을 절대적으로 확신한다고 말한다 한들 내가 교묘한 문제를 내어서는 다시 한 번 자기가 틀렸음을 증명하고 놀리지 않으리라는 보장이 어디에 있단 말인가? 그 아이가 학교에서 배워서 잘 알게 된 사실이 한 가지 있었다. 윈스톤 처칠이 말한 것처럼 교사가 던지는 질문의 목적은 우리가 무엇을 알고 있는가를 알아내는 게 아니라 우리가 무엇을 모르는가를 알아내는 것이고, 주위의 모든 사람들에게 그것을 공개하는 것이라는 사실이다. 교사들이 하는 질문은 교사들이 내는 시험과 마찬가지로 함정이다. 그 아이는 그런 함정에 수천 번이나 걸려 넘어졌었다. 아이는 이제 다시는 걸려들고 싶지 않다. 그 교사가 나라고 해도. 나는 그 아이가 겪었던 다른 교사들보다는 나았을지도 모른다. 아이가 틀렸다고 해서 고함을 질러대지는 않았으니까. 하지만 나 역시 교사가 아니던가?

  만약 그 아이가 자기 방식대로 살고 자라도록 허용되었다면 숫자로 가득 찬 이 세상에서 지금까지 학교에서 배운 것보다 훨씬 많은 것을 알게 되었을 것이다. 숫자에 관해 이렇다 하게 배운 게 없다 하더라도 차라리 그 편이 나았으리라. 적어도 머릿속이 말도 안 되는 '사실들'과 의미 없고 제멋대로인 규칙들, 고통, 혼란 등 쓰레기로 가득 차지는 않았을 테니까. 그리고 만약 숫자가 그 아이에게 쓸 데가 있었

다면 적어도 어느 정도 이해할 기회를 가졌으리라.__


## □ 1960년 4월 27일

우리 교사들은 초등학교에서 심지어 대학원에 이르기까지 우리가 가르치는 학생들이 실제보다 더 많이 알고 있는 것처럼 보이게 만드는 일에 혈안인 것처럼 보인다. 교사나 학교가 우수한 평가를 받는 것은 우리가 가르치는 학생들이 '실제로 얼마나 아느냐'보다는 '얼마나 아는 것처럼 보이느냐'에 달려 있다. 학생들이 아는 것을 효과적으로 쓰는지, 아니 쓸 수 있기나 한 건지 같은 것은 논외의 문제다. 교육 과정이나 커리큘럼에서 다루는 내용이 많으면 많을수록 교사는 더 근사하게 보인다. 과정을 마친 아이들이 알기로 정해져 있는 것을 안다는 것을 증명해 보이기만 하면 나중에 그 내용을 잘 모른다는 사실이 드러나도 질책을 면하기가 쉽다.

고등학교 졸업반 시절 우리는 일주일 정도 학교에 더 머물면서 대학입시를 위한 시험공부를 하고 있었다. 고대사를 담당했던 선생님은 자신의 오랜 경험을 토대로 15개의 주제를 내주면서 각각의 주제에 대해 20분짜리 글을 준비해보면 도움이 될 거라고 말했다. 우리는 선생님의 충고대로 그 주제들을 공부했다. 실제로 시험에 출제된 여덟 문제는 전부 그 선생님이 뽑아준 주제에 들어 있었다. 그리하여 우리는 고대사에 해박하다는 명예를 얻었지만 사실은 그렇지 않았다. 그 선생님 역시 훌륭한 교사라는 명예를 얻었다. 그러나 그분도 사실 그렇지 않았다. 우리 학교는 명문 대학에 들어가고 싶다면 가볼 만한 좋은 학교라는 명예를 얻었다. 그러나 사실 나는 고대사에 대해 아는 것이 거의 없었다. 내 생각에 안다고 생각하던 것도 많은 부분이 잘못된 것들이었다. 그때도 그랬지만 그 후 나는 역사 과목을 싫어했고 시간만 낭비하는 의미 없는 과목이라고 생각했다. 입시를 치른 지 두 달도 되지 않아 내 실력은 대학입시는커녕 훨씬 쉬운 시험도 통과 못할 지경이 되었다. 하지만 그게 무슨 상관이겠는가?

나 스스로도 그런 게임을 해왔다. 처음 교사 생활을 시작할 무렵 나는 순진하게도 시험의 목적은 학생들이 그 과목에 관해 무엇을 알고 있는지 확인하는 것이라고 생각했다. 그러나 예고 없이 시험을 보면, 또 그 범위가 시험 때까지 배운 내용을 전부 망라할 때는 거의 모든 아이들이 낙제를 면치 못한다는 사실을 아는 데는 그다지 긴 시간이 걸리지 않았다. 나는 예고 없이, 배운 내용 전체를 테스트하는 시험을 치르는 바람에 나쁜 인상을 주었고 학교의 골칫거리가 되었다. 그 후 나는 좋은 성적을 내거나 최소한 통과 점수라도 얻을 확률을 높이는 길은 시험 시기와 시험에 나올 내용을 미리 말해주고, 출제될 문제 유형을 복습이라는 명목으로 미리 연습시키는 것 외에는 없다는 것을 알게 되었다. 교사들은 전부 다 그렇게 하고 있었다. 우리 모두 그렇게 하는 것이 정직하지 않다는 걸 알고 있지만 감히 그만두려 하지 않을 뿐 아니라 특별히 해가 되는 건 아니라는 말로 스스로를 정당화한다. 그러나 이것은 틀린 생각이다. 이런 일은 엄청난 해를 끼친다.

이런 일은 해가 된다. 무엇보다도 학생들이 정직하지 않은 일이라는 것을 알고 있기 때문이다. 그 고대사 과목을 무난히 통과했던 나와 내 친구들은 누군가를 속이고 있다는 사실을 잘 알고 있었다. 단지 그 누군가가 누구인지를 정확히 알지 못했을 따름이다. 우리가 대학입시에 성공한 것은 고대사에 대한 우리의 지식(턱없이 부족했다.) 덕분이 아니라 족집게 같은 우리 선생님의 능력(참으로 대단했다.) 덕분이었다. 그때의 우리보다 훨씬 더 어린아이들도 대부분의 교사들이 원하고 칭찬하는 것은 지식이나 이해가 아니라, 그런 것을 가진 것처럼 보이는 겉모양이라는 것을 안다. 똑똑하고 유능한 아이들은 학교를 일종의 사기단 비슷한 걸로 본다. 그 사기를 어떻게 치느냐를 배우는 게 학생이 할 일이다. 그래서 아이들은 배운다. 그 아이들은 교사들이 아무 말을 안 해도, 심지어 교사 자신도 알지 못하는 무의식이라 할지라도 교사들의 기호와 편견이 무엇인지 냄새 맡는 전문가가 되고 그걸로 충분한 이익을 얻는다. 고등학교 시절 나의 첫 번째 영어 선생님은 클라이브 경Lord Clive에 관해 쓴 매콜리Macaulay의 에세이를 읽어보라고 내주었다. 나는 선생님이 그 글을 소리 내어 읽으며 즐거워하는 걸 보고는 그분이 주동사가 문미에 오는 긴 복문 형식의 문장을 좋아한다는 걸 알았다. 그래서 그 선생님에게 제출하는 리포트마다 그런 식의 문장을 집어넣으려고 애를 썼고, 그 결과 늘 좋은 점수를 받아냈다.

이런 사기성 시험은 정직한 이해를 추구하는 일은 중요하지 않다는 생각을 하게 만든다는 점에서도 해롭지만, 그 정직한 이해를 추구하는 몇 안 되는 아이들을 좌절시킨다는 점에서 더 해롭다. 그저 '정답'이나 그 정답을 알아내는 비법을 알아내는 일에 만족하지 못하는 아이들은 학교생활이 쉽지 않다. 특히 가르치는 교사가 사실과 해법밖에 모를 때는 더더욱 그렇다. 그런 교사들은 일어난 사실을 아는 데 그치지 않고, 그 일이 왜 그런 식으로 일어났는지, 왜 다른 식으로는 일어나지 않았는지 알고 싶어 하는 학생들을 견디지 못하고 화를 낸다. 그런 교사들은 그런 질문에 답할 논리가 부족하며, 그럴 시간도 없다. 이것저것 다루어야 할 내용이 많은 것이다.

간단히 말해 우리가 신봉하는 '전달하고 시험 치기'식 교수법은 대부분의 학생들을 점점 더 혼란스럽게 만들고, 학업에서의 성공이 불안정한 기반 위에 놓여 있다는 느낌을 갖게 하고, 학교란 의미 없는 질문에 대해 의미 없는 답을 얻는, 의미 없는 절차를 따라가는 곳이라고 믿게 만든다.


## □ 1960년 7월 10일

시험을 옹호하는 두 가지 입장이 있다. 하나는 시험의 위협이 아이들을 열심히 공부하게 만들 뿐 아니라 더 잘하게 만든다는 것이다. 다른 하나는 시험을 통해 아이들이 실제로 어느 정도 알고 있는지 확인할 수 있다는 것이다. 이 주장은 둘 다 틀렸다. 시험은 긍정적인 효과는 고사하고 아이들을 겁먹게 만들 정도로 나쁜 역할을 한다. 게다가 시험은 아이들이 무엇을 알고 있는지 확인시켜주지 않는다. 시험은 공부를 잘하는 아이들이 얼마나 많이 알고 있는지 보여주지 못할 뿐더러 아무것도 모르는 아이를 가려내는 데도 소용이 없다.

하루는 트루디와 엘레노어와 함께 따로 남아서 공부를 하고 있는 중이었다. 엘레노어는 트루디보다 더 공부를 못하는 아이로 숫자가 어떻게 운용되는지 아무 개념이 없었다. 나는 칠판에 이렇게 썼다.

$$256 + 327$$

그런 다음 천천히 큰 소리로 설명하고, 지금 하고 있는 일에 대해 충분히 생각할 시간을 주면서 그 문제를 풀었다. 마침내 583이라는 답이 나왔다. 나는 그 문제 옆에 새 문제를 썼다. 그래서 칠판에는 이렇게 두 문제가 나란히 써졌다.

$$256 + 327 = 583 \qquad 256 + 328$$

나는 이렇게 말했다.

"이번에는 256에 다른 수를 더하는 거야. 327을 더하는 대신 328을 더하려고 한다. 이제 너희들이 풀어봐라."

아이들은 그 문제의 답이 첫 번째 답보다 1이 많은 584가 되어야 한다는 걸 알아보았을까? 아니다. 두 아이는 잠시 동안 종이 위에다 그 문제를 같이 풀더니 주저주저하면서 이렇게 말했다.

"353?"

그래서 나는 새로운 문제를 썼다. 그리고 큰 소리로 설명을 해가며 차근차근 그 문제를 풀어나갔다. 아이들이 만족스럽게 맞다고 할 때까지. 그러고는 바로 그 옆에 같은 문제를 썼다. 칠판에는 이렇게 적혀졌다.

$$\begin{array}{r} 245 \\ +\,179 \\ \hline 424 \end{array} \qquad \begin{array}{r} 245 \\ +\,179 \\ \hline \end{array}$$

나는 아이들에게 두 번째 문제를 풀어보라고 했다. 아이들은 두 개가 똑같은 문제라는 걸 알아차리지 못한 채 다시 종이 위에 고개를 수그렸다. 한참동안 뭔가를 끄적거리더니 아이들이 말했다.

"524."

나는 새로운 문제로 시도해보았다. 이번에는 88＋94＝182라는 문제를 썼다. 아이들은 시간이 좀 걸리기는 했지만 이번에는 자기들이 풀 문제가 같은 문제라는 걸 알아보았고, 따라서 답이 같을 수밖에 없다는 것을 알았다.

잠시 시간이 지난 후 내가 이렇게 썼다.

$2 \times 12 = 24$, $2 \times 13 = ?$

엘레노어가 불쑥 말했다.

"그런 식으로 쓰면 읽을 수가 없어요."

내가 익숙한 방식으로 문제를 써주자 엘레노어는 문제를 풀기 시작했고 제대로 된 답 26을 얻었다. 트루디는 68이라는 답을 냈다. 트루디는 내 표정에서 틀렸다는 것을 읽어내더니 황급하게 말했다.

"잠깐만요."

잠시 후 그 아이는 36이라고 썼다. 내가 물었다.

"어떻게 그런 답이 나왔지?"

그 아이는 칠판으로 나가더니 이렇게 썼다.

$2 \times 12 = 24, 3 \times 12 =$

그 아이는 자기가 문제를 바꾸었다는 사실조차 눈치 채지 못하는 것 같았다. 그 아이가 말했다.

"음, 하나 더 써볼게요."

그러고는 $2 + 1 = 3, 4 + 1 = 5$라고 쓰더니 "맞죠?"라고 말하며 35를 썼다.

얼마 후 엘레노어가 $20 + 10 = 29$라고 말했다.

이 아이들은 초등학교에 다니는 다른 모든 아이들과 마찬가지로 1년에 한두 번씩 '학력성취고사'라는 잘못된 이름이 붙여진 일련의 시험을 치른다. 이 비슷한 시험들이 참으로 많은데 전부 다 비슷비슷하고 가치 없기도 매한가지다. 이 시험들은 이론상으로는 학교와 교사들이 전국의 비슷한 나이대의 학생들에 비추어 자기 학생들이 이룬 '성취'(아이들이 대부분의 시간을 학교에서 무엇을 하며 보내는지 잘 설명해주는 말이다.)를 측정하게 해준다. 하지만 사실상 이런 시험들은 일종의 부정행위를 조장한다. 교사들은 이런 시험에 대비해서 벼락치기 공부를 시키지 않도록 되어 있다. 하지만 대부분의 교사들이 벼락치기 공부를 하도록 아이들을 부추기는데, 특히 성적을 맹목적으로 숭배하는 학교에서 더하다. 그들은 높은 점수를 두고 '높은 기준'이라 부른다.

이런 시험들은 한 학생의 점수가 학년 등가치로 나오도록 고안되어 있다. 평균적인 5학년 아이라면 대부분의 시험에서 5.5 정도의 점수를 받아야만 한다. 그 숫자는 그 아이가 평균적인 5학년 아이와 학업성취도에서 비슷하다는 것을 보여준다. 나와 함께 공부하고 있는 아이들 중 특히 뒤떨어지는 아이들은 절대 잘하는 아이들만큼 시험을 잘 볼 수가 없다. 하지만 이 아이들의 성적이 1, 2년 이상 뒤떨어지게 나오는 일은 결코 없다. 올해 시험 결과에 따르면 우리 반에서 가장 뒤떨어지는 아이들도 4학년에 올라가는 평균적인 아이의 지성과 능력을 가진 걸로 나타났다. 간단히 말해 그 아이들이 덧셈, 뺄셈, 자릿값, 곱셈, 쉬운 나눗셈을 알고 있다는 뜻이다. 하지만 이건 터무니없는 판단이다. 이 아이들은 수학에 관해서 아는 것이 아무것도 없다. 진정한 의미에서 이 아이들은 1학년짜리들이 알기로 되어 있는 것도 모른다. 진짜 실력을 측정할 수 있는 엄정한 시험(그런 게 있다는 가정하에서)을 치른다면 이 아이들은 1점 얼마 정도의 점수를 받을 것이다.

_아니다. 솔직히 말해 그런 엄정한 시험이 있다면 그 아이들은 마이너스 점수를 받을 것이다. 5년간 학교에 다닌 후에, 그것도 '최고'의 학교에 다닌 결과 아이들은 훨씬 나빠졌다. 아이들의 수학 실력(꼭 수학뿐일까마는)은 학교에 전혀 다니지 않은 것만도 못한 상태가 되어버렸다._

그렇다면 어떻게 이런 높은 점수를 얻는 것일까? 시험이 있기 한두 주 전쯤부터 교사들이 시험에서 나올 문제와 비슷한 유형의 문제를 전부 내주고 맹렬하게 반복 연습을 시키기 때문이다. 시험이 다가올 때쯤 되면 아이들은 파블로프의 개처럼 조건반사 상태에 이른다. 아이 앞에 특정한 형태로 배열된 숫자와 기호가 놓이면, 곧 불이 들어오고, 기계장치가 가동되며, 로봇은 해답 찾기 과정에 돌입한다. 그리하여 많은 아이들이 그런대로 버젓한 점수를 얻게 된다. 이런 일을 하지 않도록 되어 있지만 교사들은 모두들 그렇게 한다. 나도 마찬가지였다. 학교에서는 사뭇 변명조로, 내가 어떻게 생각하는지 알지만 그래도 그렇게 해달라고 단호하게 요청했다. 아이들의 시험 점수가 떨어지면 당장 학부모들의 원성이 높아질 뿐 아니라 아이들도 상급학교에 진학하기가 어려워지기 때문이라는 것이었다. 학교가 이 모양인한 이 가엾은 악동들은 곤란을 겪지 않을 수 없는 셈이다. 이 아이들의 구원할 길 없는 무지를 공적인 기록으로 남겨서 인생을 더 어렵게 만들 이유가 뭔가? 그래서 나는 관례를 따른다. 하지만 우리 아이들의 교육을 이런 식으로 가져가는 것이 과연 현명한 일일까?


□ 1960년 12월 4일

얼마 전 인종에 대한 고정관념을 다룬 기사를 읽고 마음에 와 닿는 부분이 있었는데, 최근에 와서 어쩐지 아이들과 관련 있는 내용으로 여겨지기 시작했다.

글의 저자는 세계대전 중 독일의 포로수용소에 수감되었다. 그와 동료 포로들은 무력한 처지였지만 나름대로 간수들의 요구에 저항하면서 자신들의 생명과 인간으로서의 존엄성을 지키려고 노력했고 간수를 대하는 한 방법으로 '수용소용 인격'이라 말할 수 있는 것을 개발했다. 그들은 싹싹하지만 머리가 둔한 느낌, 연신 웃어대지만 바보스런 분위기, 협조적이고 자발적이지만 무능력한 모습을 택했다. 저 착한 병사 슈바이크*라고나 할까. 그들은 무슨 명령이 떨어지면 주의해서 듣고 열심히 머리를 주억거리면서도 방금 한 말을 하나도 알아듣지 못한 게 분명한 질문을 던졌다. 이 정도로도 안전하지 않다고 느껴지면 가능한 한 시키는 것과 정반대되는 일을 하거나, 할 수 있는 한 최악으로 일을 해치웠다. 그들은 이렇게 한다고 해서 독일의 전쟁 수행에 지장을 주는 것도, 수용소의 행정을 마비시키는 것도 아니라는 점을 잘 알고 있었다. 하지만 희망 없는 상황 속에서 자신의 본모습 중 작은 부분이나마 보존하려면 그렇게 할 수밖에 없었다.

전쟁이 끝난 후 글쓴이는 세계 곳곳의 지배받는 사람들과 함께 많은 일을 했다. 그러는 가운데 아프리카 식민지의 '착한 흑인 소년'이나 미국 남부의 '착한 검둥이'들에게서 전쟁 중 그와 동료 포로들이 채용했던 '수용소용 인격'을 발견하곤 했다. 처음 그 유사성을 발견했을 때 그는 깜짝 놀랐다. 이 사람들도 일부러 이런 인격을 구사하는 것일까? 그는 그렇다고 확신했다. 지배받는 사람들은 자기들을 다스리는 사람들을 달래는 한편, 인간의 존엄성을 지키려는 내적 욕구도 만족시키기 위해 가면을 쓴다. 그들은 자신의 진짜 모습보다 더 바보

---

* 체코 소설가 하셰크의 『착한 병사 슈바이크』에 나오는 인물. 상관의 명령에 지나치게 열심히, 곧이곧대로 따르는 병사.

스럽고 무능하게 행동하고, 지배자가 자신의 지성과 능력을 몽땅 사용하는 걸 거부함으로써 자신의 마음과 영혼은 노예가 된 몸으로부터 자유롭다는 것을 선언한다.

학교에서 일어나는 일도 이와 비슷하지 않을까? 아이들은 지배받는 사람들이다. 학교는 아이들에게 일종의 감옥이다. 아이들은 도저히 만족시킬 수 없는 연장자들의 가혹한 압제를 쳐부수고 도망치기 위해서 자신이 지닌 정신력의 가장 지적이고 창조적인 부분을 거두어버리는 게 아닐까? 이것이 바로 다른 상황에서는 똑똑한 아이들이 학교에서 그토록 자주 놀랄 정도의 우둔함을 보이는 이유가 아닐까? 교사들의 지시나 설명을 받을 때 그토록 고집스럽고 완강하게 나오는 "몰라요."라는 표현, 그것은 두려움과 도피의 표현인 만큼 저항의 표현이기도 한 것이 아닐까?

나는 확실히 그렇다고 생각한다. 그런 태도와 행동이 의식적이냐 아니냐는 아이의 나이와 성품에 달렸다. 저항하고 싶지만 감히 드러내놓고 저항할 수 없는 압제에 시달리다보면 아이들은 일부러 진짜 바보가 될 수도 있다. 나는 그것을 보았고, 또 그렇게 느꼈다. 그러나 대부분의 아이들은 자기가 무슨 짓을 하는지 의식하지 못하는 것 같다. 아이들은 간수인 교사들에게 자기의 지성을 바치기를 거부한다. 교사들을 쳐부수려는 이유에서라기보다는 그 지성을 보다 중요한 다른 용도에 써야 하기 때문이다. 아이들에게는 스스로를 위해 살고 그런 삶에 대해 생각할 자유가 중요할 뿐 아니라 반드시 필요하다. 다른 사람이 원하는 것에 대해서는 오직 그 정도의 시간과 생각만 들일 수 있을 뿐이다. 나머지는 자기 자신의 관심사와 계획과 걱정거리와 꿈을 위해 써야 하기 때문이다. 결과적으로 아이는 학교에 있는 대부분의 시간 동안 전적으로 그곳에 있지 않게 된다. 학교에 있는 것을 두려워하든 그저 있기 싫어하는 정도든 결과는 마찬가지다. 두려움과 권태, 저항은 이른바 '멍청한 아이들'을 양산해낸다.

학교는 아이들이 심할 정도로 멍청해지는 법을 배우는 곳이다. 우울하고 거북하지만 피할 수 없는 생각이다. 아기들은 멍청하지 않다. 한두 살짜리, 심지어는 세 살짜리 아이들도 자기가 하는 일에 자신의 전부를 던진다. 아기들은 삶을 받아들이고 삶에 빠진다. 이것이 바로 아기들이 그토록 빨리 배우고 그렇게 빨리 친해지는 이유이다. 무관심, 권태, 무감동. 이 모든 것은 나중에 온다. 아이들은 호기심에 차서 학교에 오지만 2, 3년 안에 왕성하던 호기심의 대부분이 죽거나 잠들어버린다. 1, 2학년 아이들은 어쩌나 질문을 해대는지 질문의 홍수에 빠져 죽을 판이다. 그러나 5학년이 되면 아이들은 아무 말도 하지 않는다. 아이들은 물을 게 없고, 있다 해도 묻지 않는다. 아이들은 이렇게 생각한다.

'뭘 어쩌자는 거지? 결국 뭘 하라는 거야?'

작년에 나는 자의식과 쑥스러움이 아이들을 침묵시키는 원인이라 생각하고 상자 하나를 마련해서 교실에 두었다. 그리고 그 속에 질문을 넣으면 무엇이든 대답을 해주겠노라고 말했다. 넉 달 만에 질문 하나가 들어왔다.

"곰은 얼마나 오래 살죠?"

내가 곰과 다른 생물들의 수명에 관해 이야기를 하는데 한 아이가 더 이상 못 견디겠다는 듯이 이렇게 말했다.

"그런데요, 선생님. 요점을 말해주세요."

아이들의 얼굴에 나타난 표정은 이렇게 말하는 것처럼 보였다.

"선생님이 우리를 학교에 가두어 두었잖아요. 원하시는 걸 빨리 시키세요."

호기심을 품고, 질문을 하고, 곰곰이 생각을 해보는 이 모든 것들은 학교 밖의 일이지 학교 안의 일이 아니다.

권태와 저항은 학교를 두려움만큼이나 멍청함이 판치는 곳으로 만든다. 아이에게 학교에서 하는 종류의 일거리를 주면, 아이들은 그 일을 두려워하든, 저항하든, 지루하지만 기꺼이 하든 자신이 가진 주의력과 에너지와 지성의 일부만을 써서 그 일을 할 것이다. 한마디로 그일을 멍청하게 한다는 것이다. 이런 태도는 결국 습관이 된다. 아이는 낮은 정신력을 가지고 공부하는 데 익숙해지며 이런 식으로 해낼 수있는 전략을 개발한다. 그리고 5학년 정도가 되면 자기 스스로 멍청하다고 생각하기 시작한다. 그리고 학교에 맞서는 유일한 방법은 낮은 정신력을 구사하는 것뿐이라고 생각한다.

이런 아이들에게 주의를 집중하라느니 지금 하고 있는 일을 생각하라느니 해봐야 좋을 게 없다. 이제는 나도 그 점을 인정한다. 콜로라도에서 9학년 아이들에게 대수를 가르칠 때였다. 수학에 낙제점을받는 아이가 있었는데 그 아이는 이미 학교식 멍청이로 굳어진 상태였다. 나는 그 아이를 바라보며 이렇게 외쳤었다.

"생각을 해! 생각을 해! 생각을 해!"

참으로 쓸데없는 소리 아닌가. 그 아이는 생각이라는 걸 어떻게 하는 건지 잊은 지 오래였다. 그때쯤에 이르러서는 대수 문제를 대할 때면 으레 등장하는 소심하고, 상상력 없고, 방어적이고, 둘러대는 '멍청이의 길'이야말로 그 아이가 구사할 수 있는 유일한 방법이었다. 그 아이의 전략과 기대치는 이미 정해져 있었고, 다른 것이 존재할 수 있다는 상상조차 할 수 없었다. 하지만 실제로 그 아이는 자신의 혼신을 다하고 있었던 셈이다.

우리는 어른이라면 한 시간도 견디지 못할 일을 거의 하루 종일 아이들에게 요구한다. 이를테면 재미도 없는 강의에 참석해서 딴 생각을 하지 않고 배길 어른이 얼마나 될까?

아마 별로 없지 싶다. 분명하게 말하지만 나는 못한다. 게다가 아이들은 자신의 주의력을 통제하고 의식을 집중시키는 능력이 어른보다 훨씬 떨어진다. 아이들에게 주의를 집중하라고 고함을 쳐봐야 아무 소용이 없다. 만약 강압적으로라도 이런 모습을 보고 싶다면 손을 무릎에 얹고 눈은 교사에게 고정시킨 채 가만히 앉아 있으라고 협박하면 된다. 하지만 아이들의 마음은 멀리멀리 날아가버릴 것이다. 아이들의 주의는 조심성 많은 야생동물처럼 미끼를 던져서 가까이 다가오도록 유인해서 붙잡아두어야 하는 것이다. 지금 아이 앞에 놓인 상황과 내용과 문제가 아이의 관심을 끌지 못하면, 아이의 주의는 다른 데로 흘러가버릴 것이고 아무리 훈계와 위협을 가한다 해도 돌아오지 않을 것이다.

아이는 자기 앞에 펼쳐진 현실이 자신의 내면에서 주의와 관심과 집중, 몰두 같은 요소를 불러일으킬 때 가장 지성적이 된다. 간단히 말해 그럴 때에야 비로소 지금 하고 있는 일에 관심을 갖는다. 이것이 교실과 학교 공부를 가능한 한 재미있고 흥미 있게 만들어야 하는 이유다. 학교를 즐거운 곳으로 만들기 위해서가 아니라, 학교에 다니는 아이들이 지성적으로 행동하고 또 그렇게 하는 습관을 갖게 하기 위해서다. 학교에서 권태를 몰아내야 하는 이유는 학교에서 두려움을 몰아내야 하는 이유와 같다. 권태는 아이들을 멍청하게 행동하도록 만든다. 일부러 그러는 아이들도 있는데 대부분 그 외에는 방법이 없기 때문이다. 이런 일이 오래 지속되면, 아이들은 뭔가를 알려고 하는 것이 어떤 것인지 잊어버린다. 한때는 자신의 온 마음을 다 쏟고 온갖 감각을 다 동원하여 모든 것을 알려고 했는데 말이다. 아이들은 삶과 경험에 긍정적이고 적극적으로 대처하는 방법을 잊어버린다. '아, 알겠다. 이제 알았다. 이제 할 수 있겠다!'라고 생각하고 말하는 법을 잊어버린다.


□ 1961년 4월 9일


3장에서 마조리가 수학 기호를 쓰지 않고 퀴즈네르 막대를 이용해서 했던 몇 가지 작업을 설명했었다. 하지만 마조리가 이런 작업을 하면서 보여주었던 자유의 느낌, 행복, 여유, 깨어 있음, 집중력, 그 지성의 힘은 도저히 말로는 묘사할 수 없다. 그 아이는 마치 전에는 한 번도 본 적이 없는 다른 사람 같았다. 학교에 다니는 동안 그 아이는 대부분의 시간을 다른 사람들로부터 정답을 캐내기 위해 속이고 으르는 변칙적인 작전을 구사하는 데 사용했다. 그리고 자신이 알지도 못하는 사실을 알고 이해하는 척 꾸미며 지냈다. 이제 그 아이는 이 모든 일로부터 놓여난 것이다.

"요술을 부리게 되니까 너무 신나요."라는 그 아이의 말이 떠오를 때면 나는 슬픔과 분노를 느낀다. 우리가 선의를 가지고 한 일들이, 아이들에게 진정한 사고의 발견과 정직한 이해의 기회를 전혀 주지 못했다는 사실을 어떻게 받아들여야 할까! 우리가 아이들의 지성에 끼치는 악영향은 나쁜 음식이 육체에 끼치는 악영향에 비유할 만하다. 우리는 아이들을 지적인 의미에서 약하고, 왜소하고, 악하고, 부정직하게 만들었다. 아이들이 자기들이 무엇을 아는지 모르는지를 두고 교사를 속이는 데 능수능란하다는 점은 분명하다. 하지만 그 일을 더 쉽게 만드는 것은 교사인 우리가, 아이들이 아무것도 모른다는 것이 분명한데도 불구하고 그들이 알고 있다고 우리 자신을 세뇌시킬 정도로 속을 준비가 되어 있고, 속아 넘어가기를 열망하고 있기 때문이다.


## □ 1961년 6월 15일

얼마 전 한 어머니가 이런 말을 했다.

"제 생각에 선생님이 학교 공부를 그렇게 재미있는 걸로 만들려고 애쓰시는 게 잘못된 것 같아요. 결국에는 아이들도 자기가 좋아하지 않는 일을 하면서 인생의 대부분을 보내야 하는 게 아니든가요. 그러니 지금부터 그런 일에 익숙해지는 게 좋지 않을까요?"

가끔 선전문과 상투어가 남발된 커튼이 순간적으로 걷히고 그 뒤에 감추어진 삶이 드러나면서 사람들이 실제로는 무슨 생각을 하는 가가 엿보일 때가 있다. 학부모로부터 이런 말을 들은 것이 처음은 아니었다. 하지만 나는 이 말에 소름이 끼쳤다. 참으로 비정상적인 세계관 아닌가? 이 최고로 혜택 받은 나라의 최고로 혜택 받은 시민의 입에서 이런 말이 흘러나오다니! 인생이란 고된 노역과 따분한 의무의 연속일 뿐이란 말인가? 교육이란 아이들에게 그런 일을 할 준비를 시키는 과정에 불과하단 말인가? 그 부인의 말은 이렇게 들렸다.

"내 아들은 앞으로의 인생을 노예로 보내야 해요. 그러니 그 생각에 익숙해지도록 만들어주세요. 그래서 그 아이가 노예가 되었을 때 책임감 있고 부지런하고 급료를 많이 받는 노예가 되도록 해주세요."

어떤 어른이 극도로 좌절한 순간에 자신이 의미 없고 시시한 의무와 책임에 포위되어 있다는 것을 발견하고, 인생이란 한낱 노예 상태에 불과하다고 생각한다는 건 이해가 간다. 하지만 자신의 삶을 이런 식으로 느끼는 사람이라면, 자기 아이들만큼은 더 나은 삶을 살기를 바라야 하고, 그래서 이런 말을 할 거라고 기대하지 않겠는가.

"나는 내 인생을 즐겁고 의미 있는 것으로 만들 기회를 놓친 것 같아요. 그러니 우리 아이들만큼은 더 나은 삶을 살도록 교육시켜주세요."

그렇다. 어쨌든 그건 우리 교사들의 일이다. 부모가 그렇게 말하든 않든.

이 어머니는 매력적이고, 지적이고, 아들을 사랑하고 관심도 많다. 하지만 다른 부모들이나 교사들과 마찬가지로 자기 아이나 아이들 전체에 대해 심각할 정도로 무례하고 왜곡된 믿음을 가지고 있다. 아이들은 어른이 시키지 않으면 어떤 '가치 있는' 일도 하지 않고, 하려 들지도 않을 것이란 믿음 말이다. 이런 부모들이 자신이나 자기 아이들에 대해 하는 이야기는 언제나 똑같은 줄거리를 갖고 있다. 처음에 아이는 뭔가를 하고 싶어 하지 않았다. 그래서 자기가 그것을 하게 만들었다. 결국 그 아이는 그것을 잘한다. 그리고 즐기기조차 한다. 이런 부모는 자기 아이가 시키지 않아도 잘하고 있는 일에 대해서는 절대로 말하는 법이 없다. 내가 그런 이야기를 들려주면 재미없어할 뿐더러 화가 나기까지 하는 것 같다. 이런 어머니에게 의미가 있는 아들의 위업이란 자기에게 명예가 돌아가는 것들뿐이다.

아이들은 이런 태도를 예민하게 감지하고 분개한다. 그리고 아이들이 분개하는 것은 정당하다. 무슨 권리로 우리가 주입시킨 것 말고는 아이들 속에 좋은 것이 있을 수 없다고 추측한단 말인가? 이런 것은 생색 정도가 아니라 뻔뻔하기 짝이 없는 견해다. 더 중요한 것은 그것이 사실이 아니며, 아이들의 품성을 개조하겠다는 어른들의 서투르고 무지한 노력이 우리가 계발하려는 것만큼이나 좋은 품성들을 부셔버릴지도 모르고, 적어도 좋은 일만큼의 해를 끼칠 수 있다는 것이다.

_틀렸다. 우리는 좋은 일보다는 해를 훨씬 많이 끼친다._

**5**

삶과 배움

## 지성은 삶을 대하는 태도와 방식이다

지성은 어떤 종류의 시험에 좋은 점수를 얻고, 학교 공부를 잘하는 능력을 말하는 게 아니다. 이런 능력들은 잘해봐야 보다 크고, 보다 깊고, 훨씬 중요한 뭔가를 가늠하는 지표일 따름이다. 지성이란 하나의 생활 방식이며 다양한 상황에 대처하는 방식, 특히 새롭고 낯설고 당혹스런 상황에 대처하는 방식이다. 얼마나 지성적인가를 알려면 어떤 일을 하는 법을 얼마나 알고 있는가가 아니라 무엇을 해야 할지 모를 때 어떻게 대처하는가를 보아야 한다.

　지적인 사람은 그의 나이가 얼마든 새로운 상황과 문제에 자신을 활짝 열어놓는다. 그는 온몸과 마음을 다해 자신이 얻을 수 있는 정보를 받아들이려고 애쓴다. 그는 자기 자신이나 그것으로 인해 자신에게 닥칠 일에 대해 생각하는 대신 그 상황이나 문제 자체를 생각한다. 또한 상상력과 지략을 발휘해 대담하게 대처할 뿐 아니라 확신까지는 아니더라도 최소한 희망적인 태도를 보인다. 그리고 실패했을 경우 자신의 실수를 부끄러움이나 두려움 없이 바라보며 그 실수로부터 배운다. 이것이 지성이다. 이 지성의 뿌리는 삶에 대한 어떤 느낌, 혹은 삶을 대하는 자신에 대한 어떤 느낌에 자리 잡고 있다. 대부분의 심리학자들이 추측하는 것과 달리, 비지성은 지성이 모자라는 상태가 아니다. 비지성은 지성과는 완전히 다른 행동 양식으로, 완전히 다른 일련의 태도에서 자라나온 것이다.

똑똑한 아이들과 그렇지 못한 아이들을 여러 해 동안 관찰하고 비교해보면, 그들이 아주 다른 종류의 사람들이라는 사실을 알게 된다. 똑똑한 아이들은 삶과 현실에 대해 호기심을 가지고, 그것과 관계를 맺으려 하고, 그것을 껴안고, 그것과 자신을 조화시킨다. 그와 삶 사이에는 어떤 장벽도 어떤 장애도 없다. 둔한 아이는 호기심이 훨씬 떨어지고, 무슨 일이 일어나는지 무엇이 실제인지에 대한 관심도 훨씬 적으며, 환상의 세계에 훨씬 더 경도되어 있다. 똑똑한 아이는 실험을 즐기고 그 실험이 제대로 작동하는지 시험해보기를 좋아한다. 그는 문제를 해결하는 데는 한 가지 방법만 있는 게 아니라는 좌우명으로 산다. 만약 최초의 방법이 통하지 않으면 다른 방법을 시도한다. 그러나 둔한 아이는 시도 자체를 두려워한다. 그런 아이는 한번 시도해보게 만드는 데도 수없이 설득을 해야 할 뿐 아니라 그 시도가 실패하면 즉시 포기해버린다.

똑똑한 아이는 끈질기다. 그는 불확실성과 실패를 견디며 대답을 얻을 때까지 도전한다. 모든 실험이 실패했을 때는 당분간은 해답을 얻지 못할 거라는 사실을 스스로도 받아들이고 다른 사람들에게도 그 상태를 인정한다. 물론 이런 상황이 아이를 초조하게 만들 수도 있지만 그래도 기다릴 줄 안다. 아주 흔한 일인데 그는 다른 사람이 자신의 문제에 대한 해법을 말해주는 것을 바라지 않는다. 미래에 스스로 풀 수 있는 기회를 빼앗기고 싶지 않기 때문이다.

둔한 아이는 그렇지 않다. 그는 불확실성이나 실패를 견디지 못한다. 자신이 답을 찾지 못하면 누군가가 재빨리 그 답을 주어야 한다. 그는 모든 것의 답을 알고 있어야 한다. 2학년을 맡은 한 교사가 이런 유형의 아이들을 정확히 묘사한 적이 있다.

"하지만 우리 아이들은 정답이 하나인 질문을 바라던데요."

그런 아이들은 그렇다. 그리고 우연의 일치인지는 모르지만 그 교사도 그랬다.

똑똑한 아이는 완전치 못한 이해와 정보를 바탕으로도 기꺼이 나아가고자 한다. 그는 위험을 무릅쓰고 지도에도 없는 바다를 항해할 것이다. 또한 표지도 형편없고 빛도 흐릿해서 전망이 어두울 때도 탐사를 계속할 것이다. 한 가지 예를 들어보자. 똑똑한 아이는 얼마 후면 충분히 이해하게 될 거라는 희망을 가지고 이해도 못하는 책을 읽을 때가 많다. 내가 맡은 5학년 아이들 중 몇몇이 이런 정신으로 『모비딕Moby-Dick』을 읽어보려고 했다.

하지만 둔한 아이는 현재 위치와 앞으로 일어날 일을 완전히 안다고 생각될 때에만 앞으로 나아간다. 앞으로의 경험이 어떤 것일지 완전히 안다는 느낌이 들지 않거나, 이미 알고 있는 경험들과 꼭 같지 않을 것 같다는 느낌이 들면 그 경험에 들어가길 원하지 않는다. 똑똑한 아이들은 이 우주를 전체적으로 이치에 맞고 이성적이며 믿을 만한 곳으로 생각하는 반면에, 둔한 아이는 이 우주를 이치에 맞지 않고 예측불가능하며 믿을 수 없는 곳으로 생각하기 때문이다. 둔한 아이는 새로운 상황에 처하게 되면, 나쁜 일이 일어나는 것 이외에 다른 가능성을 낙관하지 못한다.

## 교육이라는 이름으로

태어날 때부터 멍청한 사람은 없다. 갓난아기들이나 두세 살짜리 아이들이 무엇을 배우고 무엇을 하는지 관찰하고 진지하게 생각해보기만 해도 안다. 중중 정신지체아만 아니라면 그 아이들은 모두 천재적이라 할 만큼 자신감 있는 삶의 방식과 배움에 대한 열망과 능력을 보여준다. 인생의 어떤 시기에 있는 사람도 3년 동안에 아기들이 인생의 첫 3년 동안 배우고 성장하는 것만큼 이해하고 배우지 못한다. 그렇다면 배움과 지적 성장에서 보이는 이 비상한 능력에 무슨 일이 일어나는 것일까?

그 능력은 부서져버린다. 그 어떤 것보다도 우리가 '교육'이라고 잘못 이름 붙인 과정 때문이다. 이는 거의 모든 학교와 집에서 진행되는 과정이다. 어른들이 아이들에게 하거나 시키는 일은 아이들이 가진 지적이고 창조적인 능력의 대부분을 파괴시킨다. 우리는 아이들을 두려움에 떨게 만들어서 그 능력을 없애버린다. 어른이 바라는 일을 하지 않거나, 어른의 마음에 들지 않거나, 실수를 하거나, 실패하거나, 틀리는 것을 겁내게 만들어 그 능력을 파괴하는 것이다. 그리하여 아이들은 모험을 두려워하고, 실험에 겁을 먹고, 모르는 일을 하지 않으려 한다.

설령 우리가 두려움을 심어준 것이 아니라 아이들이 이미 두려움으로 무장된 상태로 오는 경우에도 우리는 그 두려움을 이용한다. 아이들의 두려움을 없애려고 노력하기는커녕 그 두려움을 점점 쌓아올려 거대한 크기로 부풀리는 것이다. 우리는 어른을 두려워하고, 말 잘 듣고, 공손한 아이들을 좋아한다. 물론 그 아이들이 우리를 너무도 두려워해서 우리가 꿈꾸는 우리 자신의 이미지, 두려워할 필요가 없는 친절하고 매력적인 사람이라는 이미지를 위협하는 건 싫지만 말이다. 결국 우리가 이상적으로 생각하는 '착한' 아이는 두려움 때문에 그 일을 한다는 느낌을 주지 않으면서도 우리가 원하는 모든 것을 하는 아이들이다.

우리는 아이들 속에 내재해 있는 배움에 대한 사심 없는 사랑을 부셔버린다. 아이들이 어릴 때 그토록 강렬하게 느꼈던 그 사랑은 공부하라는 부추김과 강요에 의해 꺾여버린다. 아이들은 어른들이 주는 별 스티커, 100점짜리 시험지, 상장 등 시시하고 모욕적인 상을 받기 위해, 다시 말해 다른 아이들보다 낫다는 비천한 만족감을 얻기 위해 배움에 대한 사랑을 버린다. 그리고 결국 학교에서 하는 모든 일의 궁극적인 목적은 좋은 성적을 받고, 자기들이 잘 알고 있다는 인상을 남기는 것이라고 생각하게 된다. 우리는 아이들의 호기심을 죽일 뿐 아니라 호기심은 훌륭하고 칭찬받을 만한 것이라는 느낌조차 말살해버린다. 그리하여 대부분의 아이들은 열 살이 되면 질문을 하지 않게 되고, 질문을 할 줄 아는 몇 안 되는 아이들에게 엄청난 경멸을 퍼붓는다.

우리는 세상은 이치에 맞을 거라는 아이들의 믿음과 언젠가는 그 사실이 밝혀질 거라는 희망을 깨뜨려버린다. 우리는 먼저 삶을, 주제가 되는 문제에 아무 이유 없이 붙어 있는 군더더기 정도로 해체시켜 버린다. 그 다음 부적절한 책략을 써서 그 군더더기들을 '통합'시켜보 겠다고 애를 쓴다. 그 우스꽝스런 책략이란 스위스의 지리를 공부할 때는 스위스 민요를 부르게 하고, 링컨의 소년 시절을 공부하는 동안 에는 링컨의 상징처럼 되어 있는 통나무 울타리 만들기로 수학 문제 를 만들어 푼다는 식이다. 그러고 나서는 계속해서 무의미하고, 모호 하고, 모순된 것들을 아이들 앞에 들이민다. 그런데 더 나쁜 것은 우 리 자신이 무엇을 하는지도 모르는 채 그렇게 한다는 점이다. 그리하 여 사리에 안 맞는 것을 맞는 것처럼 찔러 넣는 것을 들은 아이들은, 자기들이 혼란스러운 것은 그 내용 때문이 아니라 자기들이 둔감하 기 때문이라고 생각하기에 이른다. 더 나아가서 우리는 아이들에게 는 아무런 뜻도 없어 보이는 말과 기호를 가지고 놀라고 하면서 아이 들을 그들만의 상식과 현실 세계로부터 떼어놓는다. 그리하여 대다 수의 아이들을 어떤 특정한 종류의 사람으로 만들어버린다. 그들에 게는 어떤 기호도 의미가 없다. 그들은 기호를 이용해 실제를 배우거 나 다룰 줄 모른다. 그들은 글로 쓴 지시문을 이해하지 못한다. 책을 읽는다 해도 읽기 전이나 읽은 후나 아는 것에 차이가 없다. 머릿속에 새로운 단어가 몇 개 굴러다닌다 한들 세상에 대해 세워놓은 머릿속 의 모델은 변함이 없고, 실제로 변화할 가능성도 희박하다. 소수의 유 능하고 공부 잘하는 학생들의 경우는 또 어떤가. 우리는 그들을 뭔가 다르지만 위험한 존재로 바꾸어버리기 쉽다. 자기들이 처해 있는 현 실로부터 엄청나게 유리되어 있으면서도 말과 기호를 유창하게 다룰

312

줄 아는 그런 종류의 사람들이다. 그들은 커다란 일반 법칙 속에서 말하기 좋아하지만, 누군가 예를 들어달라고 하면 말이 없어지거나 화를 내는 그런 사람들. 세상사에 대해 이야기할 때면 대량살상이라든가 대량살육 같은 말들을 지어내고 쓰기도 하지만 그 말들이 의미하는 피와 고통에 대해서는 그다지 생각이 없는 사람들.

　우리는 아이들이 멍청하게 행동하도록 조장한다. 때로는 아이들을 겁주고 혼란스럽게 만들어서, 때로는 주의력이나 지성을 필요로 하지 않는 따분하고 반복적인 과제로 일과를 가득 채워 아이들을 권태롭게 만듦으로써 그렇게 한다. 우리는 교실에 가득 찬 아이들이 부과된 과제를 진득하게 하는 모습을 보면 가슴이 뛴다. 게다가 아이들이 자기들이 하고 있는 일을 실제로 좋아하는 것 같지는 않다고 옆에서 말해주기라도 하면 더욱 더 기쁘고 만족스럽다. 우리는 단조롭고 권태로운 시간 때우기용 학습 활동이 바로 삶을 준비하는 훌륭한 과정이라고 우리 자신을 세뇌시키면서, 이런 과정이 없다면 아이들을 '통제'하기 어려울 거라고 두려워한다. 하지만 이런 학습 활동이 왜 꼭 그렇게 지루해야만 할까? 왜 재미있으면서 머리도 써야 하는 과제를 내주지 않는가? 그 이유는 모든 과제가 완전해야 하고 모든 답이 맞아야 하는 학교에서 머리를 써야 하는 과제를 내어줄 경우 겁을 먹은 아이들이 즉시 그 일을 하는 방법을 보여달라고 요구할 것이기 때문이다. 눈앞에 연필 자국으로 가득 채워야 할 한 무더기의 종이가 놓여 있다면 생각이라는 사치에 낭비할 시간이 없는 법이다. 이런 과정을 통해 아이들은 사고 능력의 극히 일부만을 사용하는 습관을 굳건하게 형성한다. 아이들은 학교란 지루한 방법으로 지루한 과제를 하는

데 거의 모든 시간을 쓰는 곳이라고 생각한다. 오래지 않아 아이들은
원한다 해도 결코 도망칠 수 없는 비지적인 행동 양식에 깊이 뿌리박
히게 된다.

_약 6, 7년 전부터 나는 교사들이나 교사 지망생들에게 학교의 근본
적 개혁에 대해 이야기하는 걸 그만두었다. 그들의 역량 밖에 있는 게
확실한 문제를 계속 이야기해서 무엇하겠는가? 대신에 나는 파면당
할 위험 없이 읽기, 쓰기, 수학 같은 '기초 과목'의 교수법을 개선하는
방법에 관해 이야기하기 시작했다. 이런 일은 내가 교사 생활을 시작
하면서부터 관심을 가졌던 일이었다.

　일리노이에 있는 한 사범대학에서 강연을 할 때였다. 나는 아이들
에게 읽기나 덧셈, 철자 등을 더 잘 가르치기 위해 작고 사소한 일을
관찰하고 생각하는 것이 나의 일상을 엄청나게 도전적이고 재미있는
것으로 만들었다는 얘기를 했다. 그러면서 그 학생들에게 자신의 일
에 대해 실질적이고 실제적인 태도를 가지는 것도 중요하지만, 이런
창조적이고 책임감 있는 태도도 가져야 한다고 촉구했다. 통하지 않
는 방법은 버리고 통하는 방법을 계속 찾으라는 말이었다. 그리고 처
음으로 가르쳤던 어떤 아이가 질문한 분수 문제를 두고 13년 동안 고
심한 후에야 괜찮은 해답을 얻을 수 있었다는 이야기를 해주었다. 그
런 식의 질문, 탐색, 그리고 발견은 교사라는 직업이 갖는 기쁨의 일
부였다.

　이런 말을 하다가 나는 잠시 숨을 멈추고 내 앞에 있는 교사 지망생
들의 얼굴을 바라보았다. 그들은 나를 뚫어지게 쳐다보고 있었다. 그

런데 그들의 얼굴에 나타난 그 이상한 표정은 무엇이었을까? 흥미가 있다는 것이었을까? 재밌다? 의아스럽다? 화가 난다? 아니었다. 그런 것이 아니었다. 그렇다면 내가 본 것은 무엇이었을까? 섬광처럼 어떤 느낌이 다가왔다. 그것은 공포였다. 나중에 나온 질문들이 그 느낌을 더 확고하게 해주었다. 그들은 답을 찾는 데 13년씩이나 걸리는 질문 이야기 따위는 듣고 싶지 않았던 것이다. 그들은 지금 당장 해답을 원했다. 그들은 무엇을 해야 할지 말해주길 원했고, 그것이 통하지 않으면 그 문제를 다른 누군가에게 떠넘기길 원했다.

그로부터 얼마 지나지 않아 나는 또 다른 현상 하나를 보게 되었다. 태평양 연안에 있는 한 사범대학의 젊고 친절한 심리학 교수 두 명이 자기들이 함께 진행하는 합동수업에 참석해서 이야기를 해달라고 요청해왔다. 학교 측에서 마련한 작은 교실은 학생들로 꽉 들어찼다. 나는 정면에 놓인 탁자 가장자리에 앉아 뭔가 색다르지만 이론의 여지가 없는 주제를 이야기하기 시작했다. 일상생활에서도 심리학적으로 사고해볼 수 있는 소재를 많이 발견할 수 있다는 내용이었는데 그전에는 말해본 적이 없는 화제인지라 나는 이야기를 하면서 매우 즐거워하고 있었다.

그런데 뭔가가 눈에 거슬렸다. 나는 늘 그러듯이 이야기를 하면서 청중들을 보았다. 이 사람 저 사람에게 잠깐씩 눈길을 주는 것이다. 그러다가 어떤 학생에게 눈길을 던지면 그 학생이 시선을 떨군다는 사실을 알아차리게 되었다. 두세 번, 아니 다섯 번 반복될 때까지는 나도 아무 생각이 없었다. 하지만 오래지않아 그 사실이 내 의식을 자극하기 시작했다. 나는 강연을 하면서 속으로 이렇게 생각했다. '이건 또 무슨 일이지? 그런데 청중들의 시선에 주의를 집중하자 그 학생만 그러는 것이 아니라는 것을 알게 되었다. 학생들 중 누구도 나와 눈을 맞추려 하지 않았다. 하지만 내가 시선을 돌리면 나를 다시 쳐다볼 거라는 건 알 수 있었다. 모든 얼굴이 나를 향한 채 움직이지 않고 있었으니까. 하지만 내가 눈을 맞추고 접속할 수 있는 사람은 미소를 띤 채 듣고 있던 교수들뿐이었다. 순간적으로 나는 이 현상을 학생들이 나중에라도 검토해볼 만한 심리학적 주제로 제안해보면 어떨까 하는 생각이 들었다. 하지만 학생들을 부끄럽게 만들 수도 있겠다 싶어서 그만두고 말았다.

그 후에도 나는 이런 일을 자주 경험했는데, 주로 작은 교실에서 학생들을 마주할 때 그런 현상이 일어났다. 좀 더 규모가 큰 강의실에서는 학생들이 안전하다고 느낄 만큼 나와 충분한 거리를 둘 수 있거나, 그런 강의실 자체가 학생들에게 더 안전하게 여겨졌기 때문이 아닐까.

어쨌든 지금은 겁먹은 얼굴들과 내리깐 시선에 너무 익숙해져서 학생들이 그런 모습을 보이지 않으면 오히려 놀랄 정도다. 가끔 학생들이 따라줄 거라는 기대가 생긴다면 이런 충고를 해주고 싶을 때가 있다.

"부디 교실 밖으로 나가 세상에 대한 두려움을 극복하게. 먼저 아무거나 다른 일을 해보게. 여행을 하든지, 다른 곳에 살아보든지, 다른 종류의 일을 해보든지. 흥미 있는 경험을 하고, 자기를 좀 더 알고 좀 더 좋아하고, 그 겁먹은 표정일랑 얼굴에서 제발 거두게! 그렇게 하지 않으면 자네의 교사 생활은 재난이 될 걸세."

만일 내가 대학을 나와 바로 교사 생활을 했더라면 나의 가르침 역시 재난이 되었을 것이다. 그 젊은이들과 마찬가지로 나 역시 20대 초반에는 나 자신을 좋아하지도 신뢰하지도 않았다. 그리고 대체로 나를 둘러싼 세상을 두려워했다. 무엇보다도 새로운 것을 두려워했다. 다행히 나는 서른 살이 될 때까지 다른 일을 했다. 그때까지 3년간 잠수함 사관으로 경험을 쌓으면서 전투에도 참여했고, 6년간은 세계정부운동의 책임 있는 자리에서 일하면서 600여 차례에 이르는 대중 강연도 했다. 나는 독신에다 돈도 거의 없었지만 유럽의 수많은 도시를 옮겨 다니며 내 집처럼 편안하게 지냈다. 나는 파리에서 로마로 통하는 대부분의 길을 자전거로 다녔다. 그리고 세계정부에서 일하면서 어린아이들이 있는 50여 가정의 특별 삼촌 비슷한 사람이 되었다. 나 자신에 대한 불신과 세상에 대한 두려움이 전부 사라진 건 아니었지만 교실에서의 시련과 실패를 내 권위나 자존감을 위협하는 것이 아니라, 생각해보고 풀어야 할 흥미로운 과제로 볼 수 있을 정도로는 회복되어 있었다.

하지만 잔뜩 겁을 먹은 이 가련한 젊은이들에게 나와 같은 일을 하라고 재촉한들 무슨 의미가 있을까? 그들은 직업과 돈이 필요하다. 그것도 지금 당장. 그들은 교사 노릇을 배우고 익히느라 시간과 돈을 쓰고 있는 것이다. 그들이 막노동 말고 달리 무슨 일을 할 수 있겠는가? 어떻게 그들이 내가 운 좋게 찾아냈던 그런 재미있고, 지력이 필요하고, 보람 있는 일을 찾아낼 수 있겠는가? 아마도 언젠가는 지적인 교사 양성 학교가 생겨서 훈련 과정의 하나로 그런 일자리를 제공할지도 모르겠다.

아니다. 그들에게 교실 말고 갈 데가 어디 있겠는가? 겁에 질려 있든 아니든 그들은 그곳으로 가게 될 것이다. 일단 그곳으로 가게 되면 자신의 상실된 자신감과 약하고 부서지기 쉬운 자부심, 그리고 그 압도적인 두려움을 다루어보려 할 것이다. 그런 사람들이 알고 있는 유일한 방법으로, 아이들을 상대로 끝없는 심리전을 벌이면서 자기들보다 더 심한 수준으로 아이들을 불안정하고, 불확실하고, 두려움에 떨게 만드는 식으로 말이다.

이 전쟁은 아주 일찍 시작된다. 한 아이의 어머니가 얼마 전에 이런 이야기를 들려주었다. 다섯 살짜리 아들이 유치원에 입학했는데 처음 며칠 동안 옆 친구에게 말을 걸고 이야기를 나누려 했다. 교실에서 이야기를 해서는 안 된다는 말을 들어본 적이 없었으므로 그것이 잘못된 행동인지 몰랐던 것이다. 유감스럽게도 아이의 여교사는 규칙을 알려주는 대신 반 아이들 앞에서 큰 소리로 모욕을 주었다. 아이의 셔츠에 새빨간 종이 '혓바닥'을 꽂은 다음 '수다쟁이'라고 놀리며 다른 아이들도 그렇게 하도록 부추겼던 것이다. 어린아이들로서는 거절하기 어려운 유혹이었다. 전쟁은 이런 식으로 벌어지고, 전쟁이 계속되는 한 배움은 멀어진다. 그런데도 이 전쟁이 끝날 기미는 없다._

## 학교에 만연된 허위와 가식

학교는 신경과민의 장소일 뿐 아니라 부정직한 장소이기 쉽다. 어른들이 아이들에게 정직한 경우는 거의 없다. 특히 학교에서는 더 심하다. 우리는 아이들에게 우리가 생각하는 바가 아니라, 우리 자신이 아이들은 이렇게 생각해야 마땅하다고 느끼는 것이나, 다른 사람들이 아이들은 이래야 한다고 이야기하는 것을 말한다. 이른바 압력 단체들은 교실이나 교과서, 도서관에서 자기들에게 불편부당하고 마뜩치 않은 사실이나 진실, 사상들을 찾아내서 제거하는 일이 참으로 쉽다는 것을 잘 알고 있다. 그래서 사람들이 몸을 사리는 것이다. 그러나 우리는 부모들이나 정치가들, 압력 단체들이 안전하다고 내버려두어서 걱정 없이 진실해도 되는 상황에서조차 진실하지 않다. 논쟁의 여지가 전혀 없는 분야에서조차 우리가 가르치는 내용이나 그 분야에 관한 책과 교과서 등은 세상에 대한 부정직하고 왜곡된 모습을 내놓는다.

우리는 아이들에게 진실해야겠다는 의지나 의무감이 없다. 우리는 워싱턴이나 모스크바, 북경, 파리, 런던 같은 세계적인 수도에서 뉴스를 관리하거나 조작하는 사람들처럼 행동한다. 진실을 이야기하는 대신 우리의 목적에 들어맞는 것을 말하는 게 권리요, 의무인 것처럼 군다. 그 목적은 아이들을 우리가 원하는 종류의 어른으로 자라게 하고, 아이들이 생각했으면 하고 우리가 바라는 걸 생각하게 만드는 것이다. 우리는 그저 '아이들에게는 진실보다는 거짓이 낫다.'고 우리 자신을 설득하기만 하면 된다. (우리는 아주 쉽게 설득된다.) 그런 다음 거짓말을 하면 된다. 그런 변명을 항상 할 필요도 없다. 그냥 편의상 거짓말을 할 때도 흔하니까.

더 나쁜 것은 우리가 우리 자신에 대해 정직하지 않다는 점이다. 우리는 자신의 두려움, 한계, 약점, 편견, 동기 등을 정직하게 인정하는 법이 없다. 우리는 마치 우리가 전지전능하고 이성적이고 항상 정당하고 항상 옳은 것처럼, 한마디로 신이라도 되는 것처럼 군다.

교사들끼리 모여 이런 때 나라면 어떻게 하는가를 이야기하는 자리에서 몇 번인가 다른 교사들에게 충격을 준 적이 있다. 내용인즉슨 이런 것이었다. 나는 아이들이 나도 답을 모르는 질문을 하면 "하나도 모르겠는데."라고 말한다. 또 내가 실수를 했을 때는 "윽, 또 바보짓을 했군."이라고 한다. 그리고 수채화 그리기나 클라리넷 불기, 나팔 불기처럼 내가 잘 못하는 일을 할 때면, 내가 해보려고 애쓰는 모습을 볼 수 있도록 아이들이 있는 데서 한다. 어른이라고 해서 온갖 것을 다 잘하지는 못한다는 사실을 알려주고 싶기 때문이다. 만약 어떤 아이가 내가 하고 싶지 않은 일을 하라고 하면, 나는 "싫어. 하고 싶지 않아서 안 할 거야."라고 말해준다. 마치 대법원 판결문처럼 들리는 '멋들어진' 이유를 읊어대지는 않는다. 재미있는 것은 상당히 솔직한 이 방법이 꽤 잘 먹힌다는 사실이다. 내가 하고 싶지 않으니까 안 할 거라는 식으로 말하면 아이들도 쉽게 받아들인다. 또 아이들에게 그 일은 나를 미치게 하니까 안 했으면 좋겠다고 말하면 아이들은 더 이상 이런저런 말을 하지 않아도 그만둔다. 아이들도 그게 어떤 건지 잘 알기 때문이다.

무엇보다 우리는 자신의 감정에 정직하지 않다. 학교 분위기가 이토록 재미없게 된 것은 감정에 대한 이 부정직성 때문이다. 교사들을 대상으로 책을 쓰는 사람들은 모름지기 교사란 반드시 아이들을 사랑해야 한다고, 그것도 반 아이들 모두를 똑같이 사랑해야 한다고 거듭 강조한다. 만약 이 말이 교사란 자기가 맡은 아이 하나하나에게 최선을 다해야 하며, 아이 하나하나의 안녕에 똑같은 책임을 가지고 있으며, 그 아이들의 문제에 똑같은 관심을 가져야 한다는 뜻이라면 옳다. 하지만 사람들이 말하는 사랑은 이런 의미는 아니다. 그들이 말하는 사랑은 감정이나 애정을 뜻한다. 어떤 사람이 다른 사람의 존재 때문에, 또 그 사람과의 친밀함 때문에 얻게 되는 기쁨과 즐거움의 감정을 말하는 것이다. 그러니 이것은 조금씩 재서 모든 이에게 골고루 나누어줄 수 있는 그런 것이 아니다.

교사 모임에서 이런 논의를 하던 중에 이렇게 말한 적이 있다. 나는 우리 반 아이들 중 몇몇 아이들을 다른 아이들보다 좋아한다. 그리고 누구라고 집어서 말하진 않지만 그렇다는 사실을 아이들에게 말한다. 아이들은 말을 하든 안 하든 이 사실을 알고 있다. 그러니 거짓말을 하는 것은 무익하다. 당연히 교사들은 대경실색했다.

"끔찍해요. 어떻게 그런 말을!"

한 여교사는 이렇게 말했다.

"나는 우리 반 아이들을 전부 똑같이 사랑해요."

말도 안 되는 소리! 그런 말을 하는 교사가 있다면 자기 자신에게나 남에게나 거짓말을 하는 것이다. 좋아한다는 감정 자체를 말하는 것이라면 아마 그 교사는 어떤 아이도 좋아하지 않을지 모른다. 물론 그렇다고 해서 나쁘다고는 할 수 없다. 많은 어른들이 아이들을 좋아하지 않고, 아이들을 반드시 좋아해야 할 이유도 없다. 문제는 자기들이 아이들을 좋아해야 한다고 생각한다는 점이다. 그래서 사람들은 죄의식을 갖고 분노를 느끼며, 그 결과 관대함이란 명목으로 자신의 죄의식을 없애려 하거나 교활한 잔혹 행위를 통해 자신의 분노를 씻어

내려 한다. (많은 교실에서 이런 잔혹 행위를 볼 수 있다.) 무엇보다도 이 때문에 어른들은 가식적인 애정이 넘쳐흐르는 목소리와 태도, 거짓 미소를 마구 지어낸다. 이는 아이들이 학교에서 흔히 보는 모습이며 당연히 질색하는 모습이기도 하다.

우리는 아이들을 부정직하게 대하는 것에 그치지 않고, 아이들이 우리를 정직하게 대하는 것조차 내버려두지 않는다. 우리는 처음부터 '학교는 멋진 곳이며 아이들은 학교에 있는 매 순간을 사랑한다.' 라는 허구에 참여하라고 요구한다. 아이들은, 학교나 교사를 싫어하는 것은 금지되어 있고, 그런 말을 입 밖에 내서는 안 되며, 심지어는 생각해서도 안 된다는 것을 일찌감치 배운다. 내가 아는 다섯 살짜리 아이는 그런 일만 없었다면 건강하고 행복하고 밝기만 했을 녀석인데, 자기가 유치원 선생님을 좋아하지 않는다는 사실이 걱정이 된 나머지 병이 들어버렸다.

로버트 하이네만Robert Heinemann은 여러 해 동안 평범한 학교는 다룰 수 없는 아이들, 정신적 치료를 요하는 아이들과 생활했다. 그가 알아낸 바에 의하면 그 아이들의 마음을 질식시키고 얼어붙게 만든 일차적 원인은 학교나 교사들이 그 아이들 마음속에 불러일으킨 공포와 수치, 분노, 미움 등을 표현할 길이 없고, 인정하기조차 어렵다는 데 있었다. 아이들이 그런 감정을 자신이나 다른 사람에게 자유롭게 표현하고, 그렇게 해도 된다고 느껴지는 상황이 되면 아이들은 다시 한 번 배움을 시작할 수 있다. 아이들에게 이런 말을 해주어도 되지 않을까? 내가 내 성질을 돋우는 5학년짜리들에게 하는 말이다.

"법에 너희가 학교를 다녀야 한다고 되어 있다만 학교를 좋아해야 한다고 되어 있는 건 아니다. 물론 나를 좋아해야 한다고 되어 있지도 않고."

이런 말이 학교를 조금은 참을 수 있는 곳으로 만들어줄 수도 있지 않을까?

아이들은 늘 "훌륭한 사람은 그런 말을 하지 않아요." 따위의 말을 듣고 산다. 아이들은 인생의 초창기부터 이유는 뭔지 모르지만 자신의 생각이나 느낌, 관심, 걱정거리 등의 많은 부분을 이야기해서는 안 된다는 것을 배운다. 그 시기가 언제든 자라는 동안 단 한 명이라도 자신의 관심사와 걱정거리를 솔직하게 터놓고 얘기할 수 있는 어른을 만나는 아이는 많지 않다. 이런 이유 때문에 부유한 사람들은 비싼 상담료를 지불해가며 말썽 많은 자기 아이들을 심리 치료사에게 보낸다. 심리 치료사는 화를 낼지도 모른다는 걱정 없이 마음속에 있는 것을 가리지 않고 정직하게 털어놓을 수 있는 사람이다. 하지만 아이가 두려움과 걱정에 짓눌려서 마침내 심리 치료사에게 보내질 때까지 기다려야만 하는 것일까? 더구나 정직하게 들어주고 공감해줄 마음이 있는 사람이라면 누구에게나 할 수 있는 이야기를 들으려고 그렇게 대단한 전문가가 시간을 들여야만 할까?

'스트리트코너 리서치Streetcorner Research'라고 불리는 프로젝트의 종사자들은 가망 없어 보이는 상습적 비행 청소년의 삶과 인격을 완전히 변화시키는 일을 하고 있다. 그들이 하는 일은, 아이들을 해결해야 할 문제로서가 아니라 한 인간으로 바라보고, 아이들의 말에 편견 없이 귀를 기울여줄 사람들과 아이들을 만나게 해서 솔직하고 자유롭게 이야기할 기회를 마련해주는 것이다. 여기서 뭔가를 배워야 하지 않을까? 자라나는 아이들의 삶 속에 정직성과 솔직성을 위한 자리를 만들 수 없단 말인가? 꼭 아이들이 구렁텅이에 빠진 다음에야 자신의 생각을 말할 기회를 주어야 할까?

_나는 오래 지나지 않아 이것이 문제이긴 하지만 주된 문제는 아니라는 걸 깨달았고, 지금은 아예 문제로 여기지도 않는다. 이 글을 쓴 지 5, 6년쯤 후, 자유주의적이고 진보적이면서도 수용할 만하다고 평가되던 학교 개혁이 정점에 달했을 무렵이었다. 찰스 실버먼Charles Silberman을 필두로 한 연구팀이 전국에 있는 수백 개의 학교를 찾았다. 그들이 수많은 학교에서 목도했던 것은 실버만이 『교실의 위기Crisis in the Classroom』에서 '끔찍한 무례 행위'라고 불렀던 체벌이었다.

체벌 외에도 아이들에게, 그것도 대부분 어린아이들에게 가해지는 불법적인 물리적 야만 행위는 엄청난 수에 이른다. 반체벌운동 잡지인 《최후의 수단?The Last Resort?》의 편집인인 아다 모레Adah Maurer는 공식적으로 매를 맞는 아이들의 수를 알아보기 위해 전국에 있는 학교들을 조사했다. 이 조사에 응하지 않은 학교들이 조사에 응한 학교들만큼 아이들을 때린다면 (실제로는 더 많이 때린다.) 학교에서 일어나는 체벌은 1년에 약 150만 건에 달했다. 학교에서 '매로 다스리기'로 불리는 이런 체벌은 어린 희생자들을 병원으로 보내야 할 정도로 야만스러운 경우도 많다. 교장실에서 행해지고 공식적으로 기록된 체벌이 이 정도이니, 비공식적인 폭력은 어느 정도인지 추측할 방도가 없다. 뺨 때리기, 손바닥 때리기, 머리채 당기기, 팔이나

귀 비틀기, 꼬집기, 벽에 처박기, 주먹 날리기 등 교실에서 벌어지는 '매로 다스리기'는 두세 배나 다섯 배, 어쩌면 열 배에 이를지도 모른다. 믿을 만한 보고에 의하면 교사들은 한두 아이의 행동을 이유로 또는 단지 반 평균이 나쁘다는 이유로 전체 학급을 때리기도 한다. 어떤 교사는 학교에 부임한 첫날 '앞으로 무슨 일이 일어날지 보여주려고' 전체 학급을 때렸다.

비꼬기, 조소, 모욕 등 정신적이고 심리적인 야만 행위는 물리적 폭력보다 훨씬 빈도가 높다. 자신도 교실에서 여러 해를 보낸 경험이 있는 교육학 교수 아서 펄Arther Pearl은 이런 것을 '굴욕의 의례'라고 부른다. 이런 일들은 저학년 때 시작되는데 이 시기의 아이들은 가장 못돼먹은 아이라 해도 사람을 믿으며 희망에 차 있다. 그리고 대부분의 아이들은 교사들에게 어떤 물리적 해도 끼칠 힘이 없다. 이런 사례를 다룬 책들은 수없이 많지만 그중 한 권을 언급했으니 다른 책들은 열거하지 않겠다.

그렇다. 문제는 거짓된 미소나 본의 아닌 칭찬 따위에 있는 것이 아니다. 문제는 그보다 훨씬 더 심각하다. 학교에 만연된 아이들에 대한 혐오와 불신, 두려움이 너무 강렬해서 미움이라는 말 정도로는 그 느낌을 표현할 수 없다. 이러한 감정은 교사들 자신의 불안과 허약함, 두려움에 그 뿌리가 있기 때문에 빨리, 쉽게 변하기는 어렵다. 특히 너무도 많은 대중이 이런 감정을 공유하고 있는 까닭에 더욱 그렇다.

물론 아이들을 진짜로 좋아하고 믿고 존중하는 교사들도 있다. 그러나 이런 사람들은 극소수밖에 없는 것 같다. 그리고 불행하게도 그들 중 많은 사람들이 (나는 수백 명의 사람들로부터 편지를 받았다.) 몇 년 안에 학교를 떠난다. 어떤 사람들은 파면되고, 그보다 많은 사람들이 스스로 학교를 걷어치운다. 정말 아이들을 좋아하는 사람이라면 아이들을 좋아하지 않는 사람들에게 둘러싸여 나날의 일과를 보내야 하는 것이 참을 수 없을 정도로 고통스러운 일이기 때문이다. 물론 이것을 통계로 나타낼 수는 없다. 어떻게 그럴 수 있겠는가? 교사들에게 "당신은 아이들을 싫어합니까?" 라는 설문 조사를 하지 않는 한. 아니, 그럴 필요는 없다. 들려오는 소문으로도 증거는 충분하다. 나는 학생들에게서, 부모들에게서, 학교 자원봉사자들에게서, 교사들 자신에게서, 학교와 오랫동안 관계해온 그 밖의 많은 사람들에게서 늘 그런 이야기를 듣는다. 어찌나 그런 이야기를 많이 읽고 들었던지 그 사람들이 들려주는 것이 예외가 아니라 법칙이 아닌가 싶을 정도다. 아이들을 대상으로 한 폭력은 그것이 물리적인 것이든 정신적인 것이든 모든 학교에 만연되어 있는 아이들 폭력의 주된 원인임이 확실하다.＿

## 무엇을 가르칠 것인가

우리가 학교에서 행하는 많은 일들의 이면에는 다음과 같은 도식들이 도사리고 있다.

　(1) 방대한 지식의 울타리 안에는 모든 사람이 알아야 하는 필수적

인 부분이 있다.

(2) 오늘날의 세계에서 한 인간이 지혜롭게 살 수 있고, 사회의 유능한 일원이 될 수 있을 정도로 교육도 받았고 자질도 있다고 간주되는 범위는 그가 갖고 있는 필수적인 지식의 양에 달려 있다.

(3) 그러므로 아이들의 머릿속에 이 필수 지식을 가능한 한 많이 집어넣는 것이 학교의 의무다.

따라서 우리는 학교에 다니는 모든 아이들에게 어떤 사실과 해법을 주입하려고 애쓴다. 그 아이가 그것에 관심이 있느냐 아니냐는 문제가 되지 않는다. 심지어 아이가 다른 것에 관심을 가지고 배우고 싶어 해도 무시하고 그렇게 한다.

이런 생각은 황당하고 해롭기 그지없다. 우리가 이런 터무니없는 생각을 쓸어버리지 않는 한 학교에서 진정한 교육이나 참된 배움은 이루어지지 않을 것이다. 학교는 아이들이 알아야만 한다고 우리가 생각하는 것을 가르치는 곳이 아니라, 아이들 자신이 가장 알고 싶어 하는 것을 배우는 장소가 되어야 한다.

뭔가를 알고 싶어 하는 아이는 일단 그것을 알게 되면 그것을 기억하고 활용한다. 그러나 다른 사람을 기쁘게 하거나 달래려고 뭔가를 배운 아이는 그러지 못했을 경우에 발생할 위험이 지나가버리면 그것을 잊어버린다. 이것이 아이들이 학교에서 배운 내용을 잊어버리는 이유다. 아이들은 그것을 기억하고 싶어 하지도 않고, 기억하리라고 기대하지도 없으며, 기억할 마음조차 없다. 이런 관점에서 보면 공부 잘하는 학생과 못하는 학생의 차이는 못하는 학생은 즉시 잊어버리고, 잘하는 학생은 시험이 끝날 때까지 기다리는 조심성이 있다는 정도다. 다른 이유가 없다면, 학교에서 우리가 가르치는 것들은 대부분 던져버려도 된다. 어쨌든 아이들은 거의 전부를 던져버리고 마니까 말이다.

지식의 필수적인 부분으로서의 '커리큘럼'이라는 개념은 아이들이 우리가 '가르치는' 모든 것을 기억한다손 쳐도 불합리한 생각이다. 우선 필수적인 지식이 무엇인가에 대한 합의가 없을 뿐 아니라 있을 수도 없다. 특정 분야의 지식이나 적성을 훈련받은 사람은 당연히 자신의 전공이 커리큘럼에 들어가야 한다고 생각한다. 고전학자들은 학교에서 그리스어나 라틴어를 가르치기를 원하고, 역사학자들은 역사에 더 많은 시간이 할애되어야 한다고 외친다. 수학자들은 더 많은 수학 시간을, 과학자들은 더 많은 과학 시간을, 어학 전공자들은 모든 아이들에게 프랑스어, 스페인어, 러시아어 등등을 가르치고 싶어 한다. 이처럼 모든 사람들이 자기 전공이 필수 과목이 되어야 한다고 주장하는 것은 그 지식에 대한 수요가 올라가면 그걸로 얻을 수 있는 대가도 커지기 때문이다. 이 싸움에서의 승패는 아이들의 진정한 필요에 달려 있지 않다. 아니, 사회의 필요에도 달려 있지 않다. 누가 홍보에 더 유능한가, 누가 더 로비를 잘하는가, 누가 교육과는 하등 상관이 없는 사건(예를 들어 어느 날 갑자기 밤하늘에 나타난 스푸트니크 Sputnik호 같은)에 가장 멋지게 투자할 수 있는가에 달려 있을 뿐이다.

커리큘럼에 들어갈 내용에 합의를 이룰 수 있다 해도 타당하지 않다. 왜냐하면 지식 그 자체가 변하기 때문이다. 아이가 학교에서 배우는 많은 것들은 몇 년 안에 부적절한 것이 되어버린다. 나는 고등학교에서 상당히 최신 교과서를 가지고 물리를 공부했다. 그 책에는 물리의 기본 법칙은 질량보존의 법칙이라고 선언되어 있었지만 나는 학교를 떠나기 전에 그 사실을 머리에서 지워버려야 했다. 대학에서 경제학을 공부하면서 배운 것 중에는 그 당시의 경제 상황과 맞지 않는 게 많이 있었다. 물론 지금의 상황과는 더더욱 맞지 않는다. 대학을 졸업한 지 몇 년이 지나지 않아 나는 그리스인들에 대해 이런 사실을 알게 되었다. 그들은 내가 대학에서 배운 대로 고상한 하얀 신전에 파묻혀 살던 초연하고 현명한 사람들이 아니라, 다혈질에 시끄럽고 싸움질을 일삼았으며 신전을 황금 잎사귀나 밝은 물감으로 칠하는 것을 좋아했다는 것이다. 아니면 이런 것도 있다. 로마제국의 시민들은 안뜰이나 중정으로 둘러싸인 방이 즐비한 집에서 살았던 게 아니라 여러 층으로 된 건물에서 살았는데 그런 건물 중 하나는 고대 세계에서 가장 큰 건물일 거라는 사실이다. 이런 상황이니 학교에서 들은 모든 것을 진짜로 기억하는 아이가 있다면, 그 아이는 사실이 아닌 많은 것을 믿으며 인생을 살아가야 할 판이다.

더군다나 우리는 40년이나 20년 후, 아니 10년 후에 어떤 지식이 가장 필요할지 예측할 수 없다. 학교에 다닐 때 나는 라틴어와 프랑스어를 공부했다. 그 당시 라틴어는 필수라고 외쳤던 교사들 중에서 지금도 그런 주장을 할 사람이 과연 몇 명이나 될까? 그리고 프랑스어가 스페인어보다 필수적이라느니, 최소한 러시아어보다는 필수적이라느니 하고 주장할 사람은 또 몇이나 될까? 오늘날 학교는 러시아어를 가르치느라 바쁘다. 하지만 혹시 중국어나 힌두어 같은 언어를 가르쳐야 하는 건 아닐까?

_내가 이 글을 쓸 무렵에 누가 일본어를 시작하는 게 현명할지도 모른다고 제안했다면 웃음거리가 되었을 것이다._

나는 화학도 공부했는데 그 시절에는 화학이 과학 과목 중에서 가장 인기 있는 과목이었다. 하지만 나로서는 생물학이나 생태학을 공부하는 게 더 나았을 것 같다. 그런 과목이 개설되어 있었더라면 말이지만(그렇지 않았다.). 우리는 필요할 때는 전문가가 없고, 과거에 배운 것들은 하등 쓸모없는 것이었다는 사실을 항상 너무 늦게 알아차리곤 한다. 하지만 이런 실정은 지금도 매한가지다. 미래에 어떤 지식이 가장 필요할지 알 수 없기 때문에 미리 그것을 가르치려 한다는 자체가 어불성설이다. 대신에 우리는 배우는 것을 너무 좋아하고 너무 잘 배우기 때문에 배워야 할 필요가 있는 건 언제든, 무엇이든 배울 수 있는 사람들을 키워내려고 노력해야 한다.

어떤 경우든 한 가지 지식이 다른 지식보다 더 중요하다고 어떻게 말할 수 있는가. 아니면 흔히 말하듯이 학교에 관한 한 어떤 지식은 필수적이고 그 나머지는 가치가 없다고 어떻게 말할 수 있단 말인가? 만약 학교가 가르쳐줄 수 없거나 가르쳐주지 않는 것을 배우고 싶어 하는 아이가 있다면 그 아이는 시간낭비하지 말라는 소리를 듣게 될 것이다. 그렇지만 그 아이가 알고 싶어 하는 것이 우리가 그 아이가 알아야 한다고 정한 것보다 덜 중요하다고 어떻게 말할 수 있단 말인가? 우리는 학교 교육을 다 마친다고 해서 인간 지식의 총량 중 과연 얼마나 알 수 있을지 물어보아야 한다. 아마 백만분의 일? 그렇다면 이 백만분의 일이 다른 것보다 그렇게 더 중요하단 말인가? 혹 우리가 백만분의 일이 아니라 백만분의 이를 알게 하는 법을 알아내기만 한다면 우리가 당면한 사회적·국가적 문제가 해결되기라도 한단 말인가? 문제는 무슨 일을 해야 할지 말해줄 전문가가 충분하지 않다는 것이 아니라, 우리 자신이 지금 해야 할 필요가 있다고 알고 있는 일을 하지 않고 있으며 앞으로도 하지 않을 거라는 데 있다.

분명한 것은 배움이 전부가 아닌 것은 물론이며, 모든 배움은 다 동일한 가치를 가지고 있다는 사실이다. 내가 맡은 5학년 반에 아주 똑똑하고 대담한 아이가 있는데 뱀에 관심이 많았다. 그 아이는 뱀에 관한 한 타의 추종을 불허했다. 그러나 우리 학교에서는 파충류학을 가르치지 않았다. 뱀은 커리큘럼에 없었다는 뜻이다. 하지만 내가 아는 한 그 아이가 뱀에 관한 공부를 하면서 보낸 시간들은, 시간을 보내는 데 대해 내가 생각해낼 수 있는 방식 중 최상의 것이었다. 뱀에 관해 배우는 과정에서 그 아이는, 내가 아무것에도 관심이 없는 우리 학급의 불행한 아이들에게 가르칠 수 있었던 많은 일들에 관해 훨씬 더 많은 것을 알아냈다. 다른 이야기를 하나 더 해보자. 로마인들이 다스리던 시기의 영국 역사에 관한 수업이 진행 중인 5학년 학급에서 한 소년이 책상 밑에서 과학책을 읽고 있는 것을 본 적이 있다. 그 아이는 곧 교사로부터 책을 치우고 주의를 집중하라는 지적을 받았다. 소년은 길게 한숨을 내쉬면서 이 명령에 따랐다. 이렇게 해서 그 아이가 얻는 게 무엇이겠는가? 그 반의 여교사는 한 시간 동안 진짜 과학을 배울 기회를 한 시간의 시간 때우기용 역사 공부와 바꾸었을 뿐이다. 그것도 잘해야 그런 것이지 아무것도 배우지 않았을 확률이 더 높다. 소년은 그 시간을 학교에 대한 원한으로 부글부글 괴며 몽상으로 보내지 않았을까?

　나는 어떤 공부가 다른 공부보다 더 가치 있다는 말을 하려는 게 아니다. 그 일을 할 때의 정신을 이야기하고자 하는 것이다. 만약 어떤 아이가 대부분의 아이들이 학교에서 배우는 것을(어쨌든 배웠다고 치자.) 배우고 있다면(말을 삼켰다가 요구가 있으면 교사에게 도로 내놓는 식으로) 그 아이는 자기 시간을 낭비하는 것이다. 아니 차라리 그 아이 때문에 우리가 시간을 낭비한다고 하는 편이 더 맞겠다. 이런 배움은 영구하지도 않고, 타당하지도 않고, 유용하지도 않다. 하지만 자연스럽게 배우는 아이는 자신의 호기심이 이끄는 곳으로 따라가면서 머릿속에 있는 실재에 관한 모델에 자기에게 필요한 것을 덧붙이며, 자기에게 필요치 않은 것은 두려움이나 죄의식 없이 거부한다. 이런 아이는 지식에서, 배움에 대한 사랑에서, 배우는 능력에서 성장한다. 그 아이는 자신의 길을 가며 우리 사회가 필요로 하는 종류의 사람이 되고 있는 것이다. 우리의 '명문' 학교나 대학은 결코 만들어내지 못하는 이런 사람을 휘트니 그리스월드Whitney Griswold는 '자기가 하는 모든 일에서 의미와 진리와 즐거움을 찾고 또 찾아내는 사람'이라고 했다. 이런 사람은 전 인생을 통해 배움을 계속해나갈 것이다. 그리고 그 모든 경험들은 그가 지닌 실재에 관한 내적 모델을 보다 완전하며 삶에 가깝게 만들어줄 것이다. 그리하여 삶이 어떤 새로운 경험을 던지든 전보다 더 현실적이고 상상력 있게, 그리고 건설적으로 그 경험을 다룰 수 있게 만들어줄 것이다.

　우리가 아이들이 배워야 하는 것을 아이들에게 알려주는 것이 교사의 의무며 교사의 권리라고 생각하는 한, 학교에서는 참된 배움이 이루어질 수 없다. 우리는 아이가 어떤 순간에 어떤 지식과 이해를 필요로 하는지 알 수 없을 뿐 아니라 그중 어떤 조각이 그 아이의 실재 모델을 강화시키는 데 쓰이고, 또 가장 잘 들어맞는 조각이 될지 알지 못한다. 오직 아이 자신만이 이것을 할 수 있다. 그다지 잘 해내지 못할지도 모르지만 최소한 우리보다는 수백 배 잘할 수 있다. 우리가 할 수 있는 최상의 것은 그 아이가 하려는 일에 무엇이 도움이 되고 어디서 찾으면 되는가를 안내하는 것이다. 무엇을 배우고 싶고, 무엇을 배우고 싶지 않은가를 선택하는 것은 아이 스스로 해야 하는 일이다.

## 학교의 벽을 허물어라!

학교와 교실이란 대부분의 시간 동안 어른들이 하라고 시키는 일을 하고 있는 곳이라는 생각을 분연히 거부해야 하는 또 하나의 이유가 있다. 그것은 겁에 질리게 만들지 않고는 아이들에게 뭔가를 강요할 방법이 절대로 없기 때문이다. 그렇지 않다는 식으로 우리 자신을 속이려 해서는 안 된다. 지금까지도 대부분의 미국 공립학교 교육에 지대한 영향을 미치고 있는 소위 진보주의자들은 이 점을 인식하지 못했고, 아직도 인식하지 못한다. 그들은 아이들을 강요하는 방법에는 좋은 방법과 나쁜 방법이 있다고 생각했다. (아니면 자기들이 그렇게 생각하는 것처럼 말을 하고 글을 썼던지.) 나쁜 방법은 비열하고 모질고 잔혹하고, 좋은 방법은 점잖고 설득력 있고 교묘하고 친절하다는 게 그들의 생각이었다. 그리고 나쁜 방법은 피하고 좋은 방법을 사용하면 해가 되지 않을 거라고 생각했다. 이것이야말로 그들의 가장 큰 실책이며 그들이 성취되리라 희망했던 혁명이 뿌리를 내리지 못한 주된 이유였다.

　고통 없고 위협 없는 강요라는 생각은 환상이다. 두려움은 강요와는 떼려야 뗄 수 없는 짝이다. 그리고 피할 수 없는 귀결이다. 아이들이야 뭘 원하든 우리가 원하는 것을 하게 만드는 것이 우리의 의무라고 생각하는 한, 교사가 원하는 것을 하지 않으면 나쁜 일이 일어날 거라고 두려워하게 만들 수밖에 없다. 그렇게 하는 방법은 여러 가지다. 솔직하고 공공연하게 험한 말로 위협하고, 자유를 구속하고, 물리적인 벌을 가하는 구식 방법을 쓸 수도 있다. 아니면 교묘하고 매끄럽고 조용하게, 아이들이 의존하도록 훈련시켜온 승낙과 인정의 보류 같은 현대적인 방법을 구사할 수도 있다. 그것도 아니면 미래에 다가올 어떤 징벌, 너무 막연해서 구체적으로 상상할 수는 없지만 절대로 피할 수 없는 무자비한 징벌이 기다리고 있다는 느낌을 갖게 만들 수도 있다. 노련한 교사들이 흔히 그렇게 하듯 한 마디 말이나 한 번의 몸짓, 날카로운 시선, 심지어 한 번의 미소로 신호를 보낼 수도 있다. 오늘날의 아이들이 마음속에 품고 다니는 두려움과 수치심, 그리고 죄의식에 불을 댕기는 신호를! 또는 아이들이 우리가 원하는 것을 하지 않을 때 일어날 일을 우리가 얼마나 두려워하는지 보여줌으로써 그 두려움을 감염시킬 수도 있다. 그러면 아이들은 점점 더 삶이란 위험으로 가득 차 있고, 그 위험으로부터 자기들을 보호해줄 사람은 오직 선의를 가진 어른들뿐이며, 그 선의도 사라질 수 있는 것이므로 날마다 새롭게 저축해두어야 한다고 믿게 될 것이다.

대안은 학교와 교실을 각자의 길을 가고 있는 아이들이 자신의 호기심을 만족시킬 수 있는 곳, 자신의 능력과 재능을 발전시킬 수 있는 곳, 자신의 관심사를 추구할 수 있는 곳, 자기 주위의 어른들과 좀 더 큰 아이들로부터 삶의 엄청난 다양성과 풍부함을 엿볼 수 있는 곳으로 만드는 것이다. 간단히 말해 학교는 지적·예술적·창조적·육체적 활동의 거대한 잡동사니가 되어야 한다. 아이들 각자는 그 잡동사니로부터 자기가 원하는 것을, 자기가 원하는 만큼 취할 수 있어야 한다. 내가 아는 대안은 오직 이것뿐이다.

　　안나가 6학년이었을 때 그러니까 내가 가르쳤던 다음 해에 나는 그 아이에게 이런 생각을 건네보았다. 이런 학교가 어떻게 운영될지, 또 아이들은 무슨 활동을 할지 대강 설명한 다음 이렇게 물었다.

　　"안나야, 네 생각은 어떠니? 이런 학교가 잘될 것 같니? 그렇게 하면 학교 아이들이 뭘 배울 것 같은 생각이 드니?"

　　안나는 최고의 확신을 가지고 말했다.

　　"그럼요. 멋질 거예요!"

　　그 아이는 잠시 동안 침묵했다. 아마도 자기가 받은 형편없는 학교 교육을 떠올리는 중이었으리라. 그러더니 생각에 잠긴 얼굴로 이렇게 말했다.

　　"아시죠? 아이들은 정말 배우는 걸 좋아해요. 우린 다만 들볶이는 걸 싫어할 뿐이에요."

　　그렇다. 아이들은 그걸 싫어한다. 우리는 그 점에 감사해야 한다. 그러니 아이들을 들볶는 걸 그만두자. 그리고 그 아이들에게 기회를 주자.

＿이 글을 쓰고 난 후에 나는 '학교들'이 아무리 유기적으로 조직된다 해도 이런 일을 하는 데 가장 적합하고 유일한 장소라는 믿음을 버렸다. 내가 『학교를 넘어서Instead of Education』와 『당신의 아이는 당신이 가르쳐라』에서 썼듯이, 아주 드문 경우를 제외하고 배우는 것 말고는 아무것도 하지 않는 특별한 배움의 장소라는 생각은 이치에 닿지 않는 것 같다. 아이들이 필요로 하고, 알고 싶어 하는 게 무엇이든 그것을 배우는 가장 적합하고 좋은 장소는 아주 최근까지 거의 모든 아이들이 그것을 배웠던 장소다. 세상 그 자체, 어른들의 삶이 주로 흘러가는 바로 그곳! 만약 모든 지역 사회마다 도서관, 음악실, 극장, 스포츠 시설 등 많은 종류의 일들이 일어날 수 있는 공간으로 가득 찬 지원 센터나 활동 센터, 시민 클럽을 설치한다면, 이런 시설들은 나이를 불문하고 모든 이들에게 개방되어야 하고 누구나 이용할 수 있어야 한다. 우리가 아이들을 어른으로부터 분리했을 때, 그리고 배움을 실제 삶들로부터 분리했을 때 (가장 좋은 의도로 그렇게 했지만) 우리는 무서운 실수를 저질렀다. 가장 시급한 과제는 우리가 그동안 만들어놓은 장벽을 무너뜨리고 아이와 어른, 배움과 삶이 다시 하나가 되게 하는 일이다.

전에도 그랬듯이 나는 이 글을 아이 이야기로 끝내고 싶다. 안나는 가망 없고 나쁜 학생이라는 이유로 전에 다니던 학교에서 퇴학을 당했었다. 안나의 부모는 보스턴 지역에서 활동하는 '최고의' 전문가들에게 아이를 맡길 만한 돈이 있었다. 그들은 안나가 심각한 정서적·심리적 장애는 말할 것도 없고 심각한 학습장애를 갖고 있다고 평결했다. 우리 학급에 나타난 첫날 안나는 내가 지금까지 알았던 가장 유쾌하고 보람을 주는 아이들 중 하나가 되었다. 그 아이는 용감하고, 활력에 넘치고, 열광적이고, 내적 동기가 뚜렷하고, 진취적이고, 애정에 넘치고, 상상력이 풍부하며, 여러 가지 재능이 있는 데다가 타고난 리더이기까지 했다. 그 아이는 내가 지금껏 가르쳤던 학급 중에서 그 학급을 가장 보람 있는 곳으로 만들어준 두세 명의 아이들 중 하나였다. 그 아이는 다른 책에서도 썼듯이 내 학급에 들어오기 전 거의 글을 몰랐지만, 나로부터 어떤 '가르침'도 받지 않고 『모비딕』의 많은 부분을 즐겁게 읽었다. 그 아이는 어릴 때처럼 자라서도 흥미롭고 유능한 어른이 되었다. 안나가 서른 살쯤 마지막으로 소식을 들었는데 세상이 말하는 성공이라는 척도에서도 여러 분야에서 성공을 거두고 있었다. 안나는 넌더리나고 사악한 세상에 맞추려고 자기의 기상을 꺾은 적이 없고, 다른 사람들이 꺾게 내버려두지도 않았다. 대신 안나는 이 세상에 자기가 활약할 수 있는 여지를 만들었고, 자신의 길을 가면서 이 세상을 좀 더 살 만하고 나은 곳으로 만들었다. 모든 아이들이 이렇게 할 수 있도록 돕는 것이 우리의 임무가 되고, 우리의 기쁨이 되어야 한다._

# 교육자가 아닌 한 사람의 인간 홀트를 생각하며

존 홀트는 우리나라의 일반 독자들에게는 다소 생소하지만 『아이들은 왜 실패하는가』, 『아이들은 어떻게 배우는가』, 『학교를 넘어서』, 『아동기로부터의 탈출』 등의 저작과 홈스쿨러들을 위한 잡지 《그로잉 위다웃 스쿨링》을 통해 독특하고 자유로운 교육 철학을 개진한 교육 개혁가이자 어린이들의 권익 옹호에 투신한 사회 개혁가로 잘 알려진 인물이다. 홀트는 처음에는 학교에서 아이들을 가르치며 학교 개혁을 주장했으나 '학교는 개혁되지 않는다.'는 결론을 내리고, 아이들의 배움을 돕기보다는 오히려 방해하는 모든 형태의 제도 교육에서 아이들을 구출하는 '지하 조직an underground railroad'을 구축하자고 주장할 정도로 진보적이고 과격한 교육 철학을 설파하였다. 이번에 번역된 『아이들은 왜 실패하는가』와 『아이들은 어떻게 배우는가』는 홀트의 초기 저작으로 배움에 대한 근본적인 생각들을 담고 있는 책이다.

아주 어린 아이들은 모두 천재적이라 할 만큼 자신감 있는 삶의 방식과 배움에 대한 열망, 호기심, 능력을 보여준다. 그러나 어찌된 일인지 학교에 들어가서 2, 3년만 지나면 이 엄청난 호기심은 사라져버린다. 1, 2학년 교실에서는 질문이 홍수를 이루지만 5학년이 되면 아이들은 아무 말도 하지 않는다. 아이들은 물을 게 없고, 있다 해도 묻지 않는다. 그리고 오로지 교사가 원하는 정답을 찾는 전략에만 매달리게 된다.

홀트는 『아이들은 왜 실패하는가』에서 이처럼 정답을 알아내기에 급급한 아이들이 교실에서 구사하는 다양한 전략과 아이들이 그렇게 될 수밖에 없는 근본적인 이유들을 탐구하고 있다. 재미있는 것은 그런 탐구가 거창한 이론에서 시작되는 것이 아니라 교실에서 일어나는 사건들과 아이들에 대한 관찰 일기나 메모 형식으로 구성되어 있다는 것이다. 시시콜콜한 수학 문제, 눈치와 작전으로 지새는 아이들, 세상 돌아가는 줄 모르고 눈앞의 일에만 혼신을 쏟는 홀트 선생. 사실 우리들 대부분이 진저리내면서 던져버리거나 잊어버리는 어린 시절 이야기가 아니던가. 이 책에서 홀트 자신도 얼핏 말하지만 홀트가 아이들 속에서 빛나는 이유는 그가 한 사람의 괜찮은 인간이기 때문이다. 그리고 이 책이 빛나는 이유 역시 홀트가 좋아하거나 놀라워하거나 황당해하며 같이 나아가고 있는 아이들의 인간성이 수학 문제와 읽기 문제로 점철된 나날의 메모 속에 녹아 있기 때문이다.

홀트는 애초에는 체제 자체를 개혁하면 된다고 생각했던 것 같다. 처음에는 자기 학급을, 그 다음은 자기 학교를, 그 다음에는 학교라는 시스템을. 하지만 홀트가 결국 도달한 결론은 개혁은 시스템 속에서 이루어지지 않는다는 것이다. 시스템을 아무리 변화시켜본들 시스템은 시스템일 뿐이다. 개혁은 오직 인간성 속에서만 이루어진다. 이 책을 번역하면서 나는 많은 것을 다시 확인하게 되었다. 40년 전 홀트가 이 글을 처음 썼을 때나, 20년 전 개정판을 냈을 때나, 10년 전 우리 아이들이 학교를 다니던 때나 그곳이 미국이든 한국이든, 어떤 시간대 어떤 나라를 가릴 것 없이 학교 시스템이 원활하게(?) 돌아가는 곳에서는 학교에 관련된 본질은 변함이 없다는 것. 학교 교육에 관련된 문제란 현대 사회가 이대로 존속하는 한 누구도 던져버리거나 잊어버릴 수 있는 문제가 아니라는 것.

이 책을 읽으며 우리 가족은 홀트라는 사람은 어떤 사람인지 열심히 궁구해보았다. 결론은 이랬다. 어떤 로맨틱코미디 영화에 나오는 주인공 교사처럼 아이들의 세계를 너무나 사랑한 나머지 연애 생활에 심각한 문제를 가진 사람이 아니었을까 하고. 자신이 편애(?)하는 어떤 아이를 묘사하는 장면에 이르면 최근에 우연찮게 접한 『이상한 나라의 앨리스』의 작가 루이스 캐롤의 일대기와 혼동될 때도 있었다. 두 사람은 모두 수학을 좋아했고, 글 읽기와 쓰기를 좋아했고 테크놀로지 세계에 대한 적당한 경도가 있었고, 자기 세계가 강한 아이들을 좋아했다. 아이들에 관한 책을 읽을 때면 나는 작가의 이런 특성에 마음이 쏠린다. 그런 특성이야말로 교육에 대한 어떤 거창한 이론보다 더 그 내용의 진실을 말해주고 있을 테니까. 나는 이런 사람이 이웃에 살고 있다면 아주 친하게 지내겠다. 매력적인 지성을 지닌 인물에 분명하니까. 그리고 그가 아무리 평범한 어투로 시시콜콜한 이야기를 늘어놓는다 해도 기꺼이 귀를 기울이겠다. 그 속에는 우리가 미처 눈치 채지 못하고 흘려버리는 대단하고 황당한 진실과 사랑의 이야기가 있을 테니까.

2007년 7월에

공양희

# 아이들은 왜 실패하는가
교실과 아이들의 내면에 관한 미시사적 관찰기

첫판 1쇄 펴낸날 · 2007년 7월 10일

지은이 · 존 홀트
옮긴이 · 공양희
펴낸이 · 박성규

펴낸곳 · 도서출판 아침이슬
등록 · 1999년 1월 9일(제10-1699호)
주소 · 서울시 마포구 합정동 411-2(121-886)
전화 · 02)332-6106
팩스 · 02)322-1740
이메일 · 21cmdew@hanmail.net

ISBN · 978-89-88996-75-1 (03370)

책값은 뒤표지에 있습니다.